ESCAPE

DE LA NOCHE QUE VIENE

POR EL DR. DAVID JEREMIAH
CON C.C. CARLSON

THOMAS NELSON
Since 1798

NASHVILLE   DALLAS   MEXICO CITY   RIO DE JANEIRO

© 2001 por David Jeremiah

Publicado originalmente en inglés con el título:
ESCAPE THE COMING NIGHT por W Publishing, a division of Thomas
Nelson Inc. 501 Nelson Place, P. O. Box 440479, Nashville, TN 37214-1000.

Traducción al español, fotografía y diseño de cubierta, Eduardo Nieto Jr.

Editora responsable, Emma Horta de Nieto

Todas las citas bíblicas fueron tomadas de la Santa Biblia Reina Valera
revisión 1960, Sociedades Bíblicas Unidas (las palabras que aparecen en *cursivas*
en los versículos bíblicos son énfasis del autor).Usada con permiso

ISBN 978-1-6025-5906-6

CONTENIDO

¿Cuál es el sello? - ¿Quién recibirá el sello de aprobación? - Pero, ¿Por qué los judíos? - Custodia protectora - Seguridad para los nuevos santos - ¿Por qué preocuparme por ser salvado ahora? - Varas y piedras - El fin del paréntesis - Dios revela el futuro... pero no nuestro futuro.

Una pesadilla ecológica - ¡Ay! ¡ay! ¡ay! - Infiltrados del abismo - El daño de los demonios del abismo - Ángeles buenos y ángeles malos - Una marcha a lo largo del lecho del río - Corazones de piedra - Advertencias de tormenta.

¿Qué ha pasado hasta ahora? - Interludios divinos - El mensajero del cielo - ¡Eso es todo! - Una orden de sabor agridulce - El enigma de la reconstrucción del templo - Identidad de los testigos - El poder de los dos testigos - Celebración de la muerte - Retribución divina - Suena la última trompeta - El regreso del arca perdida.

La gran mujer maravilla - ¿Quién es ella? - El gran dragón - Impulsado para asesinar - La ira del dragón - La gran guerra invisible - ¡Acaso Satanás no fue juzgado en la cruz! - La caída de Satanás - La aerolínea de Israel.

La verdad sorprenderá más que la ficción - Juan lo vio emerger del mar - Europa unificada - Un demonio sujeto - La segunda bestia - Lenguaje de signos satánicos - La estatua que habla - Visto desde el cielo - Marcado con hierro por la bestia - ¿Por qué 666? - Algo hace falta.

La misteriosa Babilonia - Nacido en Babilonia - Muchos caminos hacia la misterios Babilonia -La gran ramera - La mujer de dos caras - La nueva era y la Babilonia misteriosa - Una mujer codiciosa de poder - Una mujer rica y embriagada

PRÓLOGO

El 11 del septiembre de 2001 pasará a la historia como el día que cambió a los Estados Unidos de América y su estilo de vida para siempre. Una banda de terroristas, usando aviones civiles como explosivos de combustible, nos despertó a la realidad de que, sin duda, el mundo es un lugar temible, como lo han estado indicando por años los maestros de profecía bíblica. Ni siquiera el Pentágono de los Estados Unidos está inmune al peligro.

De repente cada persona pensante quiere saber: "¿Qué trae el futuro?" Afortunadamente, en tiempos como estos hay una fuente confiable a la que podemos acudir para conseguir información alentadora. Es la Palabra profética de Dios. Una de las pruebas de que Dios todavía está en control, cuando todo parece estar fuera de control, es el hecho de que de las más de mil profecías que hay en la Biblia, más de la mitad se han cumplido. Esto nos da confianza para creer que también las profecías sobre los eventos del fin de los tiempos se cumplirán con precisión.

Las buenas noticias son que la profecía bíblica enseña que de todas formas hay un futuro brillante para este viejo mundo. ¡El hombre no lo destruirá! Cuando Cristo vuelva a establecer su reino, habrá miles de millones de seres humanos en la tierra. A pesar de las buenas noticias pasarán siete años más respecto de los cuales nuestro Señor dijo que pondrán a prueba a la tierra entera. El maestro favorito de Biblia por radio en Estados Unidos, el Dr. David Jeremiah, describe cuidadosamente en este libro, ese tiempo.

He conocido a David Jeremiah por más de veinticinco años. De hecho, como había realizado tan buen trabajo fundando y pastoreando una excelente iglesia en Fort Wayne, Indiana, lo recomendé para que pastoreara una de mis iglesias en San Diego, California, donde ha enseñado fielmente la Palabra de Dios durante más de veinte años. A menudo tengo el privilegio predicar allí cuando él me invita. Puedo decirles que Dios lo ha usado para hacer un magnífico trabajo como pastor de una iglesia que se ha cuadruplicado. También ha liderado la creciente Universidad Cristiana Heritage y los otros ministerios educativos de la iglesia. Su iglesia es conocida en todo el sur de California como el principal centro de enseñanza bíblica en una región de aproximadamente treinta millones de personas.

Uno de los dones del Dr. Jeremiah —que es lo que probablemente lo hace un maestro bíblico tan popular— es la claridad. Tiene la habilidad de hacer fáciles de entender las complejas verdades bíblicas y aplicarlas a la vida personal. Su libro *Escape de la Noche que Viene* no podría ser más oportuno, porque revela el futuro incierto de la humanidad, explicando claramente lo que significan las profecías de Apocalipsis. Es imposible leer el libro del Dr. Jeremiah sin obtener una comprensión del asombroso y emocionante plan que Dios tiene para el futuro —un futuro para el que cada persona debe prepararse. Después de poner en perspectiva los siete años de la tribulación, describe el futuro maravilloso que Dios ha planeado para quienes lo aman. La verdadera esperanza y la paz pueden ser suyas cuando llegue a conocer a Dios como el que sostiene su futuro.

Este es uno de esos libros raros que usted querrá subrayar a medida que va leyendo, y que luego querrá volver a leer.

TIM LAHAYE
Palm Desert, California,
Septiembre 24 de 2001

12

INTRODUCCIÓN

Me desperté el martes, 11 de septiembre de 2001, cuando el teléfono timbró. Era mi hijo Daniel, y de inmediato supe que algo andaba mal. —Enciende el televisor —dijo—. ¡No vas a creer lo que está pasando! Están bombardeando Nueva York, papá. ¡Están bombardeando Nueva York!"

Bajé las escaleras y encendí el televisor. Las escenas que se mostraban en todo canal vivirán para siempre en mi memoria. Me senté conmocionado, como, estoy seguro que le sucedió a usted también. ¿Cómo podría estar pasando esto en mi país?

Con el paso de las horas los vagos detalles acerca del complot terrorista empezaron a desplegarse, y no podía hacer más que pensar en las cosas que había estado diciendo por radio todos los días mientras enseñaba el libro de Apocalipsis. Empecé a comprender que ver los reportajes de los acontecimientos en Nueva York y Washington, D.C., era como tener una vista previa de la vida en la tierra durante la gran tribulación. Al ver por entre el humo y las llamas que rodearon las torres del World Trade Center de Nueva York al derrumbarse, casi pude superponer las imágenes surrealistas de los horrores de destrucción descritos en Apocalipsis capítulo 9.

Más tarde ese día, pasó algo que nunca olvidaré. Mi hija Jennifer, que trabaja en la recepción de Turning Point Ministries entró en mi oficina y me dijo que una de nuestras operadoras acababa de recibir una llamada de uno de nuestros oyentes. La persona que llamó le preguntó a nuestra operadora si había visto la portada de mi libro *Escape de la Noche que Viene*. Jennifer ilustró el punto al que iba el oyente mostrándome una copia del libro. Lo que vi me dio escalofrío. Ahí estaba la portada que habíamos diseñado muchos meses atrás. El paisaje, dominado por rascacielos, era una ciudad en llamas. Las nubes de humo en la cubierta parecían una fotografía de la ciudad de Nueva York que bien podría haberse tomado la mañana del 11 de septiembre (esta es la descripción de la carátula del libro en inglés).

¿Cuánto tiempo permitirá Dios a la tierra y sus habitantes destruirse antes de intervenir? Esta es la pregunta que muchos están planteando. No sé cuándo intervendrá Dios, y nadie lo sabe. Pero lo que sí sé es que hoy, más que cualquier otro tiempo en la historia del hombre, están ocurriendo sucesos que presagian lo que ha de venir. La unión de naciones, el colapso de los valores éticos y morales, y la débil influencia de nuestras iglesias y sus líderes son unos de los pocos indicadores de la era directamente predecesora al retorno de Cristo.

Creo que solo hay una segura palabra de verdad y esa es la Biblia. De los capítulos, a veces insondables, del libro de Apocalipsis sale algo de información sobrecogedora respecto al fin de este mundo tal como lo sabemos. Entre las páginas del último libro de la Biblia están la esperanza y el ánimo que necesitamos para levantarnos de la oscura penumbra de los eventos presentes hacia la promesa de un futuro resplandeciente.

Mi intención no ha sido escribir algo que solo un estudiante de Biblia o un seminarista graduado pueda comprender. Hay muchos comentarios profundos sobre el libro de Apocalipsis. Este libro ha sido creado tanto para la persona que nunca ha leído Apocalipsis como para la que lo ha leído, pero no ha podido entenderlo. La oscura noche se acerca... será una oscuridad que cubrirá de sufrimiento este globo y lo afligirá de una manera jamás conocida. Pero no debemos sentarnos y cruzar los brazos respecto a la situación del mundo. Dios ha provisto una vía de escape a la oscura noche que se avecina. Ahora es el tiempo de contarle a todos sobre la esperanza de un nuevo mundo que nos espera. Este libro habla de esa esperanza.

DAVID JEREMIAH

PARTE UNO

APOCALIPSIS: LA CLAVE PARA EL FUTURO

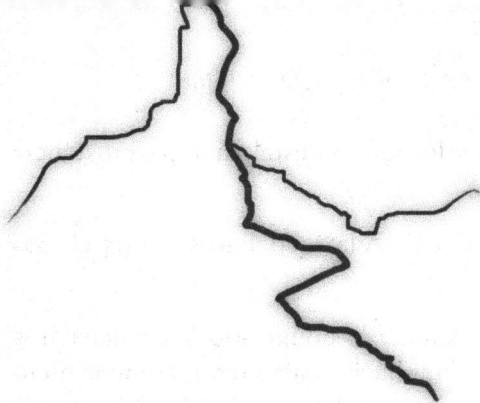

CAPÍTULO 1
ADVERTENCIAS IGNORADAS

El Lago Convicto relucía bajo el despejado cielo invernal de la Sierra Nevada. Rodeado por bancos de nieve de 61 centímetros, el hielo sobre las aguas cristalinas invitaba a las almas atrevidas, con la belleza. . . y la traición de un canto de sirena.

Los expertos en rescate saben que un lago congelado en las montañas es el fenómeno más engañoso de la naturaleza. No existe tal cosa como "hielo seguro". En un lugar puede tener entre sesenta y noventa centímetros de grosor, pero solo a corta distancia pequeñas burbujas de aire por debajo de la superficie pueden reducir el espesor a peligrosos pocos centímetros.

En un despejado día de febrero quince adolescentes y dos consejeros del Campamento O'Neal, entidad dedicada a ayudar a jóvenes con problemas, estaban de excursión en el lago. Lo que empezó como aventura terminó en desastre.

Algunos de los muchachos se quedaron con su consejero Randy en el rompeolas al lado del muelle, tirando piedras sobre el hielo de la superficie. Otro grupo estaba aproximadamente a dos metros y medio de distancia sobre el hielo, riéndose y payaseando mientras otro consejero, David, tomaba fotos. Al principio pareció que nadie notó que cinco muchachos se adentraron sobre el hielo que cubría el lago. Cuando Randy lo notó ya estaban a gran distancia de la orilla.

—Oigan, chicos... vuelvan acá. ¡Allá es peligroso! Los chicos ignoraron sus gritos.

Bien lejos de la orilla sobre el lago congelado los muchachos oyeron un fuerte crujido y al mirar hacia abajo vieron cómo el hielo se quebraba bajo sus pies. Un muchacho gritó: —No deberíamos estar aquí, y empezó a regresar. Los otros cuatro siguieron hacia adelante.

—¡A mí no me importa si muero! —gritó uno mientras golpeaba el hielo con sus botas.

En cuestión de segundos los cuatro muchachos habían caído al agua helada mientras el estruendo del hielo al romperse retumbaba en el cañón. Desde la orilla se podían oír los gritos apagados procediendo de la mitad del lago. El consejero David echó a un lado su equipo de fotografía y empezó a correr en dirección a los desesperados gritos de auxilio. Con cada paso el hielo cedía bajo sus pies.

Cuando Randy entendió el peligro les dijo a los demás chicos que se salieran a la orilla , y que uno de ellos fuera a buscar ayuda a la casa del guardabosques. Luego Randy también salió caminando sobre el hielo.

David llegó al sitio donde los cuatro muchachos habían caído al agua, pero solo tres estaban allí. Shawn había desaparecido. David no tenía traje de buceo, y su pantalón de mezclilla y su saco deportivo estaban rígidos por el hielo. Sin embargo, se zambulló en el agua helada y empujó a Felipe hacia la superficie instruyéndole que se arrastrara de barriga hacia la orilla norte, a unos dos metros y medio de distancia. Felipe logró salir, pero su compañero Sellars no podía moverse debido a que su cuerpo había quedado congelado y pegado al hielo de la superficie. David y otro muchacho, Ryan, luchaban a muerte contra la hipotermia que se extendía por sus cuerpos.

Clay Cutter, el guardabosques, recibió una angustiosa llamada de un muchacho. Su esposa, Teri, reportó a los servicios de emergencia que cuatro jóvenes habían caído entre el hielo del Lago Convicto. Luego, tomando sus binoculares, les dijo a sus tres hijas que se quedaran en casa, y se dirigió al lago que estaba consumiendo la vida de los que habían quedado atrapados en sus heladas garras. Vio todo el episodio, incluso la valiente batalla entre la vida y la muerte que su esposo libró durante los siguientes cuarenta y cinco minutos.

Equipo de rescate de montaña

En una casa en las montañas, a 40 kilómetros del Lago Convicto, sonó el buscapersonas del reverendo Russ Veenker, un buzo entrenado y experimentado en búsqueda y recuperación bajo el agua. Unos momentos antes, dos de sus amigos, Doug Englekirk y Doug Nidevar, expertos atletas, habían pasado a visitar la familia Veenker, y al escuchar la llamada de emergencia preguntaron: — ¿Podemos ayudar?

Mientras Kandy Veenker corría hacia el teléfono para alertar a otros miembros del equipo de rescate, Russ hizo una pausa para elevar una breve oración. —Señor... guárdanos. Para él la oración era una NBP: Norma Básica de Procedimiento. Siempre oraba pidiendo seguridad para los rescatadores, porque muchas veces ellos arriesgan sus propias vidas para salvar otras. Sabía que las situaciones de vida o muerte estaban en las manos de Dios.

—Los espero en el lago con el bote salvavidas —les dijo Russ a sus amigos.

Luego le dio a Kandy un beso, un abrazo rápido y un "Te amo". Eso también era una NBP.

Kandy confiaba mucho en las experiencia y habilidad de su esposo y en la protección de Dios. Pero esta vez al verlo salir del garaje, sintió la opresión de un negro y vago sentimiento, y empezó a orar con más fervor.

De temor a pánico

El guardabosques Clay Cutter y el consejero Randy Porter miraron impotentes cómo uno de los muchachos se hundía bajo la superficie. Avanzando a gatas hacia el gran agujero en el hielo, donde otro chico y el consejero David Meyers se esforzaban por mantener sus cabezas fuera del agua, de repente todo el borde del hueco crujió y cedió. Randy cayó dentro del agua, y la mano congelada de Clay se soltó de la de Sellars. El Lago Convicto había cobrado dos víctimas.

En la orilla, las unidades de emergencia habían llegado y empezado un esfuerzo de rescate. El paramédico Chris Baitx, los capitanes de bomberos Vidar Anderson y Ray Turner trajeron un bote de pesca de aluminio y empezaron a empujarlo sobre el hielo hacia el hueco. Sin embargo, la delgada capa cedió por el peso tragándose al capitán Turner, pero Baitx y Anderson lograron rescatarlo antes de que se hundiera. Mientras se desarrollaba este drama, desde adentro del hielo se oyó una voz frenética.

—¡Dense prisa! —gritó el guardabosques Cutter.

El paramédico Baitx tomó del bote una escalera de mano y una soga. Se ató con un extremo de la soga, y ató el otro extremo a la escalera, agarró una pica y empujando la escalera delante de él como trineo se arrastró sobre el hielo hacia las víctimas.

En el hueco del hielo Baitx vio al consejero Randy y a uno de los muchachos sosteniendo una soga, y al consejero David flotando de espaldas a corta distancia. Baitx se dirigió hacia David, pero la escalera de mano que estaba usando como apoyo resbaló y lo lanzó al agua.

Entretanto el capitán Anderson, usando dos escaleras como gigantescos zapatos de nieve, se deslizaba sobre el hielo en otro intento de rescate.

Entonces desapareció David. Otra víctima fatal. ¿Cuántas vidas más se irían antes de que esta pesadilla terminara?

Antes de que sea demasiado tarde

Al llegar a la escena Russ no estaba preparado para lo que vio. Había una docena o más de bomberos voluntarios parados en el rompeolas mirando un par de figuras, que nadie podía identificar, arrodilladas sobre el hielo en la mitad del lago. Eran el guardabosques Cutter y el capitán Anderson.

Los que estaban en tierra se encontraban impotentes. Podían oír los gritos pidiendo ayuda, pero las voces se iban apagando. Cuando el personal de bomberos y rescate se encuentra en una situación que no pueden resolver, es como decirle a un niñito que empuje un camión de cemento a lo largo de una cuadra. La frustración se convirtió en desesperación.

—¿Cuántos hay allá? —preguntó Russ.

—No estamos seguros. Creemos que tres o cuatro chicos, dos consejeros, el guardabosques Cutter, el capitán Anderson y el paramédico Baitx... No tenemos comunicación con ellos. Russ sabía que tenía entre treinta y sesenta minutos para sumergirse en agua a una temperatura de un grado centígrado con su traje de buceo, y sacar a tantas víctimas como le fuera posible.

Comenzó a caminar sobre el hielo, para enfrentarse con la cruel realidad de que con cada paso que daba el hielo se agrietaba bajo sus pies. *Señor, nadie debería estar aquí,* dijo, al tiempo que se acostaba sobre su abdomen para empezar a arrastrarse a lo largo de la soga que sostenían desde la orilla atada a alguien en el hielo. El traje de buceo le dificultaba el movimiento del cuerpo. Era como tratar de correr un kilómetro con los tobillos esposados.

De repente se oyó un sonido sordo mezclado de agua y gritos. Estaban tirando de la soga hacia la orilla. Arrastraban a Baitx sobre el afilado hielo y la piel se le rasgaba en sangrientas tiras. Detrás de él, en el agua, había tres víctimas evidentemente vivas.

Ellos son cuatro, y yo estoy solo, pensó Russ. El terror recorrió todo su cuerpo como un rayo. *¡Señor, ayúdame!*

Russ que estaba aproximadamente a seis metros de Baitx, volviéndose hacia la orilla gritó con todas sus fuerzas: —¡dejen de halar la soga! Pero al volver la mirada, ya no pudo ver al consejero Randy.

Rápidamente, el capitán Anderson sucumbió en las heladas profundidades a solo unos dos metros de la mano extendida de Russ. Aún podía oír de lejos los gritos de Cutter a unos treinta metros de distancia.

Señor, esto no puede estar pasando, —exclamó Russ para sus adentros. Luego el paramédico Baitx se hundió bajo el hielo, pero Russ se zambulló debajo de él y lo empujó hacia la superficie.

—Todo está bien amigo… soy Russ. Te tengo. Mi traje de goma flota.

Baitx, que aún estaba vivo, gimió. Sin embargo, la soga que estaba atada a su cintura también lo estaba a una escalera de 4 metros que lo halaba hacia abajo. Russ buceó bajo el agua para tratar de liberar a Baitx de la escalera, pero descubrió que la soga estaba enredada como una cuerda de pescar alrededor de las piernas del paramédico.

—Russ, —murmuró Baitx, con sus labios morados—. No lo voy a lograr… dile a mi esposa…

—Sí, lo lograremos, aguanta ahí, —contestó serenamente Russ, pero el miedo lo sobrecogió.

Al desvanecerse la posibilidad de sobrevivir, los dos Dougs llegaron deslizándose con un bote salvavidas sobre el hielo roto. Entonces Russ entendió que no había sido ningún accidente que el Señor hubiera enviado a esos hombres en ese momento a desempeñar el papel de salvavidas.

Después de que desenredaron la soga de las piernas de Baitx, lo alzaron a la balsa y lo llevaron a la orilla. Russ empezó a nadar en dirección a la voz que había oído pidiendo ayuda, pero después de unas brazadas, se dio cuenta de que no había nadie allí. Todo lo que podía ver era una chaqueta, unos guantes y un par de gorras de lana que flotaban en la superficie.

El Lago Convicto se había tragado su séptima víctima, el guardabosques Clay Cutter.

Trauma en la orilla

Los miembros del equipo de paramédicos llevaron a Baitx rápidamente al hospital. Cuando empujaron la camilla por las puertas de emergencia, una enfermera asustada y horrorizada, Lori Baitx, vio el cuerpo golpeado, casi congelado de su esposo.

Después de que la ambulancia se fue del lago la muchedumbre en la orilla empezó a darse cuenta de lo que había pasado. —¿Dónde está Vidar?... ¿Dónde está Clay? ¿Has visto a Randy o a David por ahí? ¿Y los muchachos? El horror de la realidad se hizo claro. Teri Cutter estaba espantada. Había visto a su esposo luchar por sobrevivir hasta el fin.

Russ, que estaba demasiado agotado emocionalmente como para estar de pie, cayó de rodillas en la nieve. En el fondo oyó "chirriar" su radio dando el informe: *"Tenemos confirmadas siete víctimas fatales... creo que cuatro eran rescatadores".*

Gracias a que alguien tenía el equipo apropiado, lograron salvar la vida de otro hombre. Trágicamente, por haber ignorado las advertencias aquel día fatal, fue demasiado tarde para los siete que se zambulleron en su helada muerte en el lago cuyo nombre fue muy acertado. De hecho, era un convicto brutal.

¿Escucharemos?

Las advertencias siguen vigentes hoy. HIELO DELGADO ADELANTE. Nuestro destino eterno está determinado ya sea que atendamos o ignoremos las señales. Puede que los rescatadores nos quieran salvar, pero podría ser demasiado tarde.

Los último días para todos los habitantes del planeta tierra han estado determinados por casi dos mil años. En nuestros días esas señales son cada vez más cercanas e inminentes.

En esta última década se han visto tremendos cambios en el mundo. Los decibeles de amenazas del comunismo han disminuido con la caída de los gobiernos y han surgido nuevos líderes. Muchos pueblos oprimidos están experimentando una libertad que nunca antes habían conocido.

La revista *Time* publicó un reportaje mostrando a los líderes de los dos países más poderosos del mundo sonriendo entre sí sobre las palabras: "Construyendo un Nuevo Mundo".

Aunque podemos gozarnos al ver la reconciliación de antiguos enemigos, y aparece una nueva esperanza de paz en la comunidad mundial, al mismo tiempo sospechamos que estamos siendo arrullados por una falsa seguridad.

Las advertencias con respecto a los peligros que se avecinan han sido dadas. Podemos atenderlas o ignorarlas.

Las señales del tiempo van por el carril de velocidad, señalando hacia los últimos días de la profecía bíblica. Es cierto que muchos se encogen de hombros y dicen: −¿Será como el tipo aquel que dijo que el fin del mundo sería el 16 de septiembre de 1988? ¡Vamos! Esos cuentos ya los he oído antes.

El apóstol Pedro dijo: "Sabiendo primero esto, que en los postreros días vendrán burladores, andando según sus propias concupiscencias, y diciendo: ¿Dónde está la promesa de su advenimiento? Porque desde el día en que los padres durmieron, todas las cosas permanecen así como desde el principio de la creación" (2 Pedro 3:3-4).

Hay un libro en la Biblia que los burladores deben leer. Contiene advertencias mucho más solemnes que las que les hicieron a los jóvenes del Lago Convicto.

El libro de Apocalipsis predice el clímax de las edades y la secuencia de eventos que conducen al retorno de Jesucristo.

Además, este libro explica dónde pasará cada persona toda la eternidad.

¿Quién puede predecir el futuro?

Cuando alguien me pregunta: —¿Cuándo cumples años? me pongo cauteloso. No creo que lo haga porque planee enviarme un regalo. Probablemente quiere saber bajo qué signo del zodíaco nací para decirme cómo debo llevar mi vida. A pesar de la falta de sentido de las predicciones astrológicas, la mayoría de los periódicos publican esas columnas, y mucha gente usa estas ridículas predicciones para determinar cómo planearán sus actividades diarias y metas para el futuro. Aun personas prominentes en la vida pública consultan a los astrólogos y psíquicos, buscando respuestas a las complejidades de la vida.

Dios predice el futuro con exactitud sin errores. Él sabe el fin desde el principio. Sin embargo, nos da dirección para el presente. "Así que, no os afanéis por el día de mañana, porque el día de mañana traerá su afán. Basta a cada día su propio mal" (Mateo 6:34).

No tenemos que preocuparnos por el mañana, pero Él quiere que entendamos el futuro para que sepamos cómo vivir *hoy*. Su Libro está lleno de predicciones que ya se han cumplido a cabalidad. Mire solo unas de ellas.

Verdad a la fecha

En el Antiguo Testamento hay más de trescientas referencias a la venida del Mesías que se cumplieron totalmente en Jesucristo. En Génesis 3:15 encontramos la primera referencia al hecho de que el Salvador del mundo nacería de la "simiente de la mujer". Esta promesa antigua predice la lucha entre el Mesías de Israel y Satanás, y predice la victoria final del Mesías.

El profeta Isaías dijo que el Mesías nacería de una virgen. Fue profetizado que sería el Hijo de Dios y que sería descendiente directo de Abraham, el padre de la nación judía. Vendría de la tribu de Judá y la casa de David. Miqueas predijo que nacería en Belén, y el salmista escribió que sería llamado Señor.[1]

Fue predicho que el Mesías venidero sería profeta, Juez y Rey. Este Hombre a quien los judíos esperaban (y muchos todavía están buscando) sería más que un ser humano común y corriente, ya que el Espíritu del Señor le daría sabiduría y conocimiento más allá de nuestra comprensión.[2]

Para mí, la profecía es el estudio más absorbente en la Biblia. El ministerio del Mesías que había de venir fue descrito con tal detalle como no se había hecho respecto a ninguna otra persona.

La hoja de vida perfecta

Imagínese a un reclutador de ejecutivos de siglo XXI haciendo la lista de requisitos para un director ejecutivo:

- Una recomendación incondicional de parte de un líder de la comunidad (Juan el Bautista).

- Su contrato para comenzar en Galilea.

- Debe hacer milagros.

- Debe enseñar a su equipo de gerencia mediante ilustraciones.

- Debe descubrir y despedir a los miembros de la empresa que sean deshonestos.

- Debe proveer mecanismos de entendimiento y sabiduría a una compañía tambaleante.

De entre todos los solicitantes de la historia, solo uno surge y dice: —Yo reúno los requisitos. Este personaje llena cada requisito tan perfectamente que el equipo de búsqueda queda sorprendido.

---

1 Véase Isaías 7:14; Génesis 14:10; Jeremías 23:5; Miqueas 5:12; Salmos 110:1
2 Véase Deuteronomio 18:18; Isaías 33.22; Salmos 2:6; Isaías 42:1; Isaías 6:1,2.

Algunos profetas del Antiguo Testamento recibieron instrucciones de dar predicciones tristes. Más de setecientos años antes del nacimiento de Cristo, Isaías dijo que sería despreciado, herido, molido, y oprimido (véase 53:3, 5, 7). El mismo viejo profeta dijo que sería crucificado con ladrones, y que su propio pueblo lo rechazaría.

Cuando vemos las profecías totalmente cumplidas en la vida de Jesús, ¿cómo podemos dudar que Él fue el Mesías, el Cristo, el Hijo de Dios? La manera cruel como murió, la tumba donde fue puesto, y su resurrección gloriosa fueron predichos por hombres santos, guiados por Dios para escribir su Palabra inspirada.

Después de que Jesús resucitó apareció a sus discípulos por un período de cuarenta días y les dijo muchas cosas. Ellos debieron haber escuchado con una intensidad que nunca antes habían experimentado y con una nueva urgencia preguntar : −¿Cuándo establecerás el reino de Israel, Señor? Jesús les dijo, como lo había hecho antes, que a ellos no les correspondía saber el tiempo de su regreso y del establecimiento de su reino, pero que observaran las señales de los tiempos. Mientras ellos escuchaban esta respuesta, de repente Él fue alzado y desapareció de su vista en una nube.

Mientras los apóstoles estaban de pie boquiabiertos, aparecieron dos hombres con vestiduras blancas y les dieron el primer mensaje profético post-cristiano:

"Varones galileos, ¿por qué estáis mirando al cielo? Este mismo Jesús, que ha sido tomado de vosotros al cielo, así vendrá como le habéis visto ir al cielo" (Hechos 1:11).

Cuando Él dejó la tierra apenas estaba en sus treinta años, y ningún otro hombre en la historia ha hecho tal impacto en este planeta.

Él volverá. Más de trescientas veces en el Nuevo Testamento y todo un emocionante libro describe en detalle el tiempo y los eventos cronológicos referentes a su retorno.

El autor con la clave

El libro que nos cuenta los asombrosos eventos que llevarán al final de la historia, a veces es llamado "La Revelación de San Juan el Divino" o "El Apocalipsis de San Juan". El título correcto bien podría ser "La Revelación de Jesucristo". Juan no escribió una imaginaria obra de ficción espiritual. Jesús lo escogió para que escribiera la épica que cambiaría para siempre la vida de los que la leyeran y la entendieran.

Juan, "el discípulo amado de Jesús", fue especial para Él, no porque no hubiera amado a sus otros discípulos, sino porque con él existieron lazos particulares. A Juan y a su hermano, Santiago, los llamaban "hijos del trueno" cuando eran jóvenes, pero al envejecer Juan fue conocido por su gentileza. El trueno se convirtió en un retumbar distante.

Sin embargo, Juan fue intrépido al hablarle a todos de Jesús, cosa que ofendió severamente a Domiciano, emperador de Roma entre los años 81 y 96 d.C. Aquel pomposo tipo había asumido el título de "amo y dios" y exigió que la gente le rindiera culto. Como el apóstol Juan se negó a obedecer tal orden, por ese crimen lo enviaron a la desolada isla de Patmos, un islote baldío, rocoso y yermo, lleno de cuevas y colinas volcánicas. Domiciano debió pensar que un hombre viejo como Juan, que estaba en sus noventa, no podría sobrevivir mucho tiempo en tan cruel destierro.

Recorriendo alguna gruta árida, rodeado de criminales de toda clase, Juan seguramente recibió su destierro como una oportunidad para alcanzar con el amor de Cristo a esos desdichados. Sin embargo, recibió una misión mayor. Dios le narró eventos futuros que cambiarían el curso del mundo para siempre.

Dios envió a un ángel a comunicarse con Juan, y él nos dice:

"La revelación de Jesucristo, que Dios le dio, *para manifestar a sus siervos las cosas que deben suceder pronto,* y la declaró enviándola por medio de su ángel a su siervo Juan, que ha dado testimonio de la palabra de Dios, y del testimonio de Jesucristo, y de todas las cosas que ha visto" (Apocalipsis 1: 1, 2).

No más misterio

La palabra "revelación" significa descubrimiento de lo que antes estaba oculto o era desconocido. El libro de Apocalipsis, o Revelación, nos dice que Jesús volverá, cómo vendrá, y en qué condiciones estará el mundo cuando Él venga.

La gente pregunta con frecuencia: "¿Por qué debe volver Jesús?" Las razones son evidentes en las dos fases de su retorno.

Primero, Jesús debe volver a llevar a su Iglesia para que esté para siempre con Él. A la Iglesia se la llama la esposa de Cristo, y así como una novia espera ansiosa el día para unirse a su amado, la Iglesia, formada por los que creen en Jesús, espera unirse al Esposo. En el cielo tendrá lugar el banquete de bodas del Cordero, la unión simbólica de Cristo, el Esposo, con la Iglesia como esposa, para ser uno por toda la eternidad.

La primera fase de la segunda venida de Cristo se llama el rapto. Este es el acto del gran imán, cuando todos los verdaderos creyentes en Jesucristo, sensibles a Él, serán llevados como con un imán para estar con Él (véase 1 Tesalonicenses 4:17).

La segunda fase tendrá lugar al final de un período de siete años después del rapto, cuando Cristo vuelva para gobernar sobre su reino terrenal.

Cuando Cristo lleve a los suyos al cielo (aquellos cuyos cuerpos terrenales hayan muerto y los que estén vivos, al mismo tiempo), estarán ante el tribunal de Cristo. Algunos han preguntado: —Si han de ser juzgados tantos al mismo tiempo, ¿por qué Cristo no los juzga en el mismo momento de su muerte, en lugar de permitir que todos esos millones de gente se amontonen en un último momento?

La respuesta es que nuestro trabajo no termina cuando morimos, sino que sigue vivo después de nosotros. Lo que hayamos hecho en la tierra, si se acumula algo, continúa después de que muramos físicamente. ¿Cómo podría haber premios y juicios una vez nuestra vida terrenal haya terminado? Nuestra influencia sobre amigos, familiares y las personas que conocimos durante nuestra vida, no cesa cuando aparece en el periódico local el anuncio de nuestra muerte.

Supe de Kristin, una niña de catorce años que murió después de un largo y doloroso cáncer. Una de sus últimas preocupaciones era por sus amigas que no conocían a Jesucristo como ella. Kristin le preguntó a su madre: —¿Quién les hablará de Jesús después que me haya ido? Su testimonio permanecerá y su eco tocará más vidas de las que podamos saber hasta la venida del reino.

Mucha gente sigue acumulando puntos antes de comparecer ante el tribunal de Cristo en cielo. Por ejemplo, D. L. Moody fue a estar con el Señor en 1899, pero su influencia y el Instituto Bíblico Moody que fundó han permanecido por décadas.

¿Qué está pasando en la tierra?

Mientras los creyentes se presentan a recibir sus premios, los que queden en la tierra estarán viviendo el peor tiempo del fin de la historia. Aunque el libro de Apocalipsis describe este tiempo llamándolo la tribulación, algunos de los grandes creyentes del pasado, como Martín Lutero y Juan Calvino, virtualmente ignoraron este último libro en la Biblia. Quizá pensaron que algunas de las señales que preceden a la segunda venida eran tan poco claras para su tiempo, que el Apocalipsis era un gran misterio para ellos. Ahora se está entendiendo y revelando más rápido que las últimas páginas de una novela de Agatha Christie.

Cristo no solo volverá para premiar a los suyos, sino para juzgar al mundo. Entre su primera y segunda aparición habrá un tiempo de problemas, y luego tendrá lugar el juicio de todos los que lo rechazaron. Este no será un juicio para los creyentes porque ellos ya habrán comparecido ante el tribunal de Cristo. Este será un juicio sin libertad provisional, sin indulgencias, ni manera de alegar locura.

Jesús volverá por su iglesia, luego a juzgar el mundo, y finalmente a gobernarlo. Más de cinco siglos antes de su nacimiento el profeta judío Daniel describió esta escena de la siguiente manera:

"Y le fue dado dominio, gloria y reino, para que todos los pueblos, naciones y lenguas le sirvieran; su dominio es dominio eterno, que nunca pasará, y su reino uno que no será destruido" (Daniel 7:14).

Cuando Jesús estuvo por primera vez en la tierra no gobernó un pequeño país, ni fue el alcalde de alguna ciudad, gobernador de un estado, o presidente de Palestina. Pero un día su reino no solo abarcará todo el mundo, sino el universo entero.

Sus discípulos querían saber cuáles serían las señales de su venida y del fin de las edades (véase Mateo 24:3). Desde entonces la gente ha estado haciendo las mismas preguntas. Las señales que Jesús dio siempre apuntaban al establecimiento de su reino en la tierra, no al rapto. Pero los eventos por venir arrojan su sombra por delante, y estas sombras se están acumulando alrededor de nosotros ahora. La profecía no pretende ser un ejercicio mental para los creyentes interesados en las complejidades de la Biblia. Dios nos da la profecía para que podamos aprender a vivir.

¿Qué podemos aprender de la profecía?

Apocalipsis revela la secuencia y la trascendencia del futuro, pero el Nuevo Testamento nos dice de qué manera la profecía puede ser una escuela dinámica de autosuperación. Veamos algunos de los cursos ofrecidos:

* *Solución de problemas*. No conozco ninguna universidad que ofrezca este curso, pero la Biblia dice que entender el futuro pondrá nuestros problemas cotidianos en mejor perspectiva (véase Colosenses 3:2).

* *Amor sin medida*. Seremos personas que aman más

porque vamos a "crecer y abundar en amor unos para con otros" a medida que el impacto de su venida penetra nuestro ser (véase 1 Tesalonicenses 3:12, 13).

* *Crecimiento de la Iglesia.* Todo pastor de iglesia grande o pequeña estaría interesado en este curso. El mejor lugar para estar, a medida que este importante día se acerca, es alabando en la iglesia, o sirviendo en el mundo (véase Hebreos 10:25).

* *Fijación de metas.* Si realmente creyéramos que Él podría volver hoy, cambiaríamos muchos de nuestros hábitos. "Amados, ahora somos hijos de Dios, y aún no se ha manifestado lo que hemos de ser; pero sabemos que cuando él se manifieste, seremos semejantes a él, porque le veremos tal como él es. Y todo aquel que tiene esta esperanza en él, se purifica a sí mismo, así como él es puro" (1 Juan 3:2, 3).

* *Porristas.* En los grandes juegos las porristas animan a la multitud. ¿Qué tal un curso de ánimo? Después de que Pablo le escribió a la iglesia de Tesalónica, y después de los últimos eventos en la línea de tiempo, esto se ha hecho más claro. Él les dijo a esos creyentes, "Alentaos los unos a los otros" (1 Tesalonicenses 4:18). No debemos ser fatalistas sino porristas.

* *Salvavidas.* Este curso lo pueden tomar hasta los que no saben nadar, ya que es el más importante. La profecía nos urge a alcanzar a otros para Jesucristo. "A otros salvad, arrebatándolos del fuego" (Judas 23).

Voces desde la orilla

Cuando se descubrió el peligro del hielo delgado en el Lago Convicto, se oyeron gritos de advertencia desde la orilla. Los rescatadores no estaban equipados con trajes apropiados y algunos perecieron junto con los muchachos que estaban tratando de salvar.

A nosotros se nos ha dado en el Libro de Dios, el equipo apropiado. Por dos mil años se ha declarado la ruta de escape. Muchas personas creen que el tiempo para el regreso de Cristo está muy cerca. En los últimos veinte años, desde que la profecía bíblica captó la atención de la llamada Generación de Jesús, la historia ha avanzado a mayor velocidad.

¿Estamos prestando hoy atención a las advertencias que surgen de la montaña de evidencia ante nosotros? Las víctimas del Lago Convicto nos mostraron lo insensato que es no estar preparados.

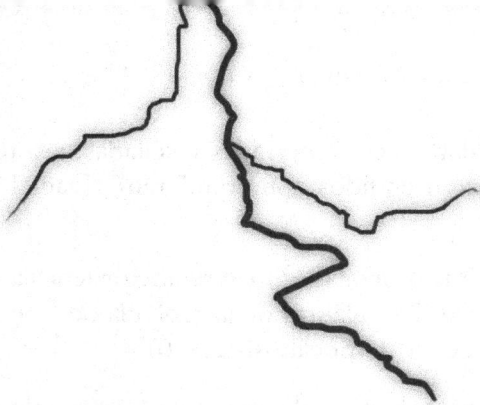

CAPÍTULO 2
EL MÁS GRANDE TITULAR

Paz en la tierra. ¿Ha habido paz alguna vez? Durante la última década, más o menos, el corazón de lo hombres ha palpitado ante señales prometedoras. En 1989 el Muro de Berlín se desplomó. ¡Que espectáculo tan emocionante!

De manera rápida los viejos regimenes colapsaron a lo largo de Europa oriental. En 1995, dos implacables enemigos, Yaser Arafat y Yitzhak Rabin firmaron un tratado de paz. Mientras nuestras mentes volaban para tratar de entender la velocidad de un mundo cambiante, los comentaristas y expertos en noticias decían que la amenaza de guerra estaba desvaneciéndose en firme.

Sin embargo, la Biblia dice que vendrá un tiempo "cuando digan: Paz y seguridad, entonces vendrá sobre ellos destrucción repentina..." (1 Tesalonicenses 5:3).

Hace poco tiempo la gente no hablaba de paz y seguridad. Esta profecía habría sido difícil de creer. Pero hoy, como dijera Col, anteriormente canciller de Alemania Occidental: "La rueda de la historia ahora se está acelerando".[1]

Un ángel le dijo a Daniel, el profeta del Antiguo Testamento, que muchas profecías solo se entenderían en los tiempos del fin.

---

1 George Church, "Freedom," Time, Noviembre 20 de 1989, 29.

"Anda, Daniel, pues estas palabras están cerradas y selladas hasta el tiempo del fin... pero los entendidos comprenderán" (Daniel 12:9-10).

En Apocalipsis se revelan las profecías, y Juan recibe órdenes a la inversa. "Y me dijo: No selles las palabras de la profecía de este libro, porque el tiempo está cerca" (Apocalipsis 22:10).

¡Juan recibió la orden de pasar la voz! Él tenía que hacer uso de cuanto método encontrara para relevarle este mensaje al mundo.

Jesús no solo le dijo que revelara las profecías, sino también el orden en que ocurrirían. "Escribe las cosas que has visto, y las que son, y las que han de ser después de estas" (Apocalipsis 1:19).

Hay quienes dicen que no pueden entender el libro de Apocalipsis. Incluso Martín Lutero escribió: "Mi espíritu no se puede adaptar al libro, y una razón suficiente por la cual no lo tengo en alta estima, es porque en él no se enseña ni se reconoce a Cristo.[2]

Doce años después, Lutero modificó su punto de vista, pero nunca aceptó por completo el último libro de la Biblia. En los tiempos de Lutero, los eventos descritos en Apocalipsis no parecían posibles, pero hoy deberíamos entenderlos al leer los titulares de los diarios.

Con el paso de los siglos, la humanidad ha sido bendecida con la lectura de Apocalipsis. Ahora vivimos en una era donde el entender se agrega a la bendición.

Bendición a partir de su historia

"La revelación de Jesucristo, que Dios le dio, para manifestar a sus siervos las cosas que deben suceder pronto; y la declaró enviándola por medio de su ángel a su siervo Juan, que ha dado testimonio de la palabra de Dios, y del testimonio de Jesucristo, y de todas las cosas que ha visto. Bienaventurado el que lee, y los

---

2 W. Graham Scroggie, The Great Unveiling (La Gran Revelación) Grand Rapids: Zondervan, 1979), 43.

que oyen las palabras de esta profecía, y guardan las cosas en ella escritas; porque el tiempo está cerca" (Apocalipsis 1:1-3). Estas palabras contienen el prólogo del libro de Apocalipsis.

"Apocalipsis" es transliteración de una palabra griega que ha sido mal empleada para infundir terror. En griego la palabra *apokalupsis*, significa "descubrimiento" o "revelación". El libro de Apocalipsis es la revelación de Jesucristo, es un libro que trata tanto *acerca* de Él, como *por* Él. Este libro no es un enigma, es un cuadro terminado.

La segunda frase profética, en el prólogo, en griego es *en taquie*, que se traduce como, "deben suceder pronto". Se refiere a algo que sucederá de repente. Esto ha sido un dilema para las generaciones anteriores a la nuestra. Han leído la misma profecía y se han preguntado: *¿Sucederán estas cosas durante mi vida?*

Muchos creyentes pensaron que el Señor volvería dentro de la generación que vio renacer a Israel como nación en la tierra de sus antepasados. El 14 de mayo de 1948 Israel se estableció como estado, y algunos notables estudiosos de la Biblia creyeron que en el lapso de cuarenta años (una generación) o aproximadamente en ese tiempo ocurriría el rapto. Ellos basaron esta premisa en las palabras de Jesús: "De cierto os digo, que no pasará esta generación hasta que todo esto acontezca" (Mateo 24:34). Ya han pasado cuarenta años y Él no ha regresado. No digo esto para desacreditar a quienes creyeron esta interpretación, sino porque creo que se equivocaron.

Lo que sí significa es que las personas que vean y vivan los eventos de los que Cristo habló en Mateo 24, serán parte de la generación que estará aquí cuando Cristo vuelva a establecer su reino en la tierra. Cuando veamos estos eventos desplegarse durante la tribulación, el paralelo con las predicciones de Jesús será completamente claro.

Riesgo de ignorancia

A veces se ignora el libro de Apocalipsis en los estudios bíblicos, como si no fuera importante para nuestras vidas y problemas cotidianos. Louis Talbot, cuyo apellido se usó para el nombre del Seminario Teológico Talbot, lo expresó de esta manera:

"Muchos tratan el libro de Apocalipsis como el sacerdote y el levita trataron al hombre atacado y robado en el relato del Buen Samaritano... pasan de lado. El diablo ha alejado a miles de esta porción de la Palabra de Dios. Él no quiere que nadie lea un libro que narra su expulsión del cielo... Y tampoco desea que leamos acerca del triunfo final de su enemigo número uno, Jesucristo. Mientras más usted estudie el libro de Apocalipsis, más entiende por qué Satanás lucha con tanto ahínco para mantener alejado al pueblo de Dios".[3]

Eso me motiva a involucrarme con este descubrimiento profético. Si Satanás está contra él, yo estoy por él. Si Jesús dijo que yo sería bendecido al leer y escuchar las palabras de este libro, yo me fiaré de su palabra.

Apocalipsis es el único libro profético del Nuevo Testamento que se yergue solo como un faro en el agitado mar de la confusión moderna. Sus milagros solo los entenderán aquellos que tengan oídos para oír y la capacidad que da el Espíritu de Dios para discernir.

La tragedia de hoy no es solamente que los ateos y agnósticos nieguen los milagros de la Biblia, sino que algunos muy renombrados predicadores y maestros cristianos, inclinados a la teología liberal, consideran muchos milagros bíblicos como alegorías y rechazan lo sobrenatural.

Descifrando los códigos secretos

Apocalipsis es un libro de símbolos de los cuales algunos representan seres humanos. En el primer capítulo se ve a Jesús como un juez con una espada de dos filos saliendo de su boca. Después se presenta al Anticristo como una bestia. Al gran sistema religioso se lo describe como Babilonia la Grande. Otro símbolo

---

3 Louis Talbot, The Revelation of Jesús Christ (Grand Rapids: Eedrmans, 1937) 15.

importante y repetitivo es el uso de números, sin que el menos importante sea la siniestra marca de la bestia, el 666.

Los números son formas de símbolos, y el número siete, que se le ha llamado el número perfecto, se usa cincuenta y cuatro veces en Apocalipsis. Juan usa este símbolo para representar muchas cosas y personas: Siete iglesias, siete espíritus, siete candeleros, siete estrellas, siete lámparas, siete sellos, siete cuernos, siete ojos, siete ángeles, siete trompetas, siete truenos, siete cabezas, siete coronas y más. Simbólicamente el número siete significa perfección.

¿Por qué tanto simbolismo en el libro de Apocalipsis? ¿Usted pregunta por qué no puede ser tan simple y sencillo como el Evangelio de Juan? Veamos algunas razones.

Para comenzar, el simbolismo no se debilita con el tiempo. Juan pudo describir las grandes imágenes de la revelación de Dios y escribirlas en un drama emocionante. Los símbolos pueden resistir la prueba de los años sin tener relación con una época o cultura en particular.

Los símbolos también imparten valores y despiertan emociones. Es mucho más gráfico hablar de "bestias" que de "dictadores". Tiene más colorido referirse a "Babilonia la Grande" que al "sistema mundial". Si nuestras emociones no se despiertan por algunas de las palabras usadas como símbolos, deberíamos hacernos un examen de sangre.

Luego, los símbolos también pueden usarse como código secreto. Así como se le da nombres clave a los proyectos confidenciales, el prisionero de Patmos tenía un código espiritual que circuló entre las iglesias.

El clima político de este período no era diferente al de los años cuarenta. Un líder diabólicamente perverso, creyendo en su propia capacidad para gobernar su imperio y de autoestablecerse con poderes como dios, entendió que los que llamaban cristianos obedecían a otro Dios. En tanto que Hitler aniquiló a los judíos, el emperador Domiciano se esforzó por abolir la influencia de los seguidores de un hombre llamado Jesús. Algunos cristianos fueron asesinados. Otros, como Juan, fueron encarcelados por su fe.

Los primeros cristianos esperaban con ansias el regreso de su Maestro, pero sesenta años después de su muerte esta esperanza aún no se cumplía. Para animar a esos creyentes Juan escribió cartas a las iglesias instándolos a mantenerse firmes y a no vacilar en su fe. Sin embargo, tenía que camuflar este mensaje de tal manera que las autoridades romanas no lo entendieran. En tanto que los creyentes podrían descifrar el código confidencial, Domiciano y sus secuaces quedarían confusos. Sería algo similar a los prisioneros de guerra de nuestro siglo golpeando suavemente con sus dedos códigos en las paredes de las celdas para animar a sus compañeros de prisión.

Así como los creyentes pudieron entender este simbolismo del primer siglo, es igualmente entendible para los cristianos de todos los tiempos. Podemos entender el simbolismo en Apocalipsis porque cada símbolo lleva en sí su propia interpretación.

Las siete estrellas (1:16) son los siete ángeles (1:20).

Los siete candeleros (1:13) son las siete iglesias (1:20).

Las siete lámparas son siete veces el Espíritu de Dios (5:6).

A través de las Escrituras los símbolos se presentan como un vehículo para la revelación divina, pero Apocalipsis contiene más símbolos que cualquier otro libro de la Biblia.

No necesitamos ser expertos en la Biblia para poder descifrar los mensajes.

Motivación positiva y negativa

Uno amigo mío tiene un estante de casi dos metros y medio lleno de los éxitos de librería actuales que hablan de motivación. Le pregunté si había considerado al libro de Apocalipsis como uno de los tratados más motivadores del mundo. Aunque probablemente pensó que yo estaba loco, espero que lo lea.

Apocalipsis es el único libro de la Biblia que motiva a sus lectores prometiéndoles una bendición para quienes lo lean y obedezcan, y una maldición para quienes lo saboteen: Yo testifico a todo aquel que oye las palabras de la profecía de este libro: Si alguno añadiere a estas cosas, Dios traerá sobre él las plagas que están escritas en este libro. Y si alguno quitare de las palabras del libro de esta profecía, Dios quitará su parte del libro de la vida, y de la santa ciudad y de las cosas que están escritas en este libro" (22:18, 19).

Esta sobria reflexión deberían considerarla todos los que no creen en la inerrabilidad de la Biblia o la exactitud de la profecía. Personalmente me gustan más los temas de motivación, y Apocalipsis los tiene. Hay siete bendiciones en este libro:

1. *"Bienaventurado el que lee, y los que oyen las palabras de esta profecía, y guardan las cosas en ella escritas;* porque el tiempo está cerca" (1:3).

2. "Oí una voz que desde el cielo me decía: 'Escribe: *Bienaventurados de aquí en adelante los muertos* que mueren en el Señor'. 'Sí', dice el Espíritu, 'descansarán de 'sus trabajos, porque sus obras con ellos siguen' (14:13).

3. "He aquí, yo vengo como ladrón. *Bienaventurado el que vela, y guarda sus ropas, para que no ande desnudo, y vean su vergüenza"* (16: 15).

4. "Y el ángel me dijo: 'escribe: *Bienaventurados los que son llamados a la cena de las bodas del Cordero'.* Y me dijo: 'estas son palabras verdaderas de Dios' (19:9).

5. *"Bienaventurado y santo el que tiene parte en la primera resurrección;* la segunda muerte no tiene potestad sobre estos, sino que serán sacerdotes de Dios y de Cristo, y reinarán con él mil años" (20:6).

6. "¡He aquí, vengo pronto! *Bienaventurado el que guarda las palabras de la profecía* de este libro" (22:7).

7. *"Bendito son aquellos que lavan sus túnicas,* porque ellos pueden tener el derecho al árbol de vida y pueden entrar a través de las puertas de la ciudad" (22:14).

Las bendiciones de su majestad

Nada revela la majestad de este libro como la reacción de Juan ante la revelación personal de Jesús. Cuando él lo vio, cayó exánime a sus pies. No sé si alguien se haya desmayado al postrarse ante algún rey o ante la reina de Inglaterra, o algún otro monarca; es posible que haya sucedido. Juan estaba tan asombrado que simplemente se desmayó.

Es posible que Jesús haya tenido que sonreír al mirar a su discípulo amado, y con ternura poner su mano sobre él y decirle que no tuviera miedo.

El Jesús de Apocalipsis no es el humilde carpintero o el maestro con sandalias rotas. Él es ¡Su Majestad el Rey Jesús! No dice que *será* el Rey, sino que *es* el gobernante de los reyes, el Rey de reyes.

Él es el Rey del cielo (Daniel 4:37).

Él es el Rey de los judíos (Mateo 2:2).

Él es el Rey de Israel (Juan 1:49).

Él es el Rey de los siglos (1 Timoteo 1:17).

Él es el Rey de gloria (Salmos 24:7).

Él es el Rey de los santos (Apocalipsis 15:3).

Él es el Rey de reyes (Apocalipsis 19:16).

Si yo no supiera que Él está en control, estaría asustado. Con las historias de extraños asesinatos, la acelerada contaminación global, la decadencia de los valores personales y morales atacándonos cada día, recuerdo al Rey.

Hoy estamos preocupados por quién está a cargo de las naciones del mundo. Creemos que si se elige al hombre debido, o si se derroca al hombre indebido, el mundo estará mejor. Con certeza estas son vendas que alivian a un mundo herido, pero no son la cura. El capítulo 2 de Daniel nos dice que los gobiernos humanos caerán.

Bernard Eiler dijo: 'Los reyes de la tierra' están donde está la acción, sus acciones son el golpe que hace que las cosas sucedan, sus acciones son las que determinan el curso de la historia. Contrario a sus propias e infladas opiniones, esos gobernantes no sostienen las riendas de la historia. La primera noticia de Juan respecto a los reyes de la tierra, dice que ellos tienen un gobernante, es decir, están siendo gobernados.[4]

Algunos pueden pensar que Dios no tiene poder y que los gobernantes malvados rigen el destino de este planeta. Pero ¡las cosas no son lo que parecen ser! Jesús es el Señor.

El propósito de Apocalipsis

Apocalipsis presenta al Rey que regresará en un momento cuando todo ojo le verá (1:7). La palabra que más se utiliza para describir la segunda venida de Cristo es *parousia*. Este es el término griego para un evento por venir que cambiará la situación inmediatamente.

Estoy seguro de que los estudiantes de hoy nunca tiran borradores o bolas de papel cuando el maestro sale del salón, pero lo hacían cuando yo estaba en la escuela. Cuando la maestra salía explotaba una salvaje guerra de borradores. Las balas de tiza esparcían polvo por todo el salón hasta cuando ella regresaba. Su entrada era como una *parousia*. Los borradores se detenían en el aire y cada estudiante instantáneamente resultaba ser un digno modelo de conducta.

---

4 Bernard Eiler, The Most revealing Book of the Bible –Making Sence out of Revelaton (Grand Rapids: Eerdmans, 1974), 48.

El retorno de Cristo cambiará la situación en la tierra. Él "volverá en las nubes", una descripción conocida de su regreso. Cuando Moisés recibió la Ley en el Monte Sinaí, una espesa nube rodeó la montaña. Cuando se estableció la alabanza en el tabernáculo de reunión en el desierto, una nube lo cubrió. En la transfiguración de Jesús, una nube brillante lo cubrió a Él y a sus discípulos. Cuando Él ascendió al cielo una nube lo recibió, y Daniel predijo que el Mesías vendría con las nubes del cielo.[5]

En los días cuando se forman nubes cúmulos en el cielo azul me gusta imaginarme que Jesús aparecerá, y por todo el globo terrestre los no creyentes lo verán fijamente con asombro y susto descender a la tierra.

El objetivo de Apocalipsis no solo es presentarnos al Rey que viene, sino también decirnos el propósito de su reino. En Estados Unidos escuchamos cada cuatro años a los políticos diciéndonos por qué debemos elegirlos y cómo serán sus programas si son elegidos para ocupar el cargo. Apocalipsis es el compendio de la campaña de Jesús para el gobierno de la tierra. Nos cuenta claramente su relación con la Iglesia, su cita con el Padre para ascender al trono, su lucha contra las fuerzas satánicas de mal y su victoria final. No hay necesidad de contar votos porque Él sabe los resultados.

Campaña para vetar el libro

Si creemos que la Biblia es la Palabra inspirada de Dios, debemos esperar oposición. Los estudiosos y los escépticos (estos no siempre son sinónimos) intentarán hacernos dudar.

Un grupo de estudiosos autoelegidos, que se llaman a sí mismos el "Seminario Jesús" ha intentado minar casi cada doctrina de la fe cristiana. Ha dicho que el detallado análisis histórico de los Evangelios expone a la mayor parte de ellos como falsos, y que, por inferencia, la imagen que la mayoría de cristianos tiene de Cristo puede estar desviada radicalmente".[6]

---

5 Ver Mateo 24.30; Éxodo 19.9; Éxodo 30.34; Mateo 17.5; Hechos 1. 9; Daniel 7.13.
6 Time, 8 April, 1996, 54.

Estos mismos estudiosos no creen en la resurrección y arguyen que solo el dieciocho por ciento de las palabras atribuidas a Jesús en los Evangelios realmente pudo haber sido dicho por Él.

No es de sorprenderse que la humanidad hoy gima bajo presión. La esperanza de las edades está siendo desdeñada por los que siguen la filosofía humanística que obstinadamente creen que podemos crear una Nueva Era de amor y armonía por nuestras propias fuerzas.

Nunca he visto un tiempo más tergiversado. Lo que parece ser, no es. Lo que no parece ser, es. Pero una cosa sé, y es que Cristo está en control.

Los vencedores

Estamos viviendo un tiempo en el que solo nos gusta escuchar lo positivo. Aunque soy un pensador positivo, sé que habrá guerras y rumores de guerras hasta que Jesucristo las termine para siempre. No nos gusta la guerra, y no la defendemos, pero es un hecho inevitable de la existencia.

En 1849 Ralph Waldo Emerson escribió: "La guerra está agonizando, y una paz universal es tan segura como el predominio de la civilización sobre el barbarismo".[7] Desde entonces han habido dos guerras mundiales y más guerras locales, insurrecciones civiles y revoluciones de las que podríamos contar.

Al igual que muchos, Emerson estaba equivocado. El Apocalipsis de San Juan es un libro beligerante que reverbera con el estrépito de ejércitos y batallas ruidosas. Se nos dice que "hubo una gran batalla en el cielo" (12:7). A excepción de los escogidos especiales de Dios, nadie sobrevivirá. El poder de todo el infierno luchará contra Cristo y sus vencedores, los mártires a quienes el diablo intenta destruir.

Vencer es una palabra fuerte. Quiere decir conquistar o ganar

---

7 Citado en H.L. Mencken, The New Dictionary of Quotations (New York: Alfred A. Knopf, 1966), 1266.

una victoria. Se utiliza en la Biblia para los pleitos legales que se ganan, para guerras, batallas morales y conflictos espirituales. Las personas más grandes que he conocido han sido las que vencieron sobre las dificultades personales en situaciones que parecían imposibles. Dios ha prometido que todos podemos ser vencedores, incluso el más débil de nosotros. Y los vencedores reciben grandes recompensas.

"El que tiene oído, oiga lo que el Espíritu dice a las iglesias. Al que venciere, le daré a comer del árbol de la vida, el cual está en medio del paraíso de Dios" (Apocalipsis 2:7).

"Al que venciere, le daré que se siente conmigo en mi trono, así como yo he vencido, y me he sentado con mi Padre en su trono" (Apocalipsis 3:21).

"El que venciere heredará todas las cosas, y yo seré su Dios, y él será mi hijo" (Apocalipsis 21:7).

Paz y seguridad vendrán, pero no por los esfuerzos del hombre. Las bendiciones serán para los vencedores, los victoriosos de la última guerra sobre la tierra.

Un anciano en una isla remota recibió la inspiración e información para escribir la historia más maravillosa del fin de todos los tiempos. El prólogo para esa historia se está escribiendo en los primeros días de este tercer milenio.

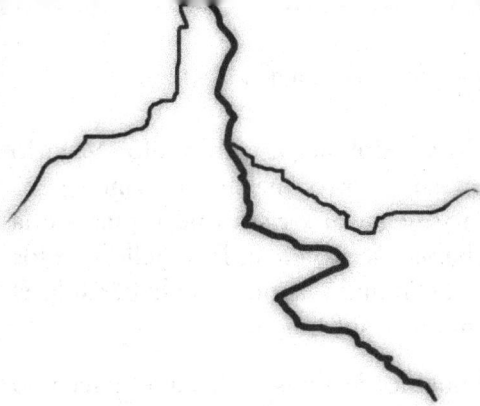

CAPÍTULO 3

LA VISIÓN DE UN DESTIERRO

Un fuerte golpe en la puerta, se oyen voces airadas, y las personas que están adentro se asustan, sabiendo que está pasando lo que temían. Son arrestados, su destino es incierto.

Aleksandr Solzhenitsyn que conoció tanto el terror del encarcelamiento como la humillación del destierro escribió: "¡Arresto! ¿Acaso es necesario decir que es un punto de quiebre en tu vida, un rayo que te golpea directamente? Es un inasimilable terremoto espiritual que no todo el mundo puede soportar, razón por la cual la gente a menudo pasa a la demencia".[1]

¿Perdió Juan su cordura al ser arrestado por soldados romanos? ¿Estaban su cuerpo y su mente tan abatidos por la severa crueldad del destierro en esa desértica isla de Patmos al punto de volverse paranoico? Después de todo, ya era un anciano que había sido privado de su familia y amigos, lanzado entre ladrones y asesinos para sobrellevar la existencia en una isla manchada con sangre de víctimas. Antes del destierro la mayoría de prisioneros eran golpeados y torturados, no les permitían usar ropas para calentarse, o tener alimentación adecuada. Así que Juan debió estar en condiciones físicas muy lamentables.

Él había sido el líder de los creyentes de la provincia romana de Asia, y un fiel testigo de Jesús. Era lógico que el emperador

---

1 Aleksandr Solzhenitsyn, The Gulag Archipelago (New Cork: Harper & Row, 1973), 3.

Domiciano quisiera destruirlo y debilitar su testimonio. Matarlo solo habría significado silenciar a otro mártir cristiano, pero forzarlo a pedir misericordia y negar al Cristo que seguía, sería una victoria. El mismo Juan había escrito en su Evangelio que los creyentes tendrían aflicción en el mundo. A pesar de haber sido el "discípulo amado", no era inmune al sufrimiento.[2]

A raíz del sufrimiento el pueblo de Dios ha llegado a ser uno de los más grandes triunfos. Cuando las circunstancias se ven muy oscuras, Dios tiene la oportunidad de brillar mucho más.

Juan no estaba loco; él era la única persona en la que Dios confiaba para revelar el fin del tiempo presente y el principio de un nuevo mundo.

Las cimas y los valles en la vida de Juan

Juan le dijo a las iglesias que él era "hermano, y copartícipe vuestro en la tribulación, en el reino y en la paciencia de Jesucristo" (Apocalipsis 1:9).

Muchos de nosotros, cuando los problemas se amontonan uno sobre otro, nos lamentamos diciendo: "¿Por qué a mí?". La pregunta probablemente debiera ser: "¿Por qué no a mí?" ¿Por qué deberíamos estar exentos de pruebas? Juan tenía todo el derecho para lamentarse por su destino. Había sido un fiel seguidor del Maestro, pero a pesar de su lealtad, estaba como un prisionero común y corriente. Él pudo haber enterrado su cabeza y lamentarse: "¿Qué hice para merecer esto?"

Pero Juan estaba "en el Espíritu" rindiéndose ante Dios. Fue entonces cuando tuvo una visión de tan asombrosa majestad que ¡quedó extasiado! Probablemente yo también habría quedado así.

Ningún artista podría dibujarlo

He amado a Jesús desde que era pequeño y veía las ilustraciones en las que aparece rodeado de niños, cargando un cordero en sus

2 Véase Juan 16:33 y 21:20

brazos, o colgando y sangrando en una cruz. Yo tenía en mi mente su imagen como la había visto: cabello largo y castaño claro, ojos azules, un rostro y un cuerpo delgados. Esa fue la imagen que capté en la Escuela Dominical de la región donde me crié.

La revista *Time* imprimió en su portada una mezcla de impresiones artísticas de Jesús, desde dibujos angulares surrealistas hasta sosos tapices inexpresivos. Jesús ha sido el modelo para más pintores que cualquier otra persona en la historia.

Juan no vio al humilde galileo de los Evangelios, sino un cuadro del Cristo glorificado, que en el futuro establecerá su reino en la tierra. Podemos imaginar a Jesús como un hombre común que anduvo por las colinas de Judea y habló a miles en Galilea sin necesidad de utilizar un micrófono, pero nuestra mente es incapaz de captar la visión de Juan.

Él escribe que "estaba en el Espíritu en el día del Señor" (Apocalipsis 1:10), y la mayoría de nosotros piensa que debe haber sido un domingo. ¿Cómo pudo aquel anciano haber registrado todo este libro en un solo día? "El día del Señor" se refiere a una expresión que se encuentra a menudo en el Antiguo Testamento, y describe un extenso período de tiempo en el que Dios es el gobernante soberano de la tierra.[3]

Dejando de lado las limitaciones normales de su mente y su cuerpo, Juan fue proyectado hacia el futuro. Nosotros también podemos hacer el mismo viaje.

Retrato del futuro

Juan prosigue: "Y me volví para ver la voz que hablaba conmigo; y vuelto, vi siete candeleros de oro, y en medio de los siete candeleros, a uno semejante al Hijo del Hombre, vestido de una ropa que llegaba hasta los pies, y ceñido por el pecho con un cinto de oro. Su cabeza y sus cabellos eran blancos como blanca lana, como nieve; sus ojos como llama de fuego; y sus pies semejantes

---

3 Véase Isaías 2:12; Zacarías 14:1; 4; Sofonías 1:7, 8.

al bronce bruñido, refulgente como en un horno; y su voz como estruendo de muchas aguas. Tenía en su diestra siete estrellas; de su boca salía una espada aguda de dos filos; y su rostro era como el sol cuando resplandece en su fuerza" (Apocalipsis 1:12-16).

Electrizado y congelado en el tiempo y el espacio, Juan se derrumbó. Vio el universo desde un punto de vista celestial, y experimentó la presencia de Jesús como la experimentaremos nosotros algún día.

Jesús estaba de pie entre "siete candeleros dorados" que, como él lo explicó después, eran las siete iglesias. Los candeleros, desde luego, iluminan nuestro camino en la noche. Ahora que Cristo ya no está físicamente en el mundo, este quedó sumergido en la oscuridad. Sin embargo, los candeleros, representando las iglesias, irradiaron su luz hacia su perfección. La luz es el Señor, no las iglesias, y el propósito de la luz es dar gloria al Padre en el cielo.

Jesús dijo: "Así alumbre vuestra luz delante de los hombres, para que vean vuestras buenas obras, y glorifiquen a vuestro Padre que está en los cielos" (Mateo 5:16). La responsabilidad de los creyentes es dejar que el mundo perdido vea la luz de la gloria de Dios. No hay problema con los programas de las iglesias, si Cristo está en el centro. Las lecciones de Escuela Dominical pueden relacionarse con problemas personales e inmediatos si Jesús es el enfoque. El éxito o fracaso definitivos de las preocupaciones sociales, los grupos de benevolencia, o las organizaciones filantrópicas depende de ese enfoque.

En mi ministerio, como en cualquier organización cristiana, realizamos esfuerzos para recaudar fondos. Lo hacemos mediante los medios de comunicación y solicitamos donativos voluntarios.

Los detalles se multiplican como un virus de gripe y la fiebre se desata. Justo cuando pensamos que somos el eje en el centro de la rueda, se nos recuerda que Jesús camina en medio de las iglesias. Cuando miro mi congregación me estremezco al pensar que Jesús podría estar sentado en la última fila, cuando su puesto debe estar en el lugar de prominencia, en el centro donde todos podamos verlo.

Cada pincelada del Espíritu tiene su significado. Juan vio a Jesús en una túnica larga y ondulante, que habla de su grandeza. El profeta Isaías escribió: "vi yo al Señor sentado sobre un trono alto y sublime, y sus faldas llenaban el templo" (Isaías 6:1).

Como ministro he oficiado muchas bodas donde la novia usa una larga cola que se arrastra por el corredor del pasillo de la iglesia. Ver una túnica que llene todo un templo sería impresionante.

El cinto dorado en su pecho simboliza su rectitud. Leemos de Jesús ciñéndose una toalla y lavando los pies de sus discípulos, pero aquí se viste de majestad, no como siervo. Isaías dijo: "Y será la justicia cinto de sus lomos" (Isaías 11:5).

Sus ojos eran como llama de fuego, contrastando con su tiempo en la tierra cuando Juan los vio llenos de lágrimas. Él mira hasta lo más profundo del alma, penetrando cada pensamiento y motivación. La Biblia dice: "Y no hay cosa creada que no sea manifiesta en su presencia; antes bien todas las cosas están desnudas y abiertas a los ojos de aquel a quien tenemos que dar cuenta" (Hebreos 4:13). Cuando alguien que está viviendo una vida santa llena de Cristo me mira a los ojos, sé que no puedo esconderme bajo ninguna fachada.

"Sus pies semejantes al bronce bruñido" (Apocalipsis 1:15). El bronce simboliza juicio. Los pies de bronce significan el tiempo en el que pondrá a todos sus enemigos y a cada poder maligno bajo sus pies. Los enemigos de Jesús serán completamente aplastados. Si yo no supiera eso, tendría que unirme a todos los quejumbrosos que se lamentan diciendo: "Sencillamente no sé para dónde va el mundo".

"...y su voz como estruendo de muchas aguas" (Apocalipsis 1:15). Este no es un arroyo que corre tranquilamente, sino algo que retumba como las cataratas del Niágara. Jeremías recibió esta profecía: "Jehová rugirá desde lo alto, y desde su morada santa dará su voz; rugirá fuertemente contra su morada; canción de lagareros cantará contra todos los moradores de la tierra. Llegará el estruendo hasta el fin de la tierra" (Jeremías 25:30, 31). Una vieja expresión lo dice de esta manera: "Sonaba tan duro que hizo rechinar mis dientes". El sonido de su voz sacudirá los confines del cielo y la tierra.

"De su boca salía una espada aguda de dos filos", un instrumento de guerra que es la Palabra de Dios. "Porque la palabra de Dios es viva y eficaz, y más cortante que toda espada de dos filos; y penetra hasta partir el alma y el espíritu, las coyunturas y los tuétanos, y discierne los pensamientos y las intenciones del corazón" (Hebreos 4:12).

Cuando Billy Graham levanta su Biblia y enfatiza: "La Biblia dice...", está usando la espada del Espíritu. Cada vez que buscamos respuestas y dirección en las Escrituras, estamos batallando contra el mal. Satanás detesta que citemos las Escrituras, y le encanta que la gente cuestione su verdad, o tuerza el significado para acomodarlo a sus propias creencias.

En el libro de Apocalipsis, la espada de dos filos es el arma de nuestro Señor. Vemos a un guerrero poderoso batallando contra las fuerzas del mal para obtener la victoria final. Puede que nosotros no estemos en capacidad de pintar un cuadro de proporciones tan imponentes, pero lo que sí podemos saber es que el vencedor está de nuestro lado, y eso nos da gran seguridad.

"Tenía en su diestra siete estrellas" (Apocalipsis 1:16). En la Biblia la mano derecha representa autoridad y control. En las Escrituras se describe a Jesús como el que está sentado a la diestra de Dios. A las siete estrellas en los versículos siguientes se las identifica como siete ángeles. Las estrellas de las iglesias son sus embajadores, los pastores o ministros sobre los que el Señor ejerce autoridad absoluta, y a quienes Él protege cuando le obedecen y son fieles en servirle.

Si Juan hubiera mirado directamente al rostro del Señor

habría quedado ciego, ya que "su rostro era como el sol cuando resplandece en su fuerza" (Apocalipsis 1:16). El rostro del Señor es el rasgo central de su ser, que representa todo lo que es Él. Todo se desvanece ante el brillo de su luz.

Puedo imaginarme a Juan con su andrajoso vestido de prisionero, perdiendo la conciencia al ver la majestad del Hombre que había conocido en Judea. Fue una instintiva reacción humana de terror. Otros en la Biblia experimentaron el mismo terror. Abraham cayó rostro en tierra cuando Dios habló con él; Moisés escondió su rostro porque tuvo miedo; Balaam inclinó su cabeza y cayó postrado sobre su rostro; Isaías al ver al Señor sentado sobre un trono en el templo exclamó: "¡Ay de mí ...soy muerto!" Los tres discípulos que vieron brillar su rostro como el sol, también cayeron rostro en tierra. ¿Recuerda a Saulo de Tarso? Él cayó en tierra y quedó ciego.[4]

No debería sorprendernos el hecho de que Juan se desmayara, pues estaba abrumado por la majestad del Hijo del Hombre glorificado.

El toque que echa fuera el temor

¿Ha tenido usted alguna vez tanto miedo que casi ha quedado paralizado? El miedo es una emoción normal, y los médicos nos dicen que la gente puede morir como resultado de un incidente aterrador. Con frecuencia los ataques cardíacos son causados por sustos. Pero el Señor tocó a Juan y le habló con tal seguridad, que tuvo que despertar y calmarse con sus palabras de ánimo. ¿Cómo puede Jesús quitarnos el miedo? Él le dijo a Juan y nos dice a nosotros: "Yo soy el primero y el último" (Apocalipsis 1:17).

Nadie existió antes de Jesús. Él ha existido la eternidad pasada y *existirá* por toda la eternidad futura. Si nuestro énfasis está solo en el Jesús histórico, el gran comunicador y maestro, es imposible captar este concepto.

---

4 Vea Génesis 18:1, 2; Éxodo 3:6; Números 22:31; Isaías 6:5; Mateo 17:6; Hechos 9:1-6.

Jesús dijo: "yo soy el que vivo". Si conocemos ese hecho, el toque de su mano puede quitarnos nuestros temores.

Se cuenta la historia de una anciana cuyos dos perros la salvaron de morir congelada. Ella había salido durante una noche brutalmente fría en Oklahoma y se resbaló sobre el piso de concreto de su patio. Al pasar su mano temblorosa por su cadera, se dio cuenta de que estaba rota. No podía moverse y no había nadie cerca para auxiliarla. Clamó a Dios que le ayudara, sabiendo que no podría sobrevivir toda la noche en esas temperaturas extremas. De repente recordó las palabras que Pablo había escrito en la prisión cuando esperaba su muerte: "Por lo cual asimismo padezco esto: mas no me avergüenzo; porque yo sé á quien he creído, y estoy seguro que es poderoso para guardar mi depósito para aquel día" (2 Timoteo 1:12).

Entonces oró: "Padre Dios: Estoy sufriendo aquí afuera en este frío, y no creo que permitas que muera congelada. Confío en que me salvarás, pero sea que viva o que muera, creo en Jesús".

Jesús la tocó, no con manos humanas, sino a través de sus dos perros Labrador, que la cubrieron con una manta y apretaron sus cuerpos abrigados contra ella durante la helada noche. Ella sobrevivió, y dice que cuando oró su miedo se desvaneció y sintió la segura presencia de Jesús.[5]

Jesús nos dice que no temamos porque Él es el Cristo resucitado. Él está vivo para siempre jamás. A menudo pienso que deberíamos celebrar la Pascua de resurrección con la misma intensidad que celebramos la Navidad. Sin la resurrección de Cristo, nuestra fe no tendría sentido y tendríamos mucho que temer.

¿Qué hacen los seguidores de los principales líderes religiosos del mundo cuando estos mueren? Como ya no pueden encontrar fuerza en un hombre, deben buscar alguna otra fuente de esperanza. La nuestra es una esperanza viva.

---

5 Contada en Guideposts, noviembre 1988, 10.

Jesús le dijo a Juan que no temiera porque Él tiene las llaves de la muerte y el Hades. Nuestro futuro está en sus manos y Él tiene la victoria sobre la muerte y la tumba.

Billy Graham escribió: "Cualquier sufrimiento y agonía que tengamos que soportar, ya sea en nuestro cuerpo o por alguien que amamos, estamos seguros de su presencia. Y al final resucitaremos con un cuerpo libre del dolor, un cuerpo incorruptible e inmortal como el suyo. Esta es nuestra esperanza futura".[6]

Mucha gente dice que ha tenido visiones. Algunos las ven como espejismos, otros con sus ojos cerrados cuentan con susurros, de su perspectiva sobre el significado de los eventos del presente o del futuro. Juan, el prisionero de Patmos, no padecía alucinaciones. Él vio y registró los eventos que formarían el futuro de todos y cada uno de los miles de millones de la tierra.

Apocalipsis puede sacarnos de nuestra complacencia, de nuestro miedo al futuro y llevarnos a una vida confiada.

---

6 Billy Graham, Facing Death and the Life After (Enfrentando la muerte y la vida después) (Waco, TX: Word, Inc., 1987), 119.

PARTE DOS

EL MUNDO DE HOY
ARRUINADO POR EL HOMBRE

CAPÍTULO 4

LA IGLESIA VISTA A TRAVÉS DEL MICROSCOPIO

Algunas personas no creen que las iglesias son importantes. "Yo tengo mi propia manera adorar, no necesito cuatro paredes y un predicador", dicen.

Dios sí cree que las iglesias son importantes, y cuando le dio a Juan la visión fue como si estuviera mirando nuestras iglesias de hoy a través de un microscopio.

El mundo está lleno de iglesias. Casi en cada uno de nuestros pueblos estadounidenses hay una iglesia blanca con su torre terminada en cúspide, una iglesia de piedra cubierta de enredaderas, una iglesia moderna construida a base de ángulos, y la típica iglesia con los ventanales más impresionantes.

Algunas iglesias tienen sillas acomodadas de tal manera que forman pasillos, y ujieres atendiendo a la entrada. En otras el pastor mira fijamente por encima de las filas vacías para alcanzar a ver los ojos de las tímidas almas sentadas en la parte de atrás.

Dios no pertenece a ninguna denominación. Cuando Jesús enseñaba a sus discípulos les preguntó: "¿quién decís que soy yo? Respondiendo Simón Pedro, dijo: Tú eres el Cristo, el Hijo del Dios viviente. Entonces le respondió Jesús: Bienaventurado eres, Simón, hijo de Jonás, porque no te lo reveló carne ni sangre, sino mi Padre que está en los cielos. Y yo también te digo, que tú eres Pedro, y sobre esta roca edificaré mi iglesia; y las puertas del Hades no prevalecerán contra ella" (Mateo 16:15-18).

La roca sobre la que está construida la Iglesia no es Pedro, sino Cristo mismo, como Pablo claramente lo dijo: "...y la roca era Cristo" (1 Corintios 10:4).

La única y verdadera Iglesia se compone de individuos que han aceptado a Jesucristo como Salvador. Dentro de cada templo o estructura denominacional están los verdaderos miembros de la Iglesia, pero también hay otros que se autodenominan miembros de la Iglesia simplemente porque sus nombres figuran en el directorio.

Jesús escribió siete cartas a siete iglesias de Asia Menor del primer siglo. Sin embargo, esas cartas no fueron entregadas a los archivos nacionales para que recogieran polvo. Estas son tan actuales como el calendario de hoy, y ofrecen una cronología de la historia de la Iglesia.

Aquellas iglesias eran reales, las personas asistían a sus servicios y escuchaban los sermones. Aunque las cartas fueron escritas en el primer siglo, se aplican a nuestras iglesias contemporáneas y tienen valor personal para cada creyente. Las cartas empiezan con la iglesia del primer siglo y terminan con el último tipo de iglesia, la que estará en la tierra al final de los tiempos.

Comprando iglesia

¿Cómo debemos escoger una iglesia para asistir? Muchas iglesias creen que deben tener un pastor dinámico, joven, guapo, con una esposa criando a tres lindos hijos, que toque el piano y dirija una clase bíblica semanal. Otros piensan que las iglesias atraerían masas con un gran santuario, un magnífico órgano de tubos y una cocina bien equipada. Sin embargo, ninguno de estos aspectos influye tanto en el crecimiento o decrecimiento de una iglesia como lo hace el amor y la aceptación que las personas experimentan al asistir.

El Instituto Estadounidense para el Crecimiento de la Iglesia en Pasadena (California) dirigió un estudio entre ocho mil seiscientas personas en congregaciones de treinta y nueve denominaciones para medir su cociente de "cuidado cariños". Los resultados fueron los siguientes: Los miembros de iglesias que crecen son más cariñosos entre ellos y con los visitantes. Sin importar su teología, denominación o instalaciones, las iglesias cariñosas atraen a más personas.

Al igual que algunas iglesias de hoy, la primera iglesia de Éfeso tenía algunos serios problemas de falta de amor.

Carta a los Efesios: La iglesia evangélica

Éfeso era uno de los centros urbanos del imperio romano. Era una ciudad cosmopolita de ricos y pobres, cultos e ignorantes, un lugar de reunión para cultos de falsas religiones y supersticiones. Allí estaba el templo de Diana, una de las siete maravillas del mundo antiguo. Esa reliquia servía de banco para Asia y de galería de arte y santuario para los criminales. La ciudad obtuvo mucha de su riqueza con la fabricación y venta de estatuillas de la diosa.

La carta empezó con una nota positiva:

"Yo conozco tus obras, y tu arduo trabajo y paciencia; y que no puedes soportar a los malos, y has probado a los que se dicen ser apóstoles, y no lo son, y los has hallado mentirosos; y has sufrido, y has tenido paciencia, y has trabajado arduamente por amor de mi nombre, y no has desmayado" (Apocalipsis 2:2, 3).

Cuando Pablo hizo de Éfeso un centro para la evangelización durante los tres años que pasó allí, al parecer la iglesia floreció. Después de que salió de la prisión, probablemente visitó de nuevo la ciudad y estableció a Timoteo como pastor. Juan puede haber sido el sucesor de Timoteo. Qué grupo de ministros tan selecto, ¿verdad?

La congregación de los efesios era dinámica y su informe anual debe haber sido bueno. Nunca debió parecerse a un informe que vi recientemente: "Informe anual... miembros nuevos: ninguno. Bautismos: ninguno. Ofrendas para misiones: ninguna". Luego hacia el final del informe el secretario de la iglesia escribió: "Hermanos, oren para que podamos ser fieles hasta el fin".

La iglesia de Éfeso perseveró en los tiempos difíciles. Charles Spurgeon, uno de mis héroes de la fe dijo: "Ore a Dios para que envíe algunos hombres que tengan lo que los estadounidenses llaman 'agallas'. Hombres que cuando sepan lo que es correcto, no retrocedan, se hagan a un lado o se detengan. Hombres que perseveren por encima de lo que sea, porque encontrarán dificultades o enfrentarán enemigos".[1]

En la iglesia de Éfeso prevalecía la disciplina de la iglesia. Si algún falso decía ser apóstol, era llamado mentiroso. Ahora hay iglesias cuyos líderes reclaman ser apóstoles. Los efesios no los habrían aceptado. Ellos examinaban cuidadosamente a los ministros que los visitaban para ver si eran genuinos.

También despreciaron a los nicolaítas, una secta que llevaba una vida auto-indulgente e inmoral. El verdadero amor hacia Dios involucra una gran aversión contra aquellos que falsifican y tuercen la pureza de la verdad bíblica.

Parece ser una gran iglesia, ¿verdad? Era dinámica, dedicada, paciente, disciplinada y con discernimiento. Pero Jesús vio más allá de la fachada piadosa. ¡La iglesia de Éfeso tenía un problema de corazón!

"Pero tengo contra ti, que has dejado tu primer amor" (Apocalipsis 2:4). ¡Qué golpe tan fuerte que le digan a uno que no ama a Cristo como alguna vez lo amó. El amor debe crecer, no marchitarse. Un comentarista escribió: "Tener algo en contra de un amigo o un hermano es muy humano... Pero cuando es el Señor que tiene algo contra la iglesia, es para temblar. Y cuando se trata de pérdida de amor, la iglesia no solo debe temblar, sino caer de rodillas".[2]

1 Charles Haddon Spurgeon Sermon Notes.
2 Marcus L. Loane, They Overcame (Grand Rapids: Eerdmans, 1937), 41.

Aquellos efesios (y los efesios espirituales de nuestro tiempo) habían dejado de amar a Cristo y de amarse mutuamente, como se habían amado una vez.

Lo mismo oímos decir sobre el matrimonio. "Sencillamente ya no lo amo", se queja la esposa ante el consejero. ¿Qué pasó con la joven cuyo corazón latía más rápido al oír acercarse el auto de él? ¿Dónde está el hombre que traía flores y decía lo afortunado que era por haberla encontrado? Los matrimonios "efesios" han perdido la emoción del primer amor.

Una vez hecho el diagnóstico, se puede dar la receta. Veamos a continuación tres pasos para renovar el amor:

Primero, *recuerde* cómo era antes. Vuelva a vivir la emoción del romance, el deseo de contarle al mundo lo maravilloso que es. Cuando veo brotar lágrimas de alegría en los ojos de hombres, mujeres y niños que han recibido a Jesús como Salvador, cuando oficio un matrimonio y veo cómo cambian los rostros de la pareja cuando se miran el uno al otro, quiero tocarlos y decirles: "Queridos, no pierdan su primer amor".

Segundo, *arrepiéntase* y dele media vuelta a su vida. Haga un voto consciente para que esa relación vuelva a ser buena.

Tercero, *repita*: "Haga las cosas que hacía al comienzo", esos actos de amor, aun si no siente hacerlo. Hágalos y verá que luego vendrán los sentimientos.

Hablar del despertamiento en la Iglesia, o en el matrimonio, ¡puede causar una explosión!

Jesús advirtió a la iglesia de Éfeso que perdería su luz y su testimonio en la comunidad, si no avivaba el primer amor. (Apocalipsis 2:5). Y realmente sucedió muchos años después cuando la ciudad de Éfeso decayó. Ahora está deshabitada y es una de las más grandes ruinas de esa región.

¡Qué advertencia para las iglesias que han perdido su primer amor! Cuando mi esposa y yo estábamos en Europa visitamos hermosas iglesias que tienen cementerios interiores. Fuimos al gran Tabernáculo de Londres, que solía atiborrarse de oyentes cuando Charles Spurgeon predicaba. Mi corazón se entristeció al sentarme en ese inmenso salón de culto con menos de cien asistentes.

En todo país hay templos que no son más que ataúdes clericales, revestidos de rico satín, bordados con oro, y enterrados en complacencia.

Mirando hacia afuera, la iglesia de Éfeso parecía ser una iglesia ejemplar. Sin embargo, por dentro el amor se estaba enfriando. La gente estaba atareada con sus "buenas obras" siguiendo su sentido del deber. El tiempo histórico en que existió esa iglesia fue del 33 al 100 d. C.

Cristo termina cada una de sus cartas a las iglesias con la misma conclusión: "El que tiene oído, oiga lo que el Espíritu dice a las iglesias" (Apocalipsis 2:7).

¿Estamos en capacidad de escuchar las señales que nos avisan que estamos perdiendo nuestro primer amor? ¿Dónde está la emoción que experimentamos como nuevos creyentes en Jesucristo? ¿Dónde está la emoción que sentíamos al mirar a la esposa o al esposo que tanto amamos estando recién casados? *Del amor se abusa cuando no se usa.*

En nuestras ocupadas vidas podemos dejar que nuestra relación de amor con el Señor se enfríe. La iglesia de Éfeso tiene un mensaje importante para nosotros: el Señor debe tener la prioridad en nuestras vidas. Yo podría detenerme en la primera carta y mi corazón ardería de convicción. Sé que hay tiempos en los que me deslizo hacia Éfeso, y no me gusta la atmósfera.

Carta a Esmirna: La iglesia de la cortina de hierro

Corrie ten Boom, la holandesa que salvó de la Gestapo (policía alemana secreta durante el régimen nazi) a judíos, recordaba un evento de su niñez en el que le dijo a su padre: "Tengo miedo de

LA IGLESIA VISTA A TRAVÉS DEL MICROSCOPIO

que nunca pueda ser lo suficientemente fuerte como para morir como mártir".

Él le dijo: "¿En qué momento te doy el dinero para los gastos cuando tienes que hacer un viaje? ¿Dos semanas antes?"

"No, Papá; me lo das el día en que me voy".

"Exacto... nuestro sabio Padre celestial también sabe cuándo vamos necesitar las cosas. Cuando te llegue la hora de morir encontrarás la fuerza necesaria justo a tiempo".

Años después, Corrie fue encarcelada en Ravensbruk, el infame campo de concentración alemán donde murieron más de cincuenta mil mujeres. Ella escribió: "al prepararnos para el fin, también es necesario prepararnos para morir por Cristo".[3]

Parece remoto que pudiéramos ser contados entre mártires, ya que vivimos en un país donde no se nos tortura ni se nos asesina por nuestra fe en Jesús. Sin embargo, el martirio no es solo una tortuosa muerte. ¿Qué tal si perdemos nuestro trabajo por ser creyentes? ¿Qué tal si se burlan de nuestros hijos porque creen en Jesucristo? El sufrimiento tiene muchas formas.

La carta a la iglesia de Esmirna fue escrita directamente a personas que estaban bajo presión. Cada palabra que él habla a ese cuerpo sufrido es de aprecio. Solo dos de las siete iglesias, Esmirna y Filadelfia, recibieron cartas de alabanza y estímulo total.

Esmirna era la ciudad más exaltada y bonita de Asia. Los historiadores la consideran como la ciudad más exquisita construida por griegos. Se levantaba en un declive hacia el mar y en las laderas de la montaña había un gran anfiteatro donde podían sentarse más de veinte mil personas. Allí estaba el centro de culto al César.

Cuando se escribió el libro de Apocalipsis, el culto al emperador era obligatorio. ¡Las iglesias eran perseguidas porque

---

3 Corrie ten Boom, Marching Orders for the End Times (Londres: Christian Literature Crusade, 1969) 83, 86

no se postraban ante el césar, ni quemaban incienso en el templo dedicado a *Kaiser Curios*, que traduce: ¡César es Señor!

A los cristianos que se negaran a obedecer el decreto se les acusaba de traidores al gobierno. Ser cristiano en el imperio romano durante esa sangrienta época era vivir en constante riesgo. Las torturas infligidas a aquellos hombres de fe eran atroces. Algunos eran atados a una máquina de torturas (una rueda hasta de 61 centímetros de ancho por 2,40 metros de alto). Les encadenaban los tobillos al piso y les ataban las muñecas a la rueda. Cada vez que les pedía negar al Señor y no lo hacían, giraban la rueda hasta que se desprendían sus extremidades. A otros los echaban a tinas de aceite hirviendo, o a leones hambrientos en el coliseo para que los devoraran.

La iglesia de Esmirna se dispersó a raíz de las presiones, la pobreza y la persecución. La mayoría de nosotros no puede entender cómo sería si nos arrancaran las uñas, o ver asesinar a nuestros niños delante de nosotros. Jesús le dio dos órdenes a aquella sufrida familia. Les dijo que fueran intrépidos, como las famosas palabras escritas por David, "Aunque ande en valle de sombra de muerte, No temeré mal alguno" (Salmo 23:4).

Les dijo a los creyentes de Esmirna que fueran fieles, incluso hasta la muerte. Humanamente hablando, ¿estamos en capacidad de hacer tal sacrificio?

Charles Colson cuenta la historia del poeta cubano Armando Valladares que fue arrestado en 1960 por oponerse a Castro. Pasó veintidós años en la prisión y escribió el poderoso libro titulado, *Contra Toda Esperanza*, en el que expuso la terrible brutalidad que soportaron él y sus compañeros de prisión.

"Por un período de tres meses, los sádicos guardias los bañaban con orines y excrementos humanos. Cada noche Valladares oía salir marchando a hombres condenados. Después escuchaba gritos de: "¡Viva Cristo Rey!", justo antes que los disparos de rifle apagaran sus lamentos desafiantes.

"Valladares llegó a la prisión siendo un creyente nominal, pero al ser despojado de todo, descubrió al Cristo vivo. Él escribió: 'Su presencia hizo un escudo indestructible para mi fe'".[4]

Los cristianos de Esmirna vivían en un mundo que los despreciaba por su fe. Cristo los animó diciéndoles que entendía cualquier prueba que enfrentaran. Él, que fue calumniado, falsamente acusado, azotado, brutalmente flagelado y crucificado en una cruz dijo: "Yo conozco tus obras, y tu tribulación, y tu pobreza (pero tú eres rico)" (Apocalipsis 2:9).

¡Él supo lo que es la persecución, la pobreza, y aun así les recordó a sus seguidores que eran ricos! Los valores del Señor son diferentes a los del mundo.

Él dijo "tendréis tribulación por diez días" (Apocalipsis 2:10). Creo que la intención de sus palabras era preparar a la Iglesia para un sufrimiento que sería breve en contraste con la eternidad.

El pastor de la iglesia de Esmirna era estudiante y discípulo de Juan. Se llamaba Policarpo y era el mensajero (el ángel) de quien Cristo habló cuando Juan escribió esta segunda carta. El ministerio de Policarpo terminó en el año 156 d.C. cuando la persecución a los cristianos aumentó y fueron torturados y echados a las bestias salvajes. Policarpo fue llevado al anfiteatro donde la chusma esperaba entretenerse con el macabro espectáculo de su muerte violenta. Al ponerse de pie ante el procónsul, le ordenaron que negara a Cristo, pero él contestó: "Le he servido durante ochenta y seis años y nunca me hizo daño, ¿cómo podría blasfemar a mi Rey y Salvador?"

Mientras el anciano estaba de pie ante la muchedumbre del estadio, el gobernador gritó: "te destruiré con fuego, a menos que cambies de actitud".

Policarpo respondió: "Me amenazas con el fuego que quema durante una hora, y luego se extingue. Pero ignoras el fuego del

---

4 Charles Colson, The God of Stones & Spiders (Wheaton, IL: Crossway Books, 1990), 174.

juicio venidero y el castigo eterno reservado para el impío. ¿Por qué tardas tanto? Lo que vas a hacer, hazlo ya".

La muchedumbre recogió madera y tiró antorchas sobre la hoguera. Su odio fue acérrimo y vitoreaban mientras aquel piadoso hombre de Dios era llevado a la hoguera. Cuando las llamas empezaron a encresparse alrededor de su cuerpo, Policarpo oró:

"Te agradezco que en tu gracia me hayas tenido por digno para este día y hora, y que ahora yo puedo ser parte de los muchos mártires que han muerto por Cristo".[5]

Quizá hemos refinado tanto nuestra enseñanza de las verdades bíblicas que estamos suavizando los gritos de los mártires. Los cristianos a lo largo del tiempo han sido perseguidos por su fe. Algunos de nosotros hoy podemos ser llamados a sufrir durante nuestras propias vidas.

Carta a Pérgamo: La iglesia en la ciudad del interior

Times Square en la Ciudad de Nueva York expele el pútrido aliento de sus tiendas pornográficas, películas para adultos, prostitutas, y narcotraficantes en las calles iluminadas con luz de neón. Las tentaciones pueden llamar de las maneras más sutiles con promesas de amor fácil y emociones baratas. Cada ciudad, escuela y negocio, alberga el potencial de la ciudad de Satanás.

Si hubiéramos estado en Pérgamo, la capital de Asia, habríamos quedado estupefactos ante su belleza. La ciudad fue construida en una colina rocosa desde donde, en un día claro, podía divisarse el Mar Mediterráneo (probablemente no estaba contaminada de humo). Pérgamo era un centro cultural famoso por su biblioteca de la que se decía alojaba doscientos mil rollos de pergamino. Me imagino que la ciudad atraía a las mentes más cultas del mundo académico. Sin embargo, Jesús no les escribió a los maestros en sus torres de marfil, sino a los creyentes que luchaban por guardar su

---

5 Cita tomada de Eerdmans Handbook to the History of Christianity (Berkhamsted, Herts, Inglaterra: Lion Publishing, 1977), 81.

fe entre los críticos de la educación superior. Él llamó la ciudad de Pérgamo "La ciudad de Satanás", lo cual no puede haber agradado mucho a los maestros y bibliófilos.

La ciudad estaba profundamente arraigada en la adoración al dios de la sanidad, y los templos de Esculapio eran como los hospitales del mundo antiguo. El símbolo de Esculapio era la serpiente enrollada que aparecía en muchas de las monedas de la ciudad. Hoy, la serpiente enrollada en un bastón es la insignia de la profesión médica. ¡A lo mejor nuestros médicos no querrán saber que el símbolo se originó en la ciudad de Satanás!

Los creyentes de esa ciudad pudieron haber sido como los cristianos de hoy, que se sientan en las aulas a escuchar a los sabios maestros mofarse de las creencias cristianas o socavar sus valores. Fueron alabados porque: "retienes mi nombre, y no has negado mi fe, ni aun en los días en que Antipas mi testigo fiel fue muerto" (Apocalipsis 2:13). (Antipas fue asado lentamente hasta morir en un caldero de bronce.)

Sin embargo, Cristo dijo: "Pero tengo unas pocas cosas contra ti" (Apocalipsis 2:14). Los creyentes de Pérgamo pudieron haberse mirado entre sí y haber dicho: "¿qué hemos hecho?" Habían hecho acomodos. Satanás no había atacado de frente entrando como un león rugiente (1 Pedro 5:8), sino que se había escurrido como serpiente engañosa por la puerta trasera y los había desviado.

Jesús les dijo que había ciertos miembros de la congregación de Pérgamo que estaban siguiendo enseñanzas raras. Algunos estaban escuchando las doctrinas de Balaam, y otros las de los nicolaítas (Apocalipsis 2:14, 15).

Satanás hasta hoy ha tenido una estrategia diferente para cada una de las iglesias. La iglesia de Éfeso había perdido su primer amor. En Esmirna, la crueldad de Satanás entró por parte de fuerzas externas. En Pérgamo, Satanás usó la cercanía de Balaam contra Israel.

Balaam fue un profeta que decía que podía influir sobre los

dioses a favor o en contra de los hombres por medio de sus encantamientos y ofrendas. Dirigía todo un negocio de venta de favores divinos, así que Balac, el rey de Moab, le ofreció a Balaam una buena ganancia si podía maldecir a su más despreciado enemigo: Israel.

Balaam trató de ordenarle a Dios, pero en lugar de maldición, Israel recibió bendición. El plan de Balaam le salió al revés. Frustrado por su fracaso en obtener lo que quería, le mostró a Balac que podía corromper a Israel haciendo que las mujeres moabitas adúlteras sedujeran a los israelitas. Este plan dio resultado, y Balaam fue la principal causa de la caída de Israel. Su táctica fue: "Si no los puedes maldecir, corrómpelos" (véase Números 23:25).

El pecado de Pérgamo, así como el de Balaam, fue la tolerancia del mal. Los parámetros del mundo se habían metido a hurtadillas en su confraternidad. Hoy existe el mismo espíritu mundano dentro de la Iglesia, que hace difícil diferenciar las acciones de los creyentes con respecto a los estilos de vida de los no creyentes. Cuando los que se llaman cristianos cometen adulterio, estafan en los negocios o reducen sus normas morales para acomodarse a la situación, encajan en la mentalidad de Pérgamo.

Los cristianos comprometidos de Pérgamo habían escuchado los mismos mandatos que nosotros escuchamos hoy: "Entonces, ¡arrepiéntanse!"

Dios nos recompensa por llevar nuestras vidas de un simple compromiso a una consagración total. Nos ama de tal manera que nos perdona, pero no nos impone ese amor.

Después de llamar al arrepentimiento hay dos promesas del Señor: "Al que venciere, daré a comer del maná escondido, y le daré una piedrecita blanca, y en la piedrecita escrito un nombre nuevo, el cual ninguno conoce sino aquel que lo recibe". (Apocalipsis 2:17).

"El maná escondido" del cielo es la nutrición necesaria para la salud espiritual. Recuerdo que cuando estudiaba en el seminario de Dallas, trabajaba en un puerto de carga. El trabajo exigía mucho esfuerzo físico y mis compañeros tenían vocabulario y bromas bastante grotescas. Un día, durante nuestra hora de almuerzo, noté a un nuevo compañero en una esquina con su "maná oculto", un Nuevo Testamento bastante estropeado. Sin importar lo que lo rodeara prefería no comprometerse.

En las cortes antiguas, las piedras blancas y negras significaban el veredicto de los jurados. Una piedra negra significaba que era culpable, y una piedra blanca significaba que era absuelto. El cristiano es absuelto ante Dios por la obra de Jesucristo. El veredicto lo declara inocente.

Los miembros de la Iglesia de hoy, equivalentes a los de la iglesia en Pérgamo han enlodado su consagración cristiana con el compromiso. La asistencia a la iglesia, por ejemplo, ha decaído en los Estados unidos durante los últimos cinco años. El *Informe Barna*, una publicación que estudia las tendencias en la comunidad cristiana, dijo que la asistencia a la iglesia ha estado en su nivel más bajo por lo menos durante dos décadas. "La proporción de adultos que donan dinero a las iglesias en un mes típico disminuyó más del veinte por ciento durante los años noventa".[6]

Hay tanto del mundo en la Iglesia, y tanto de la Iglesia en el mundo, que no existe ninguna diferencia entre los dos.

El período histórico de Pérgamo se convirtió en una era en la que el cristianismo fue introducido a la fuerza.

El emperador "cristiano"

Éfeso representa el período de los apóstoles. Esmirna el período de persecución durante los siglos II y III, cuando Diocleciano, el último emperador que persiguió a la Iglesia, falló en acabarla. La tradición dice que Constantino miró hacia arriba y vio en visión la forma de una cruz que decía, *in hoc signo vinces*: "Por este símbolo vencerás". Esa noche, Constantino negoció con Satanás para

---

6 The Barna Report, (Waco, TX: Word Ministry Resources, 1996) Vol. 1, Número 2.

unirse a la Iglesia y declararse cristiano. El emperador dijo que el cristianismo sería la religión del estado.

Invitaron a líderes cristianos a presenciar el bautismo de regimientos completos de soldados del ejército de Constantino. El cristianismo se impuso a la fuerza, hasta con la espada. ¡Bautismo o muerte! fue el lema. La alianza impía de la iglesia con el estado dio resultado.

A comienzos del siglo III la iglesia de Pérgamo se casó con el mundo. Creyentes verdaderos que anteriormente habían sido perseguidos, ahora eran exaltados por autoridades políticas y civiles. Constantino asumió la dirección de la iglesia. Los templos paganos se convirtieron en iglesias cristianas. Fiestas paganas se volvieron cristianas. Muchos ídolos recibieron el nombre de reconocidos santos cristianos. Muchos cristianos que habían sufrido y ahora eran bien recibidos en el palacio imperial, se tragaron el cebo y sacrificaron su lealtad a Cristo, acogiéndose a la fatal unión con el compromiso. Constantino, que ahora era llamado Sumo Pontífice, asumió la dirección de la iglesia.

A raíz de esa alianza entre el emperador romano y la iglesia cristiana, nació el catolicismo romano.

Carta a Tiatira: La iglesia suburbana

La siguiente iglesia que recibió una carta importante estaba en Tiatira, un lugar completamente opuesto a Éfeso. En vez de amor en decadencia, tenía amor creciente, y las personas trabajaban duro, fiel y pacientemente. Sin embargo, bajo aquella superficie saludable había un pozo oscuro.

Un hombre moderno, hecho con el molde de la iglesia de Tiatira, recibió un memorando donde le pedían presentarse en la oficina del jefe a las 2:00 en punto. A la 1:59 se puso en camino, mientras se limpiaba sus palmas sudorosas. Después de un amigable saludo, el jefe le dijo: —Siéntese, quiero decirle algunas cosas positivas que he observado sobre su trabajo. El hombre aliviado y con un nudo en el estómago empezando a aflojarse, se sentó en la silla frente al escritorio ejecutivo. *Quizá obtendría un aumento* —pensó.

"Usted es un buen trabajador, y parece que progresa bastante en lo que está haciendo".

Una gesto se dibujó en el rostro del funcionario al intentar parecer humilde respecto a sus logros. *Tanto trabajo extra no ha sido en vano.*

—No obstante, —continuó el jefe— tengo evidencia de que usted se ve frecuentemente con una mujer que no es su esposa.

Parecía que los ojos del jefe podían atravesar al empleado acusado. En muchas compañías el adulterio no puede ser motivo de acusación, pero en este caso el empleado era el pastor de jóvenes en una iglesia grande.

Cuando Jesús escribió la carta al pastor de la iglesia en Tiatira dijo: "Yo conozco tus obras, y amor, y fe, y servicio, y tu paciencia, y que tus obras postreras son más que las primeras. Pero tengo unas pocas cosas contra ti" (Apocalipsis 2:19, 20). Ahora el tono cambia. La conducta exterior puede ser ejemplar, pero no podemos engañarle. Sus ojos fulgurantes penetran la oscuridad y encienden la llama de enojo moral.

Joseph Seiss escribió: "No hay nada más penetrante que el flameante fuego. Todo se rinde y derrite ante él. Penetra todas las cosas, consume todo lo que se le oponga, barre todo obstáculo y prosigue su camino con poder invencible. Así son los ojos de Jesús. Miran a través de todo; penetran todas las máscaras y cubiertas; indagan en los más remotos escondrijos; miran las cosas más ocultas del alma y no hay manera de escapar de ellos".[7]

En muchos sentidos, el servicio de Tiatira era mejor que el de las iglesias anteriores. Tiatira tenía el amor que Éfeso había abandonado. Los creyentes conservaban la fe que estaba en riesgo en Pérgamo y al igual que Esmirna tenían la paciencia necesaria para

---

7 J.A. Seiss, The Apocalypse, Lectures on the Book of Revelation (Grand Rapids: Zondervan, 1964).

soportar el sufrimiento. En lugar de recaer, la iglesia perseveraba. Sin embargo, en el hermoso cuerpo de aquella iglesia se estaba desarrollando un cáncer.

John Stott nos ha recordado la estrategia de Satanás: "Si el diablo no puede conquistar la Iglesia aplicando presión política con propagación de herejía intelectual, probará insinuando el mal moral. Esa fue la estrategia del dragón en Tiatira".[8]

"Esa mujer Jezabel", se paseaba seductoramente tras la fachada de piedad. La verdadera Jezabel había estado muerta por casi mil años, pero su prototipo era una profetisa que había llegado a ser prominente en Tiatira.

Históricamente, Jezabel fue la esposa de Acab, uno de los peores reyes de Israel. Cuando se casó con él, trajo consigo su marca de religión y persuadió a su esposo de construir un templo a Asera, la diosa cuya religión hacía de la inmoralidad sexual parte de la "adoración".

Jezabel (¿a quién se le ocurriría hoy darle ese infame nombre a una niña?) mantenía a más de ochocientos profetas de su culto inmoral, y mataba a todos los profetas de Jehová que encontrara. Acab, viejo y debilitado, no tuvo el valor espiritual para detener a su perversa esposa. Jezabel era de tan mal carácter que el profeta Elías predijo que moriría de repente y que su cuerpo sería comido por los perros. Jezabel fue el epítome de la inmoralidad y la idolatría.

Tiatira toleró a una mujer satánica en su medio y se negó a censurarla. Los cristianos de Tiatira, o tenían una conciencia débil, o eran cobardes. Su falta por no reprender a su Jezabel era como la falta de Acab al no refrenar a la suya.

Cristo, siempre paciente y deseoso de que las personas se vuelvan de sus malos caminos, le dio tiempo a esa mujer adúltera para arrepentirse, pero ella se negó. Él emitió una terrible advertencia. Su mensaje respecto al culto era severo. Él dijo "He aquí, yo la

---

8 John R. W. Stott, What Christ Thinks of the Church (Grand Rapids: Eerdmans, 1958), 72.

arrojo en cama, y en gran tribulación a los que con ella adulteran, si no se arrepienten de las obras de ella" (Apocalipsis 2:22).

Sobre los hijos espirituales de aquella familia ritual serían infligidos castigos literales de enfermedad y muerte. Esta verdad sobre nuestro Señor debe ser un recordatorio sobrio respecto a lo que Él ve tras la fachada. Él nos ve tal como somos.

No todos en la iglesia de Tiatira habían tomado parte en aquel culto maligno. Cristo da algunas promesas maravillosas para este grupo de cristianos. Él les dice que se aferren a su fe hasta que Él vuelva.

Anima saber que un remanente de este tipo de iglesia gobernará algún día con Cristo en su reino terrenal. ¡Siempre hay esperanza en medio de las peores circunstancias!

Sardis: La iglesia de teología liberal

Cierto predicador que tenía reputación de ser excéntrico, le dijo una mañana del domingo a su congregación que creía que su iglesia estaba muerta. ¿Se puede imaginar el murmullo entre la congregación cuando dijo: —Vuelvan esta noche que voy a oficiar el servicio fúnebre de la iglesia? Los miembros estaban aterrados. Aquella noche tuvo la mayor asistencia en años.

Frente a las bancas había un ataúd, y mientras las personas se sentaban en el silencio absoluto, el pastor dio su mensaje. Después del último "amén" dijo: "Algunos de ustedes no pueden estar de acuerdo conmigo respecto a que esta iglesia está muerta. Así que para convencerlos, voy a pedirles que vean los restos. Quiero que hagan una fila al lado del ataúd, y que uno a uno vea quién está muerto".

Como preparación para su poco ortodoxa presentación, el ministro había puesto un espejo en el fondo del ataúd. Es obvio lo que cada uno vio cuando se acercó a ver el cuerpo.

No recomendaría esta técnica, pero la ilustración es efectiva.

Ningún elogio para los fríos sardianos

Esta carta tiene un tono diferente al de las anteriores. Para la pobre, pero rica iglesia en Esmirna, nuestro Señor solo tenía palabras de elogio. Para las iglesias de Éfeso, Pérgamo y Tiatira, tenía una mezcla de elogios y críticas. Para la mayoría de la iglesia de Sardis no dijo nada digno de alabanza. Sardis puede haber sido la primera iglesia en la historia que estaba llena de lo que llamamos "cristianos nominales". Parecía estar viva, pero estaba muerta. Al Señor nunca le impresiona la belleza de un mausoleo bien cuidado, sabiendo que adentro hay restos humanos.

Cuando Juan escribió esta carta, Sardis era una ciudad adinerada, pero degenerada. Dos veces la habían perdido porque los dirigentes y ciudadanos eran demasiado perezosos como para defenderse de sus enemigos. La actitud de la ciudad se reflejaba en el decaimiento de su iglesia. Como una ciudad que tranquilamente vivía de su gloria pasada, la iglesia de Sardis, que alguna vez se ganó una buena reputación, y los miembros pensaron que ya habían llegado, estaban satisfechos con el bonito edificio que habían construido en la esquina de su autosatisfacción y calles de complacencia.

Jesús escribió: "Yo conozco tus obras, que tienes nombre de que vives, y estás muerto". (Apocalipsis 3:1).

Una autopsia espiritual de Sardis nos mostrará las causas de su muerte. Primero, murió porque se confió de sus éxitos pasados. El cuerpo que una vez fue saludable había sido negligente. Segundo, la iglesia murió porque permitió que el pecado se infiltrara entre sus miembros. Herodoto, el historiador, registró que con el curso de muchos años la iglesia de Sardis había adquirido una reputación de normas morales flojas. Tercero, murió porque no era sensible a su propia condición espiritual. Estaba segura de que Dios estaba allí porque el edificio era magnífico y los feligreses iban bien vestidos. Eran como las personas que Pablo describió en su carta al joven Timoteo: "tendrán apariencia de piedad, pero negarán la eficacia de ella" (2 Timoteo 3:5).

John Stott nos recuerda que una hipocresía como esta puede penetrar por completo en la vida de una iglesia.

"Podemos tener un buen coro, un órgano costoso, buena música, himnos sublimes y buen canto en la congregación. Podemos hablar con himnos y salmos con intachable elocuencia, mientras nuestra mente vaga y nuestro corazón está lejos de Dios. Podemos tener pompa y ceremonia, color y ritual, precisión litúrgica y esplendor eclesiástico, y aun así estar ofreciendo un culto imperfecto o incompleto ante Dios".[9]

¿Qué podemos hacer si nuestra iglesia está muerta?

La carta a Sardis dice: "¡Despiértate!" Sal de tu presunción, de tu edificio de ladrillo y ventanales de complacencia. Cristo no solo le está diciendo a la Iglesia que se despierte de su sueño de muerte, sino que la está llamando a permanecer despierta.

El primer llamado hacia la renovación es el sincero reconocimiento de que algo está mal. Las iglesias mueren espiritualmente porque los creyentes permiten que el error doctrinal se introduzca entre los miembros. Con frecuencia he oído decir a personas de mi iglesia: —¿Por qué tenemos qué tomar clases de membresía y exámenes sobre nuestras creencias antes de que se nos permita ser parte de la iglesia? A cualquiera que quiera ser parte se le debe permitir. ¿Qué tal si un maestro que cree en la teoría de la evolución se hace miembro sin haber hecho profesión de fe? El director de Escuela Dominical, ávido por tener un maestro para los niños de cuarto a sexto grado, le pide al nuevo miembro que tome la clase. ¿Qué enseñanza recibirán esos niños?

¿Que la doctrina no es importante? Es vital.

La advertencia de Cristo a la Iglesia es clara: "Pues si no velas, vendré sobre ti como ladrón, y no sabrás a qué hora vendré sobre ti" (Apocalipsis 3:3). Creo que esta es una advertencia respecto al

---

9 John R. W. Stott, *What Christ Thinks of the Church* (Grand Rapids: Eerdmans, 1958), 88.

súbito juicio que Dios traería sobre esta iglesia en particular si no escuchaba y se arrepentía.

Sin embargo, en la iglesia de Sardis, y en nuestras propias iglesias de hoy, del tipo sardiano, hay unos que han permanecido fieles a Cristo. Nunca hay día tan oscuro en el que Dios no tenga sus estrellas, sus hombres. En los días antes del diluvio, Él tuvo a Enoc el justo y a Noé. En el tiempo de idolatría universal, estaba Abraham. Incluso en Sodoma estaba Lot.

¿Qué debemos hacer si somos miembros de una iglesia muerta o agonizante? Jesús recuerda al verdadero creyente la importancia del Espíritu Santo para someterse a su control. Algunos saldrán de la iglesia, otros permanecerán y se sostendrán.

¿Debo quedarme? o ¿debo irme?

En la antigua ciudad de Sardis no podía haber otra iglesia cristiana, ni muerta ni viva. Hoy, los creyentes tienen opciones. Los miembros de la iglesia en Sardis que eran fieles a Cristo, recibieron una promesa triple.

Primero, ellos se vestirían de blanco. En la cultura romana esto era significativo, porque les recordaba el día del triunfo romano, cuando los verdaderos ciudadanos romanos se ponían su toga blanca y se unían a una majestuosa procesión triunfal. Jesús les recordó a los creyentes de Sardis que un día caminarían triunfantes con Cristo. Luego, dijo que nunca quitaría sus nombres del registro celestial y, finalmente, Él los reconocería ante el Padre y sus ángeles. Esas son grandes promesas, y puedo imaginarme a algunos de esos fieles leyendo y releyendo con avidez esa carta, y manteniéndose firmes en los más oscuros tiempos.

¿Ha estado usted alguna vez en una iglesia muerta? Es como asistir a un funeral, mucha gente sentada en las frías bancas sin darse cuenta de la rigidez cadavérica que se ha infiltrado.

Un titular citó al reverendo Daniel Weis comparando "el protestantismo tradicional con la visión del 'valle de muerte y huesos secos', del profeta Ezequiel". Añadió que "esos huesos pueden vivir... por medio de nuestra transformación como personas revividas por el Espíritu".[10]

Filadelfia: La iglesia misionera

Esta es la iglesia más fácil para recordar entre todas porque su nombre es familiar. Si yo hubiera vivido en el primer siglo, me hubiera gustado ser miembro de la iglesia de Filadelfia. De algunas maneras, Filadelfia me recuerda el lugar donde vivo, el Municipio de San Diego, porque frecuentemente lo estremecen los temblores. (Sin embargo, esa no es la razón por la que habría querido vivir allí).

Al igual que Esmirna, a Filadelfia no se le dicen palabras de condenación. Esa iglesia tenía sana doctrina y andaba correctamente. Donde hay doctrina, pero no hay amor, hay legalismo. Donde hay amor, pero no hay doctrina, hay filosofía humanística.

Dios prometió abrir puertas para esa iglesia cariñosa, y darle una oportunidad de alcanzar al mundo perdido. Cristo era (y es) el gran abre puertas. Saber esto emociona y tranquiliza, porque es Dios, el Espíritu Santo, que prepara los corazones de los hombres para recibir las Buenas Nuevas, no nuestros planes, tratados, cruzadas o testimonios débiles. A veces invalidamos nuestro testimonio personal al cruzar descortésmente una puerta cerrada. Lo sé porque en mi celo juvenil sencillamente lo hice. ¡Si la puerta está cerrada, no la empuje con el hombro para tratar de romperla!

La iglesia de Filadelfia recibió elogios porque tenía "poca fuerza". Esto es contrario a nuestro pensamiento humano, ya que nosotros pensamos que debemos ser hombres y mujeres de hierro y acero para lograr hacer la obra de Dios. Podemos ser parte del veinte por ciento de la iglesia que lleva a cabo la Escuela Dominical, dirige el coro, encabeza los comités y da el dinero. Cuando sabemos que Dios ha dicho: "Bástate mi gracia; porque mi poder se perfecciona en la debilidad" (2 Corintios 12:9), podemos

---

10 Los Angeles Times, Parte II, Marzo 4 de 1989, 7.

ser sostenidos. Cuando dependemos de edificios, presupuestos, personal, planes organizacionales y extensión por nuestras propias fuerzas, también podemos llegar a ser una organización comercial, en lugar de una iglesia.

Cuando una iglesia verdaderamente se abre a la dirección del Espíritu Santo, ¡que el mundo tenga cuidado! No basta con tener la doctrina sana o correcta. Esta morirá si no entramos por la puerta abierta. Las iglesias que tienen misiones activas y creen en Dios para las grandes cosas, alcanzarán al mundo.

En la historia de la Iglesia el período de gran extensión misionera, entre 1750 y alrededor de 1925, recibió el ejemplo de la iglesia de Filadelfia. Esta fue la era de Hudson Taylor, Juan Wesley, Jorge Whitfield, Carlos Haddon Spurgeon, D. L. Moody y muchos más. Se fundó el Ejército de Salvación y surgió toda una galaxia de agencias misioneras. Fue un tiempo de gran despertar espiritual.

La promesa profética para Filadelfia y para nosotros

Esta iglesia recibe maravillosas promesas, promesas que son clave para entender la profecía. Primero, Cristo promete que hay una puerta abierta para que los creyentes alcancen al mundo perdido. No tenemos que ser elocuentes o expertos, solo necesitamos estar piadosamente disponibles a la dirección del Señor Jesucristo. Qué pensamiento tan reconfortante para las almas tímidas que aman al Señor, pero que no han tenido un curso sobre "cómo conducir a alguien a Cristo".

¡Escuchen esto! Me estremece tener la promesa del Señor: "Por cuanto has guardado la palabra de mi paciencia, yo también te guardaré de la hora de la prueba que ha de venir sobre el mundo entero" (Apocalipsis 3:10). ¡El Señor tiene un plan especial, y es que guardará a la iglesia de Filadelfia (y todos sus verdaderos creyentes) de la tribulación mundial que vendrá!

La "hora de prueba" es la gran tribulación, que describiremos en los siguientes capítulos. Note que no dice: "Yo te guardaré *a través* de la hora de prueba", sino *"de* la hora de la prueba". Esto se refiere al rapto, cuando Jesús llevará con Él al pueblo de Dios. Nosotros creemos en la pre-tribulación, y vemos claramente en esta promesa que la Iglesia no pasará por la tribulación. ¿De qué otra manera se puede explicar la claridad de esta promesa?

Note que en los capítulos 1 al 3 de Apocalipsis, se menciona la a Iglesia diecinueve veces. Después, el capítulo 4 describe la tribulación, pero no menciona a la Iglesia.

Hay tres posiciones en cuanto al rapto, y es mejor que sepamos lo que creemos o nos sacudirá cada titular, cada catástrofe y cada apostasía de nuestros días. Primero, está el punto de vista pretribulacionista, que dice que todos los verdaderos creyentes serán arrebatados antes del comienzo de la tribulación. Segundo, está el punto de vista de que la Iglesia será arrebatada a mitad de la tribulación, o al inicio de la gran tribulación. Tercero, algunos creen que atravesaremos toda la tribulación y que al final seremos arrebatados y llevados para estar con el Señor.

Sé del pastor de una iglesia evangélica muy grande que en una ocasión dijo: "Si yo me voy cuando empiece la tribulación, entonces soy pretribulacionista; si me quedo durante tres años y medio y entonces soy arrebatado, soy tribulacionista; si atravieso toda la tribulación, entonces soy posttribulacionalista. Pase lo que pase, yo soy pantribulacionista; sea como fuere, todo terminará bien".

Aunque esto suene cómico, desgraciadamente él está equivocado, y le está negando a su rebaño la convicción de la esperanza bendita.

Un anciano predicador dijo: "Es tiempo de que nuestra iglesia despierte y cante, predique y ore, y que nunca se rinda, retroceda o se calle, hasta que esté llena o se vaya para arriba. Amén".

Hoy, en cada iglesia hay quienes podrían ser miembros de la iglesia de Éfeso, que había perdido su primer amor, o de Esmirna, los sufridos. Los miembros modernos de Pérgamo asisten donde

Satanás tiene su posición establecida. Practicantes de Tiatira se cargan de pecado sexual mientras los sardianos están entre los muertos en vida. Los filadelfos están llenos de amor. De hecho, en diferentes momentos podemos tener las cualidades de algunas de estas iglesias.

Como la línea histórica de tiempo de estas iglesias se acerca a nuestra era, hay una iglesia que estará en la tierra cuando Cristo vuelva. ¿Es esta la iglesia de la última parte del siglo XX? En ese caso, es más tarde de lo pensamos.

CAPÍTULO 5

LA IGLESIA TIBIA DE LOS ÚLTIMOS DÍAS

¿Cuál es el significado de la vida? A personas de variados trasfondos se les hizo esta pregunta, y el punto de vista de un taxista fue: "Estamos aquí para morir, simplemente vivir y morir. La vida es una gran farsa. Importa un bledo. Eres rico o pobre. Estás aquí, después te vas. Eres como el viento. Después que te vayas vendrán otros. Nos vamos a destruir a nosotros mismos, y no podemos hacer nada al respecto. El único remedio para la enfermedad del mundo es que una guerra nuclear limpie todo y volver a empezar".[1]

La desesperanza es la expresión más triste de los sentimientos del hombre. Podemos existir sin esperanza, pero no vivir.

La Iglesia debería ser el lugar donde se proclama la presente esperanza de Jesucristo y la esperanza de su futuro regreso a establecer su reino. ¿Está sucediendo esto en cada iglesia hoy?

Dentro de algunas iglesias que proclaman su nombre hay quienes dicen que el reino de Cristo puede establecerse aquí en la tierra durante su ausencia. Este movimiento toma varios nombres: el reino, el dominio, la reconstrucción. La premisa básica es que el hombre mortal puede lograr lo que solo el Señor inmortal puede

---

1 Brian Lanker, "The Meaning of Life," Life, diciembre 1988.

hacer. Ellos creen que los cristianos deben reconstruir la sociedad con el fin de establecer el reino de Dios en la tierra antes del retorno personal de Jesucristo. Aunque esta es una simplificación de todos los puntos de vista planteados por los exponentes de la teología del dominio, creo que ellos están quitando el fuego de la evangelización y reemplazándolo con pavesas agonizantes. Les está fallando su comprensión de las profecías del fin de los tiempos.

Uno de los principales exponentes de la teología del reino (o dominio) dice: "...los reinos de este mundo deben transformarse firmemente dentro del reino de Cristo... esta histórica transferencia de propiedad del reino a Cristo será manifestada en la historia".[2]

En la actualidad hay muchos cristianos que pretenden cambiar la sociedad por medio de programas de gobierno, tráfico de influencias, desobediencia civil y grupos de presión. En ninguna parte de la Biblia encuentro que diga que esta es la misión de la Iglesia de Jesucristo. La misión de la Iglesia es testificar a las almas perdidas de la redención que da el Señor Jesucristo. Los que creen que el reino de Dios puede establecerse aquí y ahora con nuestras actividades humanas están reemplazando esta misión.

Jesús advirtió que en los últimos días antes de su regreso habría una iglesia que se engreiría en su creciente fuerza e importancia. En este tiempo hay muchos cristianos sin entendimiento buscando el reino de Dios en la tierra, un reino en donde la justicia reine y las naciones tengan una coexistencia pacífica. Esta iglesia arrogante codicia poder político, no el poder de Dios. El avivamiento que hemos buscado parece tardarse tanto, que muchos creen que los cristianos deben tomar las riendas del gobierno y legislar con rectitud. Incluso los corredores del congreso hacen eco de una piedad farisaica, exigiendo votos públicos de moralidad por parte de sus miembros.

Me he hecho estas duras preguntas: "¿Habría cambiado la historia de casi dos mil años de la Iglesia de Jesucristo si los mártires de la era de los césares romanos hubieran derrocado a los déspotas

---

2 Gary North, Liberating Planet Earth (Fort Worth, TX: Dominion Press, 1987), 9.

gobernantes? ¿Qué habría pasado en Babilonia si Daniel le hubiera arrebatado las riendas del gobierno a Nabucodonosor? ¿Habría Juan recibido y escrito el Apocalipsis de Jesucristo en una opulenta oficina de Laodicea, en vez de en la rocosa y desolada Patmos? ¿Estarán convencidos los cristianos de hoy que manifestantes con pancartas y lemas pueden reemplazar a los ganadores de almas? "*Hay* un mejor mundo por venir, pero no mientras los que queden en la tierra no experimenten el tiempo de maldad más feroz que este planeta haya visto jamás.

Como estadounidense pienso que nuestro país es el mejor de todos, y por lo mismo quiero hacer todo lo que pueda para luchar contra la injusticia, y apoyo a candidatos políticos cuyos puntos de vista son los más cercanos a las verdades bíblicas. Sin embargo, estoy desilusionado al ver cómo la Iglesia se ha alejado de su tarea central en nuestra generación.

Richard Halverson, el antes respetado capellán del Senado estadounidenses, dijo: "Mientras más escucho hablar a los evangélicos, menos escucho de la esperanza de que Cristo vuelve, y más escucho de hacer de los Estados Unidos una nación cristiana y próspera... A veces pienso que si Cristo volviera, sería una terrible interrupción a sus planes".[3]

Una mirada a la última iglesia de la tierra

La última iglesia mencionada en Apocalipsis es la iglesia tibia de Laodicea, la iglesia existente cuando Cristo vuelva. Creo que la mayoría de iglesias de los últimos días del siglo XX son tibias. Miremos las similitudes entre la comunidad cristiana organizada de hoy y la iglesia de Laodicea.

La iglesia que recibió la última carta proveniente de Patmos, exteriormente era impresionante. Tenía todos los adornos de riqueza, pero le faltaba algo.

Bajo la dirección romana, la ciudad de Laodicea se había vuelto bastante conocida por sus establecimientos bancarios, su escuela de medicina e industria textil. Sin embargo, con toda esta afluencia,

---

3 Richard Halverson, citado en The Omega Letter (North Bay, Ontario, Canadá: Febrero 1989), 4.

la iglesia había sido arrullada hasta dormirse. Los miembros eran ricos en el aspecto material, pero espiritualmente pobres. El Señor no tenía nada positivo que decir de aquella iglesia. De hecho, lo hizo enfermar. Es interesante que Dios mira a la apostasía y se enfada, pero mira a la indiferencia y se enferma.

La enseñanza de la iglesia era comprometedora. Probablemente el pastor no quería perturbar a su congregación. Quizá sacudía un poco sus conciencias, lo suficiente como para hacerles sentir culpables y llenar el plato de la ofrenda, pero lo que deseaba oír después del servicio era: "Pastor, ese fue un maravilloso sermón. Lo disfruté mucho".

El Señor dice: "...Pero por cuanto eres tibio, y no frío ni caliente, te vomitaré de mi boca" (Apocalipsis 3:16).

Esta es la única vez en el Nuevo Testamento donde se utiliza la palabra "tibio". La expresión se toma del área geográfica que rodeaba la ciudad. El distrito de Hierápolis tenía fuentes de aguas termales. Llevaban el agua a Laodicea por acueductos y cuando llegaba a la ciudad ya no estaba caliente. El agua fría se llevaba a Colosas por medio de tuberías, y así llegaba tibia. La tibieza es como dejar enfriar el café o calentar la limonada.

La Biblia nos muestra tres posibles temperaturas del corazón: el *corazón ardiente* "No ardía nuestro corazón en nosotros, mientras nos hablaba en el camino, y cuando nos abría las Escrituras?" (Lucas 24:32); *el corazón frío* "y por haberse multiplicado la maldad, el amor de muchos se enfriará" (Mateo 24:12), y el *corazón tibio* de la última iglesia.

John Stott escribió: "La iglesia de Laodicea era una iglesia indiferente. Quizás ninguna de las siete cartas es más apropiada para la iglesia del siglo XXI que esta, porque describe vívidamente la respetable, sentimental, nominal y profunda religiosidad que está tan extendida entre nosotros hoy. Nuestro cristianismo está flojo y anémico. Parece que hemos tomado un tibio baño de religión".[4]

---

4 John Stott, What Christ Thinks of the Church, 116

Tenemos mucho miedo de arder por Cristo. No queremos que se nos rotule como fanáticos o extremistas. Es más, en cada aspecto de nuestras vidas nos despojamos de nuestros modales apropiados y exponemos el entusiasmo. He gritado hasta quedar ronco en un partido de fútbol o baloncesto, y he aplaudido a un talentoso cantante o músico hasta hacer enrojecer mis manos. Emerson dijo que sin entusiasmo no se obtiene nada grande en la vida, pero mucha de nuestra experiencia cristiana es tan flácida como un fideo demasiado cocido.

Recuerdo haber oído de un excéntrico que caminaba por el pueblo con un aviso colgado en sus hombros que decía por el lado del frente: "¡Soy un tonto por Cristo!" Al pasar por las calles lo ridiculizaban los que veían su cartel, hasta cuando pasaba y leían lo que decía en la parte de atrás: "¿Y tú por quién eres tonto?"

La tibia iglesia de Laodicea era presumida: Tú dices: Yo soy rico, y me he enriquecido, y de ninguna cosa tengo necesidad; y no sabes que tú eres un desventurado, miserable, pobre, ciego y desnudo" (Apocalipsis 3:17).

La adinerada y bancaria ciudad había ajustado a la iglesia dentro de su molde. El espíritu del mercado se había introducido y se torcieron los valores. La iglesia estaba orgullosa de su ministerio porque lo medía según los parámetros humanos, en lugar de los divinos.

David Wilkerson, el autor de *La Cruz y el Puñal*, comentó: "Jesús advirtió claramente que surgiría una iglesia en los últimos días de la civilización, que alardearía de sus riquezas, crecimiento, aumento numérico y autosuficiencia... Durante casi dos mil años la iglesia de Jesucristo ha sido rechazada y perseguida por el mundo. La sangre de millones de mártires rechazados y perseguidos clama desde la tierra. La Biblia dice que todos ellos murieron en fe y que el mundo no era digno de ellos. ¿Voy yo a creer ahora que Jesús ha cambiado de opinión y ha decidido terminar las edades con una Iglesia tibia, rica, mimada, jactanciosa y egoísta? ¿Será que el último ejército de Dios consistirá en obreros oficiales obteniendo votos? ¿Será que los ganadores de almas serán reemplazados por peticionarios buscando firmas para alguna causa social?".[5]

La fórmula del Médico por excelencia para un cuerpo enfermo

Algunas personas creen que no necesitan un médico. "Yo me puedo cuidar bien, y no necesito que nadie me diga lo que debo hacer". Jactancias de un hombre autosuficiente. Luego le viene un fuerte dolor en el pecho, dificultad para respirar y expresa una súplica apenas abriendo la boca: "¡llamen al médico!" El hombre se recupera, pero solo cuando el médico le da unas cuantas fuertes advertencias sobre un cambio en su estilo de vida.

Cristo dio recetas específicas para la iglesia enferma de los últimos tiempos. Él les escribió claramente para que cualquiera pudiera leer las instrucciones. Primero dijo: "Yo reprendo y castigo a todos los que amo; sé, pues, celoso, y arrepiéntete" (Apocalipsis 3:19).

¡Note que no dijo: "Piénsalo" o "Cuando puedas", sino "¡Hazlo ya!" La debilidad del acomodo debe ser reemplazada por la humildad del arrepentimiento.

Él dio otra receta para la pobreza espiritual de la Iglesia. Le dijo a la gente que no confiara más en sus bancos, sino que acudiera a Cristo por sus riquezas. Los laodicenses estaban bien dotados con las riquezas de esta tierra, pero no podían comprar con oro lo que realmente necesitaban.

En los Estados Unidos de América si alguien camina por la calle completamente desnudo, lo arrestan y encarcelan, o lo llevan a una institución para enfermos mentales. Los laodicenses eran como el emperador en el cuento de Hans Christian Andersen, que ¡pensaba que estaba vestido con esplendor, cuando en realidad estaba desnudo! Cristo quería vestirlos con "vestiduras blancas para vestirte, y que no se descubra la vergüenza de tu desnudez " (Apocalipsis 3:18).

---

5 David Wilkerson, "The Laodicean lie!" Evangelist magazine, diciembre 1986, 15 – 17.

La desnudez espiritual en la Biblia significa ser derrotado y humillado espiritualmente. La ropa blanca (o el lino fino, limpio y blanco) simboliza los hechos virtuosos de los creyentes. El estilo de vida tibio de la iglesia de Laodicea necesitaba ser transformado en un estilo de vida de celo ardiente al rojo vivo para Dios.

La siguiente fórmula era para la cura de la ceguera espiritual. Apocalipsis 3:18 dice: "unge tus ojos con colirio, para que veas".

La ciudad de Laodicea tenía una escuela de medicina. Uno de los productos medicinales que fabricaba y exportaba ese centro médico era una tableta que se vendía por todo el imperio romano. Dicha tableta se usaba para sanar una amplia gama de afecciones oculares. Las instrucciones decían: Romper la tableta y mezclarla en una pequeña cantidad de agua, frotarla en los ojos, y esperar la recuperación. Jesús les recordó a los ciegos laodicenses que necesitaban más que su maravilloso ungüento para ver. Necesitaban la verdad de Dios que solo Cristo les podía traer.

Eso me hace pensar en la ceguera espiritual de los nuevaeristas y reconstruccionistas, cuya cosmovisión está tristemente nublada, o en los que simplemente asisten a la iglesia y "disfrutan" del sermón y la música, y salen sin ningún cambio en su corazón.

La última receta es un remedio eficaz para el acomodo, la pobreza, la desnudez y la ceguera. La invitación más grande en la Biblia se encuentra en Apocalipsis 3:20:

"He aquí, yo estoy a la puerta y llamo; si alguno oye mi voz y abre la puerta, entraré a él, y cenaré con él, y él conmigo".

Cuando Jesús vino por primera vez su propio pueblo no lo recibió (véase Juan 1:11). Durante su primera visita a este planeta, Cristo predijo que en su segunda venida también encontraría incredulidad (véase Lucas 18:8).

Cuando Cristo vuelva, la Iglesia se encontrará sin Él. Notemos que dice: "si *alguno* oye mi voz... yo entraré". Mientras que el orden jerárquico en muchas iglesias de los tiempos del fin ha negado la entrada de Cristo a sus organizaciones, aún así Él llama a la puerta del corazón de cada persona.

Dios no se impone sobre nadie. No salva a nadie a la fuerza. A nadie obliga a obedecer mientras quiera ser rebelde. Notemos que esta invitación se extiende a la última iglesia mencionada en la Biblia. Ese hecho me alarma ante la realidad de nuestros días.

G. Campbell Morgan dijo: "El único remedio para la tibieza es la readmisión del Cristo excluido. La apostasía debe confrontarse con su fidelidad, la flojera con la convicción nacida de su autoridad, la pobreza con la realidad de su riqueza, la frialdad con el fuego poderoso de su entusiasmo, y la muerte con la vida divina que es su dádiva. No hay otro remedio para la enfermedad del mundo y para la tibieza de la Iglesia que el volver a Cristo".[6]

La iglesia en un cruce de caminos

En el último libro de la Biblia se han descrito siete iglesias. En nuestra era puede ser difícil vernos como perteneciendo a alguna de estas iglesias. Sin embargo, vemos algunas de sus características en cada uno de nosotros.

La iglesia de Éfeso que fuera una vez fuerte, había perdido su primer amor. Se había vuelto pasiva, olvidándose de la pasión y emoción de su amor original por Jesús.

La iglesia de Esmirna era una iglesia sufriente, que prevalecía ante las dificultades por causa de su fe.

La iglesia de Pérgamo había caído ante la influencia de la cultura pagana en la que vivía.

La iglesia de Tiatira llegó a formar parte de un culto pagano.

La iglesia de Sardis estaba tan fría y muerta que los nombres en su directorio podían referirse a cualquier persona.

La iglesia de Filadelfia era una iglesia cariñosa, para la cual el Señor no tuvo ninguna palabra negativa.

---

6 G. Campbell Morgan, The Letters of Our Lord (Old Tappan, NJ: Fleming H. Revell), 108.

Finalmente, hemos visitado la iglesia débil y tibia de Laodicea.

¿Por qué no hay cartas para otras iglesias? ¿Qué pasó con la Iglesia de Jesucristo después de la era de Laodicea? ¿Desapareció?

¿Si estamos viviendo los tiempos de la última Iglesia en la tierra antes del retorno de Cristo, ¿qué otras señales están apuntando hacia ese evento cataclísmico?

Las manecillas del reloj del tiempo de Dios siguen girando y están terminado su ciclo. Estamos siendo empujados a lo largo del camino de la historia por un viento veloz. Nuestra capacidad individual para pronosticar la tormenta vendrá de la comprensión que tengamos de la Palabra de Dios. Solo necesitamos prestar atención a lo que ha hecho eco a través de los siglos: "El que tiene oído, oiga lo que el Espíritu dice a las iglesias" (Apocalipsis 3:22).

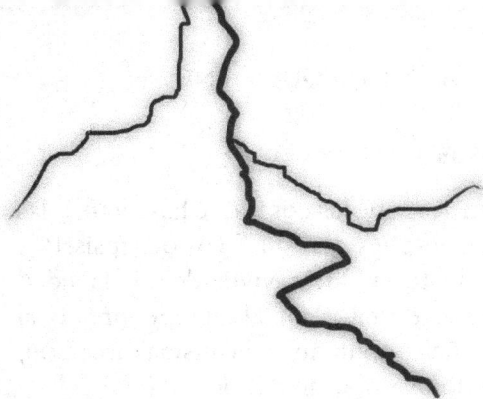

CAPÍTULO 6

LA ÚLTIMA CARRERA DE LA TIERRA

Cuando Noé empezó a construir ese raro barco en tierra seca, sus vecinos probablemente se burlaron y dijeron: "Definitivamente este tipo es un pesimista".

Jeremías advirtió al pueblo de Judá que a menos que dejaran su mal estilo de vida, el país caería ante el ejército de Nabucodonosor. Entonces lo ataron, lo metieron a la cárcel y lo echaron a un pozo. El pesimismo no hace popular a nadie.

En el tiempo de los reyes de Israel hubo un personaje llamado Miqueas a quien odiaron por haberle dado al rey Acab la pésima profecía de que moriría en una batalla contra los sirios.

¿Pensaban aquellos hombres positiva o negativamente? El diluvio llegó, Babilonia conquistó Judá y a Acab una flecha le atravesó el corazón. El pesimismo y el optimismo son irrelevantes en cada situación donde se ha dado la Palabra de Dios.

La Biblia advierte, aunque proporciona una vía de escape. Los hombres también nos dan advertencias, pero solo ofrecen métodos humanos para lidiar con un mundo en crisis de dirección. En la carrera hacia el final de la tierra se nos proporciona la perspectiva de Dios y nos bombardean las soluciones del hombre.

Cómo son las cosas

Cuando Jesús le dijo a Juan "escribe las cosas que has visto, y las que son, y las que han de ser después de estas" (Apocalipsis:19), nos dio el panorama de la historia. Hoy, viviendo en la edad laodicense de la última iglesia, estamos en el tiempo previo al regreso de Cristo. Todas las señales apuntan en la misma dirección, pero el hombre está intentando inventar un desvío.

Recordemos que Juan era un anciano desterrado a una isla solitaria en el mar Egeo, cuando Cristo se le apareció en su cuerpo resucitado y glorificado. Juan se sorprendió tanto que se desmayó al igual que Daniel cuando el ángel Gabriel se le apareció y le profetizó sobre los tiempos del fin. Ambos hombres tomaron estas profecías en serio, al igual que debemos hacerlo nosotros.

Cuando Juan recuperó el conocimiento, Jesús le dijo la razón de su visita. Juan iba a ser la persona que vería el futuro de Dios para la humanidad, y lo iba a escribir para que todos pudiéramos leerlo e interpretarlo a la luz de los acontecimientos actuales. A Juan se le dijo que anotara tres cosas: primera, lo que había visto en el Cristo glorificado; segunda, las condiciones espirituales de las siete iglesias, que ejemplificarían las actitudes y acciones de la gente y congregaciones a lo largo de las edades; y tercera, los sucesos del fin de este mundo que conocemos, y la seguridad de la llegada de un nuevo mundo.

El anciano prisionero de Patmos fue bien escogido para su imponente tarea. Más de sesenta años antes de escribir Apocalipsis Juan perteneció al círculo interno de los discípulos de Jesús. Fue miembro del pequeño grupo de discípulos que estuvo junto al Maestro en el Monte de los Olivos. Era la última semana antes de la crucifixión, y Jesús tenía muchas cosas que decirles a sus seguidores. Los acontecimientos futuros los desconcertaban. Uno de los discípulos, que pudo haber sido Juan, preguntó: "¿Cuál será la señal de tu venida y del fin de los tiempos?"

Jesús no solo les dio una señal, sino varias. Al leer sus palabras en Mateo 24 los titulares saltan a la vista y ruedan por la pantalla de nuestra mente como si estuviéramos viendo alguna edición celestial del *Diario Profético*.

Nueva era, vieja profecía

Jesús advirtió: "Porque vendrán muchos en mi nombre, diciendo: Yo soy el Cristo; y a muchos engañarán" (Mateo 24:5).

En el sistema del mundo actual el engaño es tan incontrolable que hasta los creyentes pueden caer en la misma trampa. Miremos primero algunos de los aspectos más evidentes.

A veces es una persona que desarrolla un movimiento afirmando tener alguna clase de "conocimiento espiritual interno", o poderes como los de Jesús. Un hombre que se llamaba a sí mismo Juan-Roger (el nombre unido con guión es a propósito) atrajo a un gran grupo de discípulos que creyeron que era la encarnación de un poder como el de Jesús llamado la "Conciencia mística del viajero". Él afirmaba haber dejado la tierra después de una operación en 1962, y que una entidad espiritual que era "Juan el amado", había entrado en su cuerpo. Desde entonces Roger D. Hinkins se convirtió en Juan-Roger, fundador de una organización llamada "La Visión".[1]

En nuestro tiempo abundan falsos Cristos. No todos se hacen llamar Jesús, pero usan muchos nombres. Gurús y otros religiosos no siempre se visten con mantos, y entregan flores a los fieles. Vienen con apariencia respetable, haciendo uso de frases altisonantes y honorables como "conciencia de Cristo" "unidad universal", "el divino interior" "psicología transpersonal", "potencial humano", "salud holística" y muchas más. Cuando Jesús advirtió: "muchos vendrán en mi nombre", describió la base de lo que hoy se llama el movimiento de la "Nueva Era".

El movimiento de la Nueva Era tiene una perspectiva tan movediza que el punto central puede cambiar de un día para otro. Es como los "vientos de doctrinas" de los que Pablo advierte en su carta a los Efesios (véase 4:4). Sin embargo, el tema básico puede discernirse cada vez que vemos al hombre elevado al

---

1 Los Angeles Times, Parte V, 15 Agosto 1988, 1.

punto de diseñador y fabricante de su propio destino, en lugar de depender de la soberanía de Dios. La filosofía humanista secular y el pensamiento de la Nueva Era son gemelos fraternales.

Para los nuevaeristas Dios es una energía impersonal, una fuerza o una conciencia. Al ver emocionantes películas galardonadas, como la *Guerra de las Galaxias*, nos dejamos atrapar por la idolatría del poder de "la fuerza". No se presenta a Dios como Alguien con quien podemos tener una relación personal, sino como un bondadoso ser extraterrestre.

La Nueva Era y sus aberraciones declara que todos somos dioses, que tenemos una bondad universal. Una muy conocida y exitosa escritora y conferenciante, Marianne Williamson escribe: "Todos somos parte de un vasto océano de amor, una mente divina e indivisible". Ella enfatiza que "el amor en uno de nosotros es el amor en todos nosotros. En realidad no hay un punto en el que Dios termina y empiezas tú, y ningún punto en el que terminas tú y comienzo yo".[2]

Shirley MacLaine, la actriz que se ha convertido en autoridad espiritual, dice que su libro *Al Borde del Precipicio*, fue indirectamente inspirado por un extraterrestre llamado "El Maya".

Según el pensamiento de la Nueva Era necesitamos ser iluminados, experimentar meditación disciplinada u otras técnicas de elevación de la conciencia para entendernos a nosotros mismos, nuestro entorno y experimentar paz interior. "Hay muchos nombres para esta experiencia transformadora: la conciencia cósmica, la conciencia de Dios, la autorrealización, el esclarecimiento, la iluminación, el nirvana (budista), el stori (zen), enmendar las culpas o satchitananada (hindú)".[3]

Los nuevaeristas ven todas las religiones como una sola. Afirman que hay muchos caminos hacia Dios y la verdad, pero la principal concordancia es "el dios interior". En su bien investigado libro, *"Unmasking the New Age"* (Desenmascarando la Nueva Era), Douglas

---

2 Citado en Dr. David Jeremiah con C.C: Carlson, Invasion of Other Gods, (Dallas, TX: Word, Inc., 1990), 150.
3 Douglas R. Groothuis, Unmasking the New Age (Downers Grove, IL: Intervarsity Press, 1989), 25.

Groothuis dijo: "Jesús de Nazaret dejó de ser el Hijo unigénito de Dios, el Dios-hombre, el Señor y Salvador del cosmos. Es simplemente una de las muchas apariciones o manifestaciones de Dios a lo largo de los milenios... Al Cristo de la Biblia se lo redefine haciéndolo el títere del ventrílocuo de la Nueva Era. A Cristo como el mediador entre Dios y la humanidad se lo reemplaza con la idea de 'conciencia de Cristo'...".[4]

Cuando Jesús advirtió a sus seguidores sobre las señales del fin de los tiempos, predijo el florecimiento del movimiento de la Nueva Era, que está extendiendo sus tentáculos dentro de muchos aspectos de nuestra sociedad.

Guerras, hambres, pestilencias y terremotos

"Y oiréis de guerras y rumores de guerras; mirad que no os turbéis, porque es necesario que todo esto acontezca; pero aún no es el fin. Porque se levantará nación contra nación, y reino contra reino; y habrá pestes, y hambres, y terremotos en diferentes lugares. Y todo esto será principio de dolores" (Mateo 24:6-8).

Jesús le dijo a su pequeño grupo de discípulos que en los últimos días antes de su regreso los dolores de parto que anuncia el alumbramiento aumentarían antes del nacimiento de un nuevo mundo. Notemos la frecuencia e intensidad de estos dolores.

Guerras y rumores de guerra

¿Dónde sonarán los disparos la próxima vez? Nos hemos vuelto inmunes a las noticias, hemos sido vacunados a diario con los titulares referentes a países que hasta ayer solo eran de colores diferentes en nuestros libros escolares de geografía. Las guerras y los rumores de guerra son parte de nuestra rutina diaria, explotando igual que los ciudadanos del mundo al pisar otra mina antipersonal que algún déspota plantó. El aspecto de un holocausto final acecha en la mentalidad subconsciente.

Los años pasan y el mundo no ha experimentado un desastre nuclear devastador. La muerte negra de Hiroshima se ha

---

4 Douglas R. Groothuis, *Unmasking the New Age* (Downers Grove, IL: Intervarsity Press, 1989), 28, 29.

desvanecido en el humo gris del presente. Países que una vez se cerraron tras dictaduras, ahora están surgiendo de la opresión a la libertad. Incluso el espectro de guerra empieza a oscurecerse en contraste con la disminución de los recursos naturales. Los economistas y políticos futuristas están haciendo sonar una nueva alarma para la raza humana. La extinción, dicen, puede que no se dé con una explosión, sino a través de la erosión.

Los rostros de la hambruna

Llene sus ojos con imágenes de gente que se muere de hambre. Me conmueve hasta las lágrimas cuando veo la patética necesidad de simples raciones de supervivencia en muchos de los países del tercer mundo. Al entregar grandes cantidades de recursos en algunas de estas regiones, pareciera como si añadiéramos una taza de agua a un océano de humanidad hambrienta. Gracias a Dios que hay organizaciones como Visión Mundial, The Samaritan's Purse y Comida para el Hambriento, que están mostrando el amor de Cristo de una manera tangible a millones de hambrientos en el mundo. El pueblo de Dios no puede quedarse quieto mirando morir de hambre a los desvalidos sin ofrecerles ayuda. Sin embargo, el pronóstico de supervivencia de muchos es muy bajo.

El Instituto de Investigación Mundial es una organización de muchos científicos e investigadores que publican anualmente un informe de *Estado Mundial*. Las perspectivas de estos estudiosos son significativas a la luz de la profecía bíblica, aunque este no es su propósito principal. Escuche lo que están diciendo: "Hoy es difícil determinar la magnitud del crecimiento de la población humana. Los que nacimos antes de 1950 hemos visto durante nuestras vidas un crecimiento poblacional mayor al ocurrido durante los últimos cuatro millones de años desde que nuestros antepasados empezaron a caminar. Evitar la catástrofe va a requerir un esfuerzo mucho mayor que lo contemplado hasta ahora por los líderes políticos del mundo. Asegurar los suministros de comida para la próxima generación depende de un esfuerzo extremo para estabilizar la población y el clima".[5]

Las predicciones de los científicos medioambientales son terribles.

Podemos pensar que las advertencias respecto a la disminución de los recursos agrícolas son irrelevantes al caminar por los pasillos de nuestros supermercados y ver el suministro diario de frutas y verduras frescas en el departamento de estos productos. Sin embargo, aquellos que siguen las tendencias de la agricultura global pintan un cuadro gris. "Cada año, las prácticas agrícolas erosionan la capa vegetal de las montañas, sacan el agua del suelo continental y eliminan material genético de las plantas, lo cual, básicamente, es tomar prestados los recursos de las generaciones futuras".[6]

Al viajar por los Estados Unidos nos sorprende ver que en nuestra tierra todavía hay inmensas áreas subdesarrolladas, pero en todo el mundo miles de personas se están quedando sin espacio y sin comida. La revista *Time* en 1989 reservó la portada que generalmente es dedicada al hombre o la mujer del año, para un viejo amigo en la crucial lista: el "Planeta del año". Se destacaba el hambre. "En los países más pobres, las proporciones de crecimiento superan la capacidad nacional de proveer para las necesidades más básicas... En India, según los informes del gobierno, el treinta y siete por ciento de las personas no puede comprar suficiente comida para sostenerse".[7]

El hombre puede influir un poco sobre el avance de las guerras y el hambre, pero solo Dios controla el tiempo. Ahora se nos alerta ante otro ataque llamado "el Efecto de Invernadero". Se nos dice que "estudios recientes indican que un mundo en calentamiento es uno en el que los 'extremos' climáticos serán más comunes, distorsionando los sistemas naturales, así como la economía humana. Según el informe hecho en 1995 por la Cámara Intergubernamental sobre el Cambio del clima, (la IPCC, por sus siglas en inglés), se espera que en algunas regiones aumente la

---

5 Lester R Brown. "The Acceleration of History", State of the World (New York: W. W. Norton & Co., 1996), 3, 16.
6 Gary Gardner, "Preserving Agricultural Resources", State of the World (New York: W. W. Norton & Co., 1996), 78.
7 Time, Enero 2 1998, 48.

'incidencia de inundaciones, sequías, incendios y oleadas de calor a medida que aumenten las temperaturas'".[8]

¿Está sucediendo esto hoy? "Según el Banco Mundial, la escasez crónica de agua ya afecta a ochenta países abarcando así el cuarenta por ciento de la población mundial y afectando el desarrollo económico de muchas naciones".[9]

Las luces rojas están dando sus destellos para cada ser pensante del mundo.

Si no conociera al Señor, y si no hubiera leído el final del libro, a estas alturas ya habría perdido la esperanza. ¿Cómo pueden mantener su cordura los preocupados habitantes del mundo a la luz de estas señales ominosas? Quizás la mayoría de ellos no quiera enfrentar la realidad, así que se vuelven al viejo síndrome del avestruz.

¿Han propuesto los expertos alguna solución? Sí, lo han hecho, y más adelante describiremos una de sus soluciones más predominantes.

Epidemias

Jesús mencionó las pestilencias como señales de su venida. Durante las epidemias del pasado, como la peste bubónica, se vieron afectadas grandes cantidades de la población humana. Sin embargo, nunca ha habido una plaga mundial como la que hoy experimentamos. El creciente horror del SIDA es otro fenómeno de esta era.

El Dr. Harvey Fineberg, decano de la Escuela de Salud Pública en Harvard, escribió: "El SIDA es una aflicción moderna. La epidemia del SIDA se fomentó por los cambios morales de la sociedad y por el estilo de vida exclusivos de la última parte del siglo XX".[10]

Creo que el SIDA puede ser la epidemia descrita por Jesús en el discurso de los Olivos (véase Mateo 24:7).

8, 9 Christopher Flavin, "Facing Up to the Risks of Climate Change", State of the World (New York: W. W. Norton & Co., 1996), 23.
10 Harvey Fineberg, "The Social Dimensions of AIDS", Scientific American, Octubre 1988, 128.

Desde 1981, cuando se reconoció el SIDA, este se volvió un problema internacional. Como su período de latencia es de ocho años o más, miles de personas no sabrán que están infectadas con el virus sino cuando el sistema inmunológico de sus cuerpos haya quedado ya carcomido. Se está extendiendo más rápidamente que la cizaña en un césped descuidado.

La Organización Mundial de la Salud en 1995 calculó que diecinueve millones y medio de personas habían sido infectadas por el SIDA desde el inicio de la epidemia. Para el año 2000 el número de personas infectadas por el VIH había alcanzando cifras entre treinta y cuarenta millones.[11]

Estas desoladoras estadísticas deben hacer que nos levantemos de nuestras mecedoras.

Al ver el caballo amarillo del Apocalipsis esta epidemia (pandémica como se le llama) cobra mayor importancia.

Terremotos

Jesús dijo que los terremotos aumentarían, y hoy los sismógrafos están registrando su frecuencia. Durante un período de más de mil años se registraron quince terremotos de grandes proporciones, que cobraron miles de vidas. Durante los últimos sesenta años, más de veintiún grandes terremotos han sacudido los cimientos de la seguridad del hombre. La revista *Life* informó que durante los años comprendidos entre 1974 y 1989 han muerto casi quinientas mil personas en terremotos, más que en cualquier otro tipo de desastre natural.[12]

En 1988, según la Investigación Geológica Estadounidense, cincuenta y cinco mil personas perdieron sus vidas en el terremoto de Armenia, cuarenta mil en Irán en 1990, más de nueve mil en India en 1993, cinco mil en Kobe, Japón en 1995, ochenta mil en India y Pakistan en 2005.

---

11 "The Current Situation of HIV/AIDS Pandemic", WHO Global Programme on AIDS, Julio 3, 1995.
12 Life, Febrero 1989, 20.

La energía liberada por los terremotos puede causar daño a miles de kilómetros. Los temblores pueden generar grandes olas en el océano, como el temblor de Alaska en 1964 que recorrió la costa del Pacífico a velocidades de más de seiscientos cincuenta kilómetros por hora, demoliendo tiendas y ahogando a gente en lugares tan distante como la ciudad de Crescent, California.

En California, la inquietante pregunta en cuanto a los terremotos es: "¿Cuándo llegará el grande?"

Los científicos especulan: "Solo con el próximo gran terremoto harán pruebas en las regiones que todavía están sin estudiar. La sabiduría común dice que hay más del cuarenta por ciento de probabilidades que el gran terremoto ocurrirá dentro de los próximos treinta años".[13]

No hay razón para quedarme sentado indolentemente y decir que como no tengo control sobre estas cosas, no puedo hacer nada". Al contrario, la creciente oscuridad de nuestro hermoso mundo me motiva a hablar y escribir que los creyentes tienen la única esperanza, y debemos exponerlo, pasarlo y gritárselo al mundo.

El amor se enfriará

Jesús dijo, "y por haberse multiplicado la maldad, el amor de muchos se enfriará" (Mateo 24:12).

En los Estados Unidos hubo un tiempo cuando las puertas se dejaban abiertas, los niños jugaban en las aceras de la ciudad hasta la hora de acostarse, las alarmas de seguridad eran los fieles perros, y uno entregaba el equipaje justo al apearse del auto en el aeropuerto y luego iba directamente a la puerta de salida. Si cualquiera de estas cosas es solo el recuerdo de un mundo más seguro, entonces usted ha visto en su vida, así como yo, el espantoso aumento de la anarquía. ¿Qué experimentará la próxima generación, si el Señor

---

13 Science, Octubre de 1987, 270.

retarda su venida? ¿Cree usted que la maldad, una vez atrincherada y creciente disminuirá?

Es casi imposible concebir mentalmente el horror que narraré a continuación. Seis adolescentes asaltaron a una joven en el Parque Central de Nueva York, la golpearon sin sentido con una piedra y un tubo metálico, la violaron y la dejaron para que muriera. Un de los muchachos era reconocido como creyente "nacido de nuevo", y solo uno del grupo en una ocasión había tenido problemas con la policía. A raíz de eso surgió una nueva palabra en los medios de comunicación: "wilding*", que fue la identificación que se les dio a las acciones lascivas de esta pandilla de muchachos. La revista *Time* describió este evento como "…una chocante muestra de los miedos latentes de una edad con problemas".[14]

Una farmacia en cada esquina

Cuando éramos niños la farmacia era un lugar para comprar una "Coke" (Coca-cola) y encontrarse con los amigos después de la jornada escolar. Hoy, para muchos jóvenes y adultos, "Coke" significa "cocaína".

En un mundo arruinado por el hombre, el asunto de la droga es un cumplimiento sorprendente del "aumento de la maldad". ¡Cómo debe romperse el corazón de Jesús al ver a los muchachos de nuestra generación envenenar sus cuerpos con alcohol y drogas, y como resultado suicidarse o matar a otros!

Los muchachos son víctimas. "Mientras los ciudadanos adultos a menudo se sienten más vulnerables al crimen, los adolescentes son las víctimas más probables de todos tipo de crimen. Los muchachos entre los doce y quince años son dieciséis veces más vulnerables a ser víctimas de un crimen violento que las personas mayores de sesenta y cinco".[15]

Visite cualquier escuela secundaria o plantel universitario y

---

* N.T. Una definición de esta palabra sería "Actuar sin pensar racionalmente". Wilding adoptó como raíz la palabra wild que significa salvaje, desbocado o bárbaro. Su equivalente en español sería Violentar / violentando. Fue adoptada por los medios de comunicación a raíz del caso mencionado por el autor.
14 Time, Mayo 8 de 1989, 20.
15 Almanaque Mundial. (Kansas City, MO: Universal Press Syndicate Co., 1996), 283.

encontrará que se distribuyen y compran drogas ilícitas. En 1993 las salas de emergencia en los Estados Unidos atendieron cuatrocientos sesenta y seis mil novecientos casos relativos a drogas. El consumo de drogas está aumentando, sobre todo entre nuestra juventud. ¡Se está perdiendo la guerra contra las drogas![16]

A medida que el mal aumenta su intensidad, la influencia cristiana se debilita. En los últimos tiempos, una iglesia tibia cojea a su paso por la cultura moderna. Sin embargo, este triste comentario respecto a las iglesias agonizantes se aclara cuando vemos a creyentes apasionados e iglesias que ejemplifican el amor de Cristo. Jesús les dio una profecía positiva a sus discípulos cuando dijo: "Y será predicado este evangelio del reino en todo el mundo, para testimonio a todas las naciones; y entonces vendrá el fin" (Mateo 24:14).

El Señor no quiere que nadie perezca, porque es un Dios de amor y su deseo es salvar a toda la humanidad.

Puede usted imaginarse a esos doce hombres limitados en su manera de ver el mundo, debido a su pequeño país, pensando, *¿cómo puede el evangelio ser predicado a todo el mundo? ¡Sólo somos doce!* ¿Cree usted que hace cincuenta años alguien podría entender cómo sería posible que esta profecía se cumpliera? ¿Veinte años atrás? No había suficientes misioneros como para penetrar los continentes. Pero ¿qué está pasando hoy?

Saturados de satélites

La tecnología satelital está en capacidad de extender el evangelio a cada rincón del globo. El evangelista Billy Graham en el apogeo de su ministerio, predicaba vía satélite a millones alrededor del mundo. Durante solo una cruzada veintitrés países africanos pudieron oír la Palabra de Dios presentada simultáneamente en sus propios idiomas.

En abril de 1996 la serie mundial de televisión Billy Graham fue traducida a más de cuarenta y cinco idiomas y vista en más de doscientos países. ¡Qué cumplimiento tan emocionante de las palabras de Jesús!

---

16 Ibid., 223.

Al ver a los traductores de la Biblia trabajar en muchos de los idiomas conocidos, emisoras de radio transmitiendo el mensaje del evangelio a remotos rincones, y ahora por satélites, podemos buscar más señales de la carrera de la tierra en dirección al cumplimiento de la profecía.

Llegando a ser más y más inteligente (?)

"A mediados del siglo XX, se consideraba que el ritmo del cambio era cincuenta veces mayor que el ritmo de los siglos anteriores".[17]

Al profeta Daniel le fue dicho que en los últimos días el conocimiento aumentaría (véase Daniel 12:4). ¿Quién que haya vivido más de veinte años se atrevería a negar este hecho? Un fabricante de artefactos electrónicos dijo: "si funciona, es obsoleto". Hoy, el conocimiento aumenta con tanta rapidez, que los padres no pueden estar al día con lo que sus hijos de tercer grado están aprendiendo. No hay tal cosa como la vida simple. Sencillamente nos agotamos con la velocidad de la vida moderna. La era del mega conocimiento nos está dejando a muchos con el sentimiento de estar colgando de la cola del Concorde, rumbo a la obsolescencia.

No hace mucho luchaba con las complejidades de una computadora personal. Después de perder notas completas de sermones, tener dolores de cabeza por mirar fijamente la pantalla, y oprimir el botón de ayuda (sin entender lo que quería decir el menú), pensé que al fin había dominado la compleja máquina. Ahora me dicen que mi programa es obsoleto. A veces creo que mi cerebro se ha quedado en pausa y que las máquinas se están haciendo cargo.

Lléveme donde su líder

El hombre siempre está buscando soluciones para el consumo de drogas, el crimen y la inmoralidad. Debemos seguir haciéndolo, pero algunas de las respuestas a cosas como la polución llevan hacia la visión de un solo mundo. La unidad. Las expresiones de moda son "cooperación global", y "unidad internacional". En 1987 la Comisión

---

17 "The Future and You", Life, Febrero 1989, 53.

Mundial Ambiental y de Desarrollo emitió un informe que decía que necesitamos "pasar de ser una sola tierra a ser un solo mundo".[18]

El Instituto de la comunidad medioambiental, Paul Reveres, está proclamando a gritos que se acerca un desastre.

¡Sí, el calor está en aumento! El informe del Instituto de Investigación Mundial dice que la solución es crear nuevas instituciones internacionales para promover conductas responsables. Esta misma señal de alarma se hace oír de diferentes fuentes. Isaac Asimov, uno de los autores más prolíficos de nuestro tiempo, toma la crisis medioambiental como punto de partida para un Gobierno Mundial. Él escribió que el miedo a la destrucción es la única esperanza que nos lleve a unirnos para generar "soluciones globales".[19]

En su reportaje principal del "Planeta del Año", la revista *Time* hizo repicar las campana de muerte para el medio ambiente: "Aunque la humanidad está en guerra ahora mismo, y no es muy draconiana como para llamarla guerra por la supervivencia… tanto la causa como los efectos de los problemas que amenazan la tierra son globales, y hay que atacarlos globalmente".[20]

¿Quién encontrará la solución? La profecía bíblica nos dice que vendrá un personaje carismático al planeta tierra con las respuestas a nuestros problemas. Los escritores seculares preven lo mismo. "Movilizar esa clase de compromiso masivo requerirá un liderazgo extraordinario de la misma talla que ha habido en tiempos de crisis".[21]

Este líder mundial, con una personalidad poderosa, inteligente y atrayente, entrará en escena trayendo en el momento oportuno soluciones creíbles. Se le concederá poder y autoridad debido a que viene con tan nobles motivos de llenar un vacío de liderazgo. En este momento el mundo se está preparando para su llegada.

Como en los días de Noé

18 Lester Brown y Christopher Flavin, "The Earth's Vital Signs", State of the World (New York: W.W. Norton y Co., 1988), 18.
19 Adveertisement, Time, 13 Marzo 1989.
20 Time, 2 January 1989, 20.
21 Ibid.

Jesús les dijo a sus discípulos que antes de su regreso la tierra estaría como "en los días de Noé". Mientras Noé construía el arca en tierra seca, sus vecinos se reían de lo que creían que eran esfuerzos de un loco. Realmente no les importaba lo que esa familia de fanáticos religiosos hacía. Sus vidas eran tan malas y egoístas que ignoraron las advertencias de Dios. En Génesis 6:5 encontramos una de las descripciones más vívidas de su depravación: "Y vio Jehová que la maldad de los hombres era mucha en la tierra, y que todo designio de los pensamientos del corazón de ellos era de continuo solamente el mal".

En los días antes del diluvio la gente buscaba ocupar el primer lugar, hasta el momento final en que Noé, su familia y los animales, entraron en el arca. Cuando llegó el diluvio, la gente que había en la tierra no halló terreno seco ni botes salvavidas para ser rescatada. Con su último aliento al ahogarse, era demasiado tarde para pedirle misericordia a Dios.

Se lo he dicho de antemano

Jesús y sus profetas nos dijeron todas las señales de su segunda venida. A comienzos de los años setenta Hal Lindsey escribió el libro *La Agonía del Gran Planeta Tierra*. Hizo unas crónicas de las señales de los últimos tiempos. Los que eran niños en ese entonces han envejecido desde que ese libro fue escrito, y muchas de esas señales han aumentado con tal intensidad que las advertencias escuchadas hace varias décadas ahora suenan como sirenas de altos decibeles.

En los siguientes capítulos indicaré pruebas adicionales de que los acontecimientos del mañana ya están arrojando sus sombras sobre el mundo de hoy. Todos los sistemas "avanzan" para el mayor lanzamiento en la historia de la humanidad. Vestidos con la armadura de Dios sus hijos están siendo reunidos para el momento del despegue. La única pregunta que permanece es: ¿quién va a estar en el equipo mundial de ese viaje espacial?

Diez, nueve, ocho, siete, seis, cinco, cuatro, tres, dos...

PARTE TRES

EL MUNDO DE MAÑANA
GOBERNADO POR SATANÁS

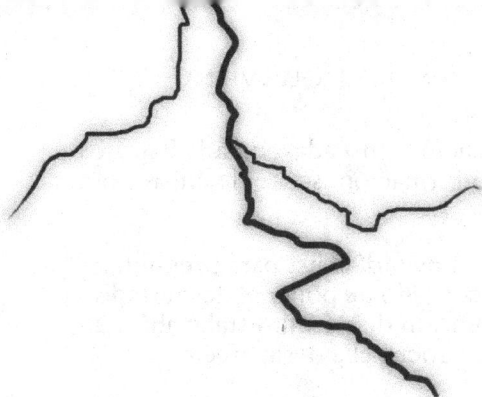

CAPÍTULO 7

MILLONES DESAPARECIDOS

Cuando me gradué del seminario fui a trabajar como ministro de jóvenes en una iglesia grande de Nueva Jersey. Mi tarea fue un reto, por decir lo menos. Siempre que uno enfrenta a un grupo de adolescentes es puesto a prueba. ¿Está al día con su jerga? ¿Será divertido o aburrido? ¿Conoce las palabras que están *"en onda"*, o sigue diciendo *"chévere"*? ¡El pastor principal me dijo que mi primer contacto con los jóvenes sería en el campamento de verano para adolescentes donde debería dar un estudio sobre profecía bíblica toda una semana. ¡Hablando de pruebas de fuego!

La primera noche del campamento, para la sesión de apertura, les pedí a unos jóvenes que hicieran el papel de vendedores de periódicos. Se involucraron con entusiasmo y gritaban los titulares a lo largo de los pasillos:

"PÁNICO ENTRE LA GENTE. MILLONES

DESAPARECIDOS ALREDEDOR DEL MUNDO"

El artículo principal comenzaba así:

Anoche a las 12:05 una operadora telefónica informó de tres llamadas frenéticas informando la desaparición de familiares. A los quince minutos todas las comunicaciones quedaron bloqueadas con anuncios similares. Una verificación rápida por toda la nación

ESCAPE DE LA NOCHE QUE VIENE

encontró la misma situación en cada ciudad. Esposos sollozando buscaban información sobre la misteriosa desaparición de sus esposas.

Un esposo informó: "Encendí la luz para preguntarle a mi esposa si se había acordado de poner el despertador, pero se había ido. Su camisón de dormir estaba ahí, y su reloj estaba en el suelo... ¡pero ella desapareció!"

Una señora de Brooklyn llamó muy alarmada diciendo entre sollozos: "Mi esposo acababa de volver de su último turno... le di un beso y simplemente desapareció de entre mis brazos".

Otro titular decía:

"MULTITUDES MUEREN POR INFARTO"

La noticia comenzaba así:

Miles de víctimas coronarias han muerto desde que se publicaron las noticias concernientes a las desapariciones. El famoso periférico de Chicago fue escenario de múltiples víctimas de ataque cardíaco. Cincuenta y cinco cuerpos fueron llevados a la morgue para ser identificados. En Los Ángeles y Nueva York se informó que los hospitales están recibiendo llamadas para reportar como trescientas muertes por deficiencia cardiaca.

Los periódicos y la televisión no podrán informar la magnitud de estas noticias. Algunos dirán que esto debe ser "el rapto", porque oyeron hablar del tema en la iglesia o lo leyeron en un libro. Otros intentarán explicarlo científicamente, pero fracasarán en su ineptitud.

El evento descrito en nuestro periódico de ficción (que captó la atención de los jóvenes) es el próximo en el calendario profético. No se menciona específicamente en Apocalipsis, pero está indicado con claridad en el capítulo cuatro. Hay solo una explicación para el cambio de énfasis del capítulo tres al cuatro, y es que la Iglesia ha sido raptada, los cristianos no estarán más en la tierra.

Eventos claramente señalados

"Después de esto miré, y he aquí una puerta abierta en el cielo; y la primera voz que oí, como de trompeta, hablando conmigo, dijo: Sube acá, y yo te mostraré las cosas que sucederán después de estas" (Apocalipsis 4:1).

Juan fue llamado a darle un vistazo al cielo, a pesar de ser todavía un prisionero anciano en la tierra. Miró y anotó un avance de las atracciones futuras. Acababa de escribir una carta a la iglesia de Laodicea, pero después de esto, dicha iglesia jamás se vuelve a mencionar. En los capítulos 2 y 3 leímos siete veces, "El que tiene oído, oiga lo que el Espíritu dice a las iglesias" Luego leímos, "Si alguno tiene oído, oiga" (Apocalipsis 13:9). Faltan el Espíritu y también la Iglesia porque obviamente están en el cielo, mientras la tierra está sufriendo la tribulación.

Otro hecho interesante es que el nombre favorito de la Iglesia para Dios es "Padre". A partir de Apocalipsis 4, hasta el final del capítulo 19, no se llama a Dios "Padre", sino Dios, Señor, Omnipotente, y otros nombres por los que se le conocía en el Antiguo Testamento.

Compare la "voz...como de trompeta" con otras referencias del Nuevo Testamento. "Porque el Señor mismo con voz de mando, con voz de arcángel, y con trompeta de Dios..." (1 Tesalonicenses 4:16).

Cuando Jesucristo vuelva por los suyos el mundo no oirá la voz ni la trompeta. Los oídos de los no creyentes estarán sordos y sus ojos ciegos. Sucederá tan rápido, "en un abrir y cerrar de ojos", que ninguno de los que queden en la tierra entenderá lo sucedido.

Juan inmediatamente escribió que estaba "en el Espíritu", lo cual significa que había sido transformado en la forma y estructura para entrar a otra dimensión. Fue transportado mil novecientos años (o más) en el tiempo, y bajo el cielo donde vio y anotó el horror de la tribulación y el triunfo definitivo de la segunda venida. ¡Vaya panorama el que vio!

La puerta del cielo abierta

En Apocalipsis 3 vimos una puerta cerrada y a Cristo buscando entrada. Ahora, en el capítulo 4, vemos una puerta abierta por la cual podemos ver el esplendor real de nuestro Dios. Apocalipsis 4 nos lleva a un trono donde el Rey está sentado.

En el libro de Apocalipsis vemos dos veces una puerta abierta. La primera está en Apocalipsis 4:1 cuando Juan ve "una puerta abierta en el cielo". La otra está en Apocalipsis 19:11 cuando "ve el cielo abierto; y he aquí un caballo blanco". La primera vez la puerta se abre y alguien sube. La siguiente vez, alguien baja.

¿Cómo puede alguien describir a Dios? Algunos han dicho que han visto una "luz brillante" o han sentido una "presencia". Se le ha descrito como un anciano majestuoso, con barba larga y una voz que retumba con eco entre las montañas. El actor George Burns lo describía descendiendo entre las nubes con un cigarro en la boca.

Juan lo asemejó a una piedra preciosa, cosa que los primeros lectores de Apocalipsis, judíos convertidos, podrían entender. "Y el aspecto del que estaba sentado era semejante a piedra de jaspe y de cornalina" (4:3). Cualquier hebreo informado sabría que estas eran la primera y la última piedras que llevaba el pectoral del sumo sacerdote. El jaspe es una gema clara como el diamante. La gloria de Dios es más perfecta que cualquier gema de algún almacén de lujo. La cornalina o sardio rojo es comparable al rubí.

Rodeando el trono, Juan vio un arco iris completo, un recordatorio de que en el cielo todo es completo. Este arco iris de esmeralda simboliza la vida, y el círculo indica la eternidad.

Después del rapto de los creyentes, durante la primera fase de su venida, toda la atención del cielo estará puesta en el trono. Dios Padre estará sentado en el trono, y Dios Hijo de pie ante Él (véase Apocalipsis 5:6).

Veinticuatro ancianos, nuestros representantes personales

"Y alrededor del trono había veinticuatro tronos; y vi sentados en los tronos a veinticuatro ancianos" (4:4).

Pienso que estos ancianos representan a la Iglesia entera en esta tierra. Son los representantes de la Iglesia en el cielo.

Los ancianos están vestidos de blanco y tienen coronas en sus cabezas. Estos ancianos son los líderes de nuestra delegación celestial, pero las coronas que llevan están disponibles para cada uno de nosotros. Quizá no podamos imaginarnos llevando coronas, pero, no obstante, como hijos del Rey somos los herederos de sus riquezas.

Hay cinco diferentes coronas disponibles como recompensas para los creyentes. ¡Es posible que podamos recibir más de una!

La corona incorruptible. Está preparada para los que vivan una vida disciplinada. Ganar esta carrera de vida quiere decir que los participantes no corrieron "como a la ventura" (1 Corintios 9:26), sino con un propósito, con una meta en la vida.

La corona de vida, la recibirán quienes soportaron las pruebas con paciencia. Santiago 1.12 dice: "Bienaventurado el varón que soporta la tentación; porque cuando haya resistido la prueba, recibirá la corona de vida".

La corona de gozo es para los que expresaron su fe con gozo (véase 1 Tesalonicenses 2:19, 20). Lo único que excede el gozo de llevar a una persona a Cristo es el conocerlo nosotros mismos. ¡Qué vistosa corona ceñirán los ganadores de almas!

La corona de gloria está preparada para quienes son fieles en llevar la Palabra. Si yo no creyera que la Biblia es verdad, no veo cómo podría esperar ser digno de tal corona. El apóstol Pedro nos dio estas pautas:

"Ruego a los ancianos que están entre vosotros, yo anciano

también con ellos, y testigo de los padecimientos de Cristo, que soy también participante de la gloria que será revelada: Apacentad la grey de Dios que está entre vosotros, cuidando de ella, no por fuerza, sino voluntariamente; no por ganancia deshonesta, sino con ánimo pronto; no como teniendo señorío sobre los que están a vuestro cuidado, sino siendo ejemplos de la grey. Y cuando aparezca el Príncipe de los pastores, vosotros recibiréis la *corona incorruptible de gloria*" (1 Pedro 5:1-4).

La corona de justicia la recibirán los que aman la venida de Cristo y esperan con anhelo su regreso. Qué maravilloso será recibir esa corona. ¡Jesucristo está a la espera de hacer su aparición, y eso es emocionante! (véase 2 Timoteo 4:8).

¡Vaya escena celestial! Ante el trono hay un mar de cristal, separando de la gloria de Dios a todas las demás criaturas, excepto los ángeles. Del trono salen destellos de relámpagos, voces y estruendosos truenos. El juicio está a punto de caer sobre la tierra, y ya se escuchan las advertencias. En el centro del escenario, alrededor del trono, hay cuatro criaturas vivientes que, a mi juicio, representan a ángeles que forman parte de la alabanza a Dios y ejecutan sus juicios sobre el mundo.

Al escuchar las voces de los ángeles, los veinticuatro ancianos se postran sobre sus rostros poniendo las coronas de oro a sus pies. La escena completa está más allá de cualquier descripción. Cuando Juan vio esta visión, el Señor le dijo: "escríbelo, Juan".

El tribunal de Cristo

Cuando creemos en Jesucristo nuestros pecados, pasados, presentes y futuros, quedan juzgados en la cruz. "Ahora, pues, ninguna condenación hay para los que están en Cristo Jesús" (Romanos 8:1). Sin embargo, llegará un momento cuando los muertos en Cristo serán resucitados, y los que hayan quedado vivos se les unirán en el aire durante el rapto. En ese momento todas nuestras obras aquí en la tierra serán juzgadas. El pueblo de Dios será probado, no por la cantidad, sino por la calidad de sus obras. Entonces recibiremos las coronas para ponerlas a los pies del Salvador.

La actitud de muchos, expresada o tácita, es: "A mí me basta con poder entrar; eso es lo único que me interesa". Es evidente que a principios del siglo XXI las vidas de muchos creyentes están frías. Las recompensas del presente parecen más atractivas que las recompensas eternas. Se busca más dinero, más reconocimiento, más experiencias para satisfacer esa elusiva cualidad llamada "realización". Por supuesto que en esta vida hay recompensas, pero muchos de nosotros estamos almacenando tantos tesoros en tierra, que no tenemos tiempo para guardar tesoros en el cielo.

Malcolm Muggeridge escribe en *A Twentieth Century Testimony* (Un Testimonio del Siglo XX): "Hoy, cuando miro hacia mi vida pasada, cosa que suelo hacer, lo que más me estremece de ella es que lo que en su momento parecía más significativo y seductor, hoy parece muy fútil y absurdo. Por ejemplo, el éxito en todas sus presentaciones. Ser reconocido y alabado, los placeres ostensibles, como adquirir dinero o viajar, ir de aquí para allá por el mundo y de arriba abajo como Satanás, explicando y experimentando cualquier cosa que la vanidad tiene para ofrecer.

En retrospectiva, todos estos ejercicios de autosatisfacción parecen pura fantasía, lo que Pascal llamó, "lamer la tierra".[1]

En los juegos griegos el juez se sentaba en una silla desde donde podía ver todo de principio a fin. Nada obstruía su vista. Cuando estemos ante el Juez Supremo, Él podrá ver todas nuestras vidas.

El tribunal de Cristo será el momento de la verdad para cada uno de nosotros. Durante nuestra vida todos tenemos que tomar decisiones: ¿Qué trabajo tomar? ¿Qué casa comprar? ¿Con quién casarnos? Intentamos tomar buenas decisiones, pero como dijo un sabio: "¿Sabes cómo aprendo a tomar buenas decisiones? Tomando malas decisiones".

---

1 Citado en Stephen Covey, The Seven Habits of Highly Effective People (New York: Simon & Schuster, Inc., 1989), 115.

Cuando Cristo dicte su juicio no habrá información extraviada. Todo estará desnudo y abierto. Será el momento del desenmascare... "aclarará también lo oculto de las tinieblas, y manifestará las intenciones de los corazones" (1 Corintios 4:5). Nos llevaremos algunas verdaderas sorpresas también. Hombres y mujeres prominentes, reconocidos mundialmente por sus filantropías, pero poco profundos en su compromiso con Cristo, tomarán asiento detrás de otros que se esforzaron tras bambalinas, simplemente deseando hacer la obra de Dios.

¿Alguna vez ha escuchado decir que "no habrá más lágrimas en el cielo?" Yo creo que sí habrá lágrimas cuando estemos delante de Él. Acompáñeme para adelantarnos por un momento hasta el final de Apocalipsis, después de la tribulación y al final del milenio. El reino de Dios se establecerá y entonces, "Enjugará Dios toda lágrima de los ojos de ellos; y ya no habrá muerte, ni habrá más llanto, ni clamor, ni dolor" (Apocalipsis 21:4). ¿Acaso esto no infiere que antes de ese momento habrá lágrimas?

Sí, puede que haya lágrimas debido a las oportunidades perdidas en la tierra, debido a las dádivas que no se aceptaron. Tenemos tantas puertas abiertas para servir al Señor, pero a veces sencillamente estamos demasiado ocupados o sobrecargados con nuestros propios problemas. Se derramarán lágrimas sobre malas inversiones. Algunos cristianos adinerados han malgastado su dinero en ellos mismos, mientras las iglesias tambalean, los misioneros no pueden ser enviados, y se ignoran las necesidades de otros. Puede que algún día escuchemos decir: "¿Por qué no invertiste en los valores eternos?"

Se derramarán las lágrimas por el abandono de la santidad. Muchos creyentes están tan contaminados por el mundo que uno nunca sabría que son cristianos. Me duele ver a creyentes profesos viviendo juntos sin casarse, estafando en los negocios, complaciéndose en la promiscuidad. Los "ojos, como llama de fuego" del Señor un día nos mirarán directo a los nuestros. ¿Encontrará pureza o pozos negros?

Se derramarán lágrimas por la pérdida de recompensas que pudieron haber sido ganadas. Yo creo que la Biblia muestra que podríamos vivir muchos años con cierto grado de pureza para después echarlo todo a perder. "Mirad por vosotros mismos, para que no perdáis el fruto de vuestro trabajo, sino que recibáis galardón completo" (2 Juan 8).

Hemos conocido muchos hombres y mujeres que han servido todas su vida fielmente a Dios, pero que al final echan a perder todo debido a la inmoralidad y a la carnalidad. Esto es muy común en la Iglesia cristiana. Ninguno de nosotros es inmune a las tentaciones del mundo, todos necesitamos pedirle a Dios que nos mantenga fieles hasta el fin.

El tribunal de Cristo será un tiempo de terror. Será devastador cuando las obras que los creyentes han hecho en la carne, no en el poder del Espíritu Santo, sean reveladas. Algunos verán cómo el trabajo de toda su vida se desvanece como humo. "Si permaneciere la obra de alguno que sobreedificó, recibirá recompensa. Si la obra de alguno se quemare, él sufrirá pérdida, si bien él mismo será salvo, aunque así como por fuego" (1 Corintios 3:14, 15).

Juan añade que algunos de los que estarán ante el Señor aquel día serán literalmente "avergonzados" (véase 1 Juan 2:28).

Aunque hemos sacado de muchas de nuestras enseñanzas y predicaciones el aguijón del tribunal de Cristo, la Biblia no esconde el hecho de que este será sin duda un tiempo de terror para muchos creyentes.

El tribunal de Cristo también será un lugar de triunfo. Habrá recompensas para quienes se hayan mantenido firmes, dispuestos a servir. El creyente que ora en silencio es tan importante como el siervo que predica en público. Dios sabe cuándo un hombre predica con el poder de Dios, porque hay un grupo de personas orando por él. Por cada hombre en el ministerio que enseña la Palabra de Dios, normalmente hay una esposa que lo anima orando por él.

Los que hayan sido perseguidos por Cristo recibirán una gran recompensa. "Gozaos y alegraos, porque vuestro galardón es grande en los cielos; porque así persiguieron a los profetas que fueron antes de vosotros" (Mateo 5:12). Algunos nos sentimos perseguidos cuando otro denigra o se burla de nosotros por causa de nuestra fe. En Estados Unidos sabemos muy poco de persecución, pero si llegara, tenemos esta promesa para aferrarnos.

Todos los escritores del Nuevo Testamento sufrieron horrible persecución. A Mateo lo decapitaron, Marcos murió siendo arrastrado por las calles de Alejandría por un grupo de caballos desbocados. A Lucas lo colgaron de un olivo, Juan fue desterrado y condenado a pasar su vejez aislado y atribulado en la remota isla de Patmos. Cuando fue liberado de dicha isla, después de escribir el libro de Apocalipsis, murió en Éfeso. Pablo fue decapitado, Pedro y Judas fueron crucificados. A Santiago lo mataron a garrote. Ninguno de ellos tuvo funeral elaborado con arcos de flores y lujosos ataúdes forrados de seda, pero las recompensas de los que sufren por causa de su nombre serán superiores a los honores de veintiún cañonazos que reciben los héroes caídos.

¿Cómo correremos la carrera?

Un joven creyente murió a los dieciocho años en un accidente aéreo. En la casa de sus padres se destaca una fotografía de él corriendo en una competencia de secundaria con la siguiente inscripción: "He peleado la buena batalla, he acabado la carrera, he guardado la fe. Por lo demás, me está guardada la corona de justicia, la cual me dará el Señor, juez justo, en aquel día" (2 Timoteo 4:7, 8).

¿Qué recompensas obtendremos "en aquel día?" ¿Será el tribunal de Cristo un lugar para recibir trofeos y medallas de oro, o será un sitio de humillación?

Tortura para triunfar

Las coronas están reservadas para los siervos fieles de Dios, como Adoniram Judson, misionero que sirvió en Birmania. Lo arrestaron y acusaron falsamente de ser un enemigo infiltrado como agente secreto. Encarcelado en una diminuta celda, lo obligaron a estar de pie para que otros pudieran acostarse y dormir. Debido al insoportable calor del sol y a que no les permitían bañarse, el hedor era horrible. Un día que los oficiales pensaron que la prisión no era suficiente castigo para ese infiel, lo colgaron de sus pulgares. El dolor invadió cada fibra de su cuerpo. Cuando lo devolvieron a su celda, ya de noche, su preciosa esposa Anne llegó arrastrándose hasta donde él estaba y le susurró: "Aguanta, Adoniram. Dios nos dará la victoria".

Noche tras noche cada semana de tortura, Anne iba a darle ánimo con las mismas palabras: "Aguanta, Adoniram. Dios nos dará la victoria". Una noche no llegó, y la siguiente tampoco recibió señal de ella. Con el paso de las semanas su soledad aumentó a un nivel insufrible. Nadie le dijo que su esposa estaba agonizando.

Meses después fue liberado. De milagro con su cuerpo tan golpeado como estaba apenas podía caminar. Empezó la búsqueda de su amada esposa volviendo al lugar donde vivían. A medida que cojeaba hacia su casa, vio a un pequeño sentado en la suciedad. Era su propia hija. Estaba tan sucia que casi no la reconoce. La alzó y entró tambaleando a la carpa, con los ojos entrecerrados para ver en la oscuridad. Entonces la vio convertida en un bulto de huesos y trapos tirados en un catre, tan débil y frágil que parecía un esqueleto. Era su Anne, cuyo hermoso pelo se había caído y sus brillantes ojos azules miraban fija y perdidamente. Abrazando su hija contra su pecho, se arrodilló y llorando, la llamó por su nombre una y otra vez. "Anne, Anne, oh mi querida Anne". Sus cálidas lágrimas cayeron sobre el rostro de ella y despacio sus ojos empezaron a moverse y a reconocerlo. Esforzándose para hablar, sus últimas palabras fueron: "Aguanta, Adoniram. Dios nos dará la victoria".

Aquel día Adoniram Judson perdió a su amada, pero no su fe ni su valor. Empezó a predicar de nuevo, y pronto estaba construyendo iglesias. Cuando murió dejó en esa ciudad musulmana cantidades de iglesias y centenares de almas convertidas. Él peleó la buena batalla, acabó la carrera y guardó la fe, y recibirá la corona de justicia "en aquel día".

¿Recompensas o cenizas?

Mientras contaba esa historia en nuestra iglesia mi voz se ahogó de tal manera que escasamente pude continuar. Estaba conmovido, no solo por la fuerza del amor entre esas dos personas, sino también por entender que vivir por la fe en Dios no es solo un servicio de labios. Algunos profesando ser cristianos corren por la vida, buscando la siguiente emoción, el nuevo juguete, la experiencia mejorada. Algún día cuando estemos de pie ante Dios Él nos preguntará: "Qué hiciste con los dones que te di?" ¿Tendremos recompensas o cenizas? ¿lágrimas o triunfo?

Nunca es demasiado tarde para hacer un cambio. Podemos empezar a vivir para Jesucristo hoy, y tener recompensas eternas. Como Corrie ten Boon solía decir con su bien marcado acento holandés y sus ojos brillando de emoción: "¡Lo mejor aún está por venir! ¡Aleluya!"

Lo mejor no aplica para los seres humanos que queden. ¿Sin un trabajador creyente en cada oficina, enseñando en alguna escuela, predicando en alguna iglesia, contribuyendo con alguna obra de beneficencia pública, ¿cómo sería el mundo? La Biblia nos lo dice, y no necesitamos ser teólogos para entenderlo. La noche se acerca a nuestra tierra presente, y surgirá un nuevo líder mundial, un hombre descrito como el Príncipe de las tinieblas. Podría estar vivo hoy.

CAPÍTULO 8

CUATRO JINETES EN EL HORIZONTE

La confusión reina sobre la tierra. La gente deambula por habitaciones vacías buscando seres queridos. Las únicas iglesias que podrían ofrecer algún consuelo están vacías. Las normas éticas son reemplazadas por vagos sistemas de valor y verdades relativas.

Después de la masiva desaparición de millones de personas, quienes queden estarán tensos preguntándose qué será lo próximo que pasará en este tiempo de incertidumbre. Algunos clamarán: "Dios, ¿dónde estás?"

Dios está en su trono, en el cielo. En su mano derecha tiene un registro de la secuencia de eventos que tendrán lugar durante los siguientes siete años. El Padre sostiene un pergamino escrito por ambos lados, que tiene siete sellos los cuales revelarán los juicios soberanos que han de venir sobre el mundo antes del regreso de Jesús a la tierra.

Solo Uno es digno de tomar el pergamino y revelar su contenido. Es el León de la tribu de Judá, la Raíz de David, el Cordero.

Juan, con sus ojos ancianos y llenos de lágrimas, observa mientras Jesús toma el pergamino de la mano de su Padre, y rompe el primer sello. Los cuatro seres vivientes y los veinticuatro ancianos están tan sobrecogidos que caen postrados en adoración. Entonces el cielo resuena con una nueva canción:

"Digno eres de tomar el libro y de abrir sus sellos; porque tú fuiste inmolado, y con tu sangre nos has redimido para Dios, de todo linaje y lengua y pueblo y nación" (Apocalipsis 5:9).

A medida que se desenrolla el pergamino se remueve un sello, y se descubre el primero de una serie de juicios. Al ir retirando sello tras sello, el pergamino se desenrolla revelando cada vez un peor horror. En total hay tres series de juicios: siete sellos, siete trompetas y siete copas.

Cuando se quita el primer sello Juan ve a uno de los cuatro jinetes infames del Apocalipsis.

El príncipe tenebroso en un caballo blanco

"Y miré, y he aquí un caballo blanco; y el que lo montaba tenía un arco; y le fue dada una corona, y salió venciendo, y para vencer" (Apocalipsis 6:2).

Montando en un brioso semental, el príncipe tenebroso entra en la escena mundial con una reluciente sonrisa y un aire de confianza. Para su grandiosa entrada, escoge un caballo blanco, símbolo de conquistador en la mentalidad oriental.

Al principio de la tribulación el príncipe tenebroso entra como líder victorioso. En Apocalipsis hay dos jinetes en caballos blancos: el primero es este hombre, con un arco en su mano y una corona de victoria en su cabeza. El segundo es otro Hombre, con una espada como arma y una corona real en su cabeza. Estos dos jinetes son diametralmente diferentes.

Donald Grey Barnhouse escribió sobre ellos:

> Se revela una falsificación mediante una comparación detallada de los dos jinetes. Aquel cuyo nombre es el Verbo de Dios lleva puestas en su cabeza "muchas coronas". El símbolo es de total realeza y majestad. La palabra griega es *diadema*. El jinete del primer sello

no lleva puesta una *diadema.* La falsa corona es *stephanos,* cuyos diamantes son sintéticos. Es como el maniquí de la tienda adornado con joyas baratas, imitando a la dama de la realeza nacida y educada que luce las ricas joyas de su herencia. No todo lo que brilla es oro. Ninguna cantidad de adornos ostentosos puede engañar el ojo espiritual, a pesar del dicho de que, el hábito no hace al monje.[1]

El primer jinete tiene un arma inútil, es como un malvado Quijote, pero el segundo lleva una espada cortante con la que puede derribar naciones.

El gran falsificador no es otro que el Anticristo, cabalgando en el mundo al comienzo del período de la tribulación para traer paz en medio de la confusión global. El gran imitador, el mimo más ingenioso de todos los tiempos, conquistará sin guerra.

El mundo está buscando a un hombre montado en un caballo blanco. Las naciones están agitadas. Las revoluciones están derribando gobiernos. En esta era nuclear, los hombres viven bajo la amenaza de una catástrofe internacional. El último dictador, que prometerá paz y prosperidad, será recibido como el salvador y como la esperanza del mundo. Él dirigirá los ejércitos e hipnotizará a las masas. Los gobiernos se unirán bajo su liderazgo y los pobladores de la tierra suspirarán aliviados creyendo que tendrán un futuro brillante.

Presagios del príncipe tenebroso

Después de estar en cautiverio por largo tiempo, los secuestrados empiezan a desarrollar amistad con sus captores. Es como si nos torcieran un brazo por detrás de la espalda y los huesos crujieran, cuando de repente nos sueltan la dolorosa llave. Una vez libres de la tortura, murmuraríamos: "gracias, gracias".

A comienzos de la década de los noventa los tiranos del mundo comenzaron a ofrecer tratados de paz. Los amantes de la libertad,

---

1 Donald Grey Barnhouse, Revelation: An Expository Commentary (Grand Rapids: Zondervan, 1967), 122.

ansiosos por resolver conflictos y construir sociedades seguras, quisieron creer en estas palabras y promesas conciliatorias. Luego empezó otra invasión y se disparó otro proyectil. El presidente ruso, Yeltzin, desplegó sus tropas en contra de la república Chechenia, dejando según cálculos unos ochenta mil muertos en dos años de lucha. El presidente Iraquí, Saddam Hussein, amenazó con lanzar otro misil contra los aviones estadounidenses.

De nuevo, se firmaron tratados de paz y el cauto optimismo aumentó alrededor del globo.

¿Cómo puede un mundo lleno de armas nucleares, terroristas y locos empezar a clamar: "paz y seguridad?"

Cuando este libro salga a circulación los titulares habrán cambiado, pero creo que hoy se nos está tranquilizando con una seguridad que podría ser más desastrosa que la de Neville Chamberlain, que volvió en 1938 de una reunión con Adolfo Hitler y declaró que en su tiempo habría paz. Sabemos que un año después los alemanes habían invadido Polonia y había estallado la Segunda Guerra Mundial.

Cuando un líder terrorista promete reforma, me gustaría saber la causa de esa reforma. El sabio Salomón dijo: "El labio veraz permanecerá para siempre; Mas la lengua mentirosa sólo por un momento" (Proverbios 12:19).

Como el villano de la película, con una blanca sonrisa y un arma oculta, el jinete del caballo blanco exhibirá símbolos de paz y planes malévolos en su bolsillo trasero.

El príncipe tenebroso traerá paz a uno de los lugares más candentes del mundo, el Medio Oriente. Con Israel rodeado por enemigos, el individuo que pueda resolver estos conflictos daría todo un golpe diplomático.

Daniel dice que "un príncipe ha de venir" que hará un convenio con Israel para protegerlo de sus enemigos (Daniel 9:26, 27). ¡Vaya que sí será un héroe! Este hombre fuerte y conocido mundialmente

126

tendrá el apoyo de tantas naciones que su ayuda no solo será bien recibida, sino que será esperada.

Este jinete engañoso no es un extraño en el mundo. Hizo uso de sus corruptas adulaciones en el jardín del Edén. Incitó a Caín a matar a su hermano e invadió la mente de los hijos de Israel mientras vagaban por el desierto, haciéndoles dudar que Dios los llevaría a la Tierra Prometida. En la guerra universal entre el bien y el mal, la verdad y la falsedad, no hay tregua. El príncipe tenebroso es excelente para hacer promesas. Todo lo que él quiere son nuestras almas.

El jinete del caballo blanco está enviando sus agentes a cada rincón del globo. Le encanta infiltrarse en la iglesia... ¡se introduce en los sermones e incluso escribe los programas de estudio para la Escuela Dominical! Divide congregaciones y obliga a la iglesia a dividirse, mientras disfruta cada momento del dolor resultante. Obliga a misioneros a dejar el campo desalentados, e incita a ministros a dejar los púlpitos por trabajos mejor pagados.

Hoy, como nunca antes en los últimos dos mil años, el espíritu del Anticristo está invadiendo nuestro mundo y nuestros santuarios. Antes de caer preso Juan nos advirtió: "probad los espíritus si son de Dios". ¿Cómo se supone que hemos de saber? Aquí hay un principio: si un maestro dice que Jesucristo fue Dios viniendo en carne, pasa la prueba. Sin embargo, "todo espíritu que no confiesa que Jesucristo ha venido en carne, no es de Dios; y este es el espíritu del anticristo, el cual vosotros habéis oído que viene, y que ahora ya está en el mundo" (1 Juan 4:2).

Aunque no debemos asistir a la iglesia con actitud supercrítica, buscando herejías en cada doctrina o sermón, sí debemos discernir lo que oímos y creemos.

Antes de su aparición física en el escenario mundial, el príncipe tenebroso ha enviado a nuestro sistema educativo su guardia precursor. En las pasadas generaciones, los principios bíblicos respecto al bien y el mal, lo correcto y lo incorrecto, han sido diluidos en el fundamento educativo de "valores". En su penetrante mirada a la sociedad estadounidense moderna, Allan Bloom escribió en *The Closing of the American Mind*, (El cierre de la mente estadounidense): "Se supone que las asignaturas sobre 'definición de valores' enseñadas en las escuelas deben proveer modelos para que los padres tengan cómo hablar con sus hijos sobre el aborto, la sexualidad o la carrera armamentista, temas cuyo significado posiblemente no pueden entender... Tales 'valores' cambiarán inevitablemente así como cambia la opinión pública".[2]

Si no hay valores absolutos, ¿cómo puede alguien descubrir la diferencia entre el bien y el mal? Bloom preguntó a los estudiantes sobre el mal y dijo: "Los que no tienen ninguna idea sobre el mal dudan de su existencia".[3]

Los precursores del príncipe tenebroso son engañadores que están entre nosotros, que dicen que podemos pecar y seguir adelante. Hacer algo de trampa aquí, una mentira por allá, dañar la reputación de alguien con insinuaciones. Nadie lo sabrá. La Biblia nos dice que segaremos lo que sembremos. Son los pecados "invisibles" los que son tan engañosos. Aunque vayamos a iglesias bibliocéntricas, leamos libros cristianos (o los escribamos) o asistamos a un estudio bíblico semanal, no somos inmunes al engaño. Se nos advierte: "Mirad que nadie os engañe por medio de filosofías y huecas sutilezas, según las tradiciones de los hombres, conforme a los rudimentos del mundo, y no según Cristo" (Colosenses 2:8).

Enfrentémoslo, aunque hay riesgo al descubrir las artimañas de Satanás. Primero, a él no le gusta que lo descubran. Así como las cucarachas corren para esconderse debajo del armario cuando se enciende la luz, el príncipe tenebroso quiere proteger sus seudónimos. Las matanzas rituales hechas por satanistas desenmascaran el mal, pero para ver a Satanás obrando con inocentes y encantadores fingimientos necesitamos quitarnos la venda de los ojos.

---

2 Allan Bloom, The Closing of the American Mind (New York: Simon & Schuster, 1987), 61.
3 Ibid.

Por un lado debemos discernir, pero también debemos evitar el otro extremo de ver a Satanás y sus demonios por todas partes. Algunas personas atribuyen a demonios pensamientos y acciones sin ninguna base bíblica.

No hay tal cosa como el "demonio de lujuria", el "demonio de enojo" o el "demonio de mentiras. Podemos ser lujuriosos o mentir o perder la calma, y Satanás puede usar estos aspectos para llevarnos hacia aspectos de desastre, pero él no puede obligarnos a hacer algo. El diablo no nos obliga a hacerlo, somos nosotros los que decidimos dar curso a nuestros pensamientos y acciones.

Satanás hoy trabaja tiempo extra en la mente de los hombres, y estará muy involucrado en el avance de la paz mundial. Nosotros no podemos confiar en dictadores que pasen del terrorismo al pacifismo, así el mundo quiera creer desesperadamente en estas propuestas de paz.

El hombre de sombrero negro, montando el caballo blanco vendrá acompañado por otro jinete que representa todo lo opuesto a la paz.

El jinete del caballo bermejo

"Y salió otro caballo, bermejo; y al que lo montaba le fue dado poder de quitar de la tierra la paz, y que se matasen unos a otros; y se le dio una gran espada" (Apocalipsis 6:4). Cuando Jesús abra el segundo sello, el ángel convocará al segundo caballo. Este animal de color bermejo será montado por alguien que lleva un daga, la espada asesina que puede cortar la garganta de un animal o de un hombre.

El jinete del caballo bermejo no solo representa el enfrentamiento de nación contra nación y reino contra reino, sino también del hombre contra el hombre.

Él dirigirá un tiempo de matanza, asesinato, derramamiento de sangre y revolución. La matanza de estudiantes y civiles del cuatro de junio de 1989, en Beijing, China, que despertó el amor a la libertad en la gente del mundo, es una pequeña muestra de lo que ocurrirá cuando el jinete del caballo bermejo ponga a toda marcha su maquinaria de guerra.

¿Está aumentando la intensidad y la frecuencia de las guerras? Dos veces en una generación el mundo fue sumergido en guerras mundiales. Desde la Segunda Guerra Mundial —la guerra que terminaría todas las guerras— ha habido doce guerras limitadas, treinta y ocho asesinatos políticos, setenta y cuatro rebeliones por independencia, ciento sesenta y dos revoluciones, ya sean de carácter político, económico, racial o religioso. Al escribir estas líneas, estas estadísticas ya son obsoletas.

Cuando se abre el segundo sello, el mensaje es el mismo que dio Jesús: "Y oiréis de guerras y rumores de guerras; mirad que no os turbéis... porque habrá entonces gran tribulación, cual no la ha habido desde el principio del mundo hasta ahora, ni la habrá. Y si aquellos días no fuesen acortados, nadie sería salvo..." (Mateo 24:6, 21, 22).

¿Cómo serán acortados esos días? ¿Quién sobrevivirá a este gran holocausto? Conforme se extiende nuestra línea de tiempo de sucesos por venir encontraremos las respuestas a estas preguntas; preguntas que hombres y mujeres interesados no expresan por miedo a caer en depresión o a parecer negativos.

El caballo negro de la hambruna

¿Ha tenido usted hambre alguna vez? Me refiero a mucha hambre. No solo a la necesidad de satisfacer su apetito, sino a la sensación de dolor y ardor presente a cada minuto. Como típico estadounidense, vivo seguro de que mi alacena esté surtida de alimento. Observo cómo la mesera recoge las sobras en el restaurante y desecha una manzana que está a medio comer. En Estados Unidos hemos olvidado el viejo adagio: "la economía protege de la necesidad". Todos los días echamos a la basura tanta comida como para alimentar a una familia de seis miembros todo un día en India. Nuestros perros tienen una dieta más rica en proteínas que la mayoría de gente del mundo.

Cuando surge una guerra, a menudo el suministro de comida disminuye. Probablemente algunos recuerden las estampillas para comida durante la Segunda Guerra Mundial. El caballo negro de la hambruna va detrás del caballo bermejo de la guerra durante la tribulación, trayendo hambruna mundial a los habitantes del planeta Tierra.

Cuando se abre el tercer sello se desenrolla el pergamino que revela el siguiente evento. Juan nos dice: "...y he aquí un caballo negro; y el que lo montaba tenía una balanza en la mano. Y oí una voz de en medio de los cuatro seres vivientes, que decía: Dos libras de trigo por un denario, y seis libras de cebada por un denario; pero no dañes el aceite ni el vino" (Apocalipsis 6:6).

Un kilo de trigo es la cantidad mínima de comida que una persona necesita comer para sobrevivir. Los asalariados llevarán el sueldo de un día al mercado central del gobierno y recibirán una ración medida. ¿Pero qué de los niños y los ancianos que no pueden trabajar? ¿Cómo podrá el obrero sostener a su familia?

La gente hambrienta busca comida en la basura, pero al no tener el Espíritu del Señor, matará para comer.

Los ricos e influyentes tendrán sus reservas de "aceite y vino" y comida especial. Ellos presentarán su carné especial, emitido por el gran líder mundial, y podrán abastecer sus alacenas con productos selectos del supermercado estatal, pero los pobres morirán de hambre.

La sombra de la venida del caballo negro se cierne fatalmente sobre nosotros en este tiempo. Miremos lo que está pasando con la población mundial. Desde el principio de los tiempos hasta 1850, el mundo tenía mil millones de habitantes. Requirió menos de ochenta años para pasar a la marca de dos mil millones en 1930 y solo treinta y un años para alcanzar los tres mil millones en 1961. Entonces la población mundial realmente aumentó a cuatro mil millones en 1976 y cinco mil millones en 1989. Desde entonces las proyecciones de crecimiento demográfico mundial se han salido del mapa. "La ONU proyectó que la población mundial alcanzaría los seis mil millones en 1998, ocho mil millones y medio en 2025, y diez mil millones en 2050. Noventa y siete millones de personas, aproximadamente, aumentaron cada año hasta el año 2000, ¡el equivalente a los Estados Unidos cada dos años y medio!"[4]

Si comparamos los recursos mundiales con el tanque de gasolina de un automóvil, ya pasamos de medio punto y vamos avanzando rápidamente hacia el vacío.

Móntese en el caballo amarillo

"Cuando abrió el cuarto sello, oí la voz del cuarto ser viviente, que decía: Ven y mira. Miré, y he aquí un caballo amarillo, y el que lo montaba tenía por nombre Muerte, y el Hades le seguía; y le fue dada potestad sobre la cuarta parte de la tierra, para matar con espada, con hambre, con mortandad, y con las fieras de la tierra" (Apocalipsis 6:7, 8).

Juan ahora ve a dos personajes: a la muerte montando un caballo amarillo, y al Hades siguiéndola de cerca. ¡Vaya poder el que tienen! Matarán una cuarta parte de la tierra con espada, hambre, plagas y bestias salvajes. Utilizando estas armas, la tasa de supervivencia de la población restante será cada vez menor.

Los "cuatro juicios terribles" de Dios se describen como "espada, hambre, fieras y pestilencia" (Ezequiel 14:21). La historia muestra que ha habido una estrecha relación entre estas cuatro cosas.

Cuando la guerra absorbe a un país los hombres sanos toman las armas. Los granjeros dejan sus campos y los suministros de comida escasean. Pronto surge la desnutrición, seguida por la enfermedad. Finalmente, las personas debilitadas son presa de las bestias salvajes. Los historiadores nos dicen que en la primera guerra mundial murieron más personas a causa de las epidemias de influenza y tifoidea que por la misma guerra.

La ciencia moderna parece haber eliminado el miedo a las plagas,

---

4 World Almanac, 356.

pero hoy podemos estar al borde de la peor plaga que el mundo jamás haya conocido. Este flagelo mortal podría matar a más personas que las fallecidas hasta hoy por causa de todas las pestes conocidas por el hombre, es la plaga del SIDA.

Al contrario de la peste bubónica que es causada por ratas y otros roedores, el SIDA se transmite por los seres humanos y por suministros de sangre contaminados. Una persona puede infectarse con el virus, sin que los síntomas mortales aparezcan durante años. El portador del SIDA insospechado puede multiplicar este virus sin saber a cuántas personas está infectando.

El Dr. William Hazeltine, prominente investigador del SIDA en la Escuela de Medicina de Harvard, pintó uno de los panoramas más aterradores sobre el SIDA, quedando a la vanguardia de cualquier otro científico actual. Advirtió que es posible que un millón de personas en los Estados Unidos, y posiblemente veinte millones de la población mundial ya están contagiadas, aunque solo un bajo porcentaje ha manifestado la enfermedad.

"Debemos prepararnos de antemano para la gran mayoría de gente que ya está infectada y que finalmente, en un período de cinco a diez años, desarrollarán la amenazante enfermedad", dijo.[5]

El Dr. James Curran del Centro para el Control de Enfermedades, escribió: "...en muchas zonas, el número de personas contagiadas con el virus del SIDA es por lo menos cien veces mayor que la cantidad de casos que se conocen".[6]

El caballo amarillo de la muerte y el Hades no será bienvenido durante el comienzo de los siete años de tribulación. Junto con la plaga estarán "las bestias". No creo que esto se refiera a leones y tigres sueltos por toda la tierra, sino que puede simbolizar bestias parecidas a hombres. La palabra griega "bestia" aparece treinta y ocho veces en el libro de Apocalipsis y en otras partes se refiere a la bestia o falso Mesías.

---

5 "Top Oficial and Expert Urge More AIDS Funds", New York Times, 27 September 1985.
6 J.W. Curran, "The Epidemiology and Prevention of the Acquired Immunodeficiency Syndrome", Annual of Internal Medicine (1985), 657-662.

También tengo otra teoría sobre estas bestias, ya que vendrán con el hambre y las plagas. La rata es la criatura más destructiva sobre la tierra. Es una amenaza para la salud humana y para el abastecimiento de comida. Son muy prolíficas y hay más de cien especies de esta repugnante criatura. Producen por año cinco o más camadas de ocho a diez animales. Se ha estimado que solo en los Estados Unidos las ratas son responsables cada año por la pérdida de más de mil millones dólares en alimentos. Son portadoras de la peste bubónica, que destruyó un tercio de la población de Europa en el siglo XIV.[7]

Hace poco supe de un defensor de los derechos de los animales, que dejó entrar ratas a comer a su cocina porque, según él, "ellas también tienen derecho a vivir".

Yo les diría a los defensores de los animales que consideren el hecho de que el tifo mató aproximadamente a doscientos millones de personas en cuatro siglos, y las pulgas de las ratas transmitieron la enfermedad.

Y esto es solo el principio

Jesús dijo: "Y todo esto será principio de dolores" (Mateo 24:8). Esto es apenas el preámbulo del período de la tribulación. Antes de que pasen siete años toda la ira del Señor caerá sobre la tierra sin restricción alguna.

Amado Dios: ¿cómo me debería sentir?

La vida está llena de emociones encontradas. No puedo mirar a esos cuatro jinetes sin sentir ambivalencia en mi corazón. Puesto que conozco al Señor como mi Salvador personal, y creo lo que la Biblia enseña sobre el rapto, estoy agradecido porque no estaré en la tierra para encontrarme con esos malvados jinetes. Pero cada fibra de mi alma se duele por los que quedarán en la tierra para sufrir, mientras nosotros los creyentes estaremos en el cielo con nuestro Señor, alabando al Cordero alrededor del trono de Dios.

---

7 Enciclopedia Americana, Vol. 23, 264.

En Mateo 24 Jesús concluye su discurso sobre la tribulación venidera narrando la parábola de una higuera. La parábola nos recuerda que cuando las hojas brotan en el árbol sabemos que el verano está cerca. La lección indica que los sucesos del futuro arrojarán sus sombras antes de que ocurran. Cuando veamos que los problemas de guerra, hambre, muerte y pestilencias se intensifiquen, y otras señales que estamos por describir, entonces el tiempo de la tribulación estará cerca.

Entender la profecía debe ser la mayor motivación para hablar a otros de Jesucristo. La profecía es el trampolín para la evangelización.

Si yo fuera un curioso buscador, o un aficionado a la profecía, y no tuviera una relación personal con Jesucristo, en este momento caería de rodillas.

Un antiguo escritor lo expresó mejor de lo que yo podría haberlo hecho:

"¿Cómo escaparemos nosotros, si descuidamos una salvación tan grande?" (Hebreos 2:3).

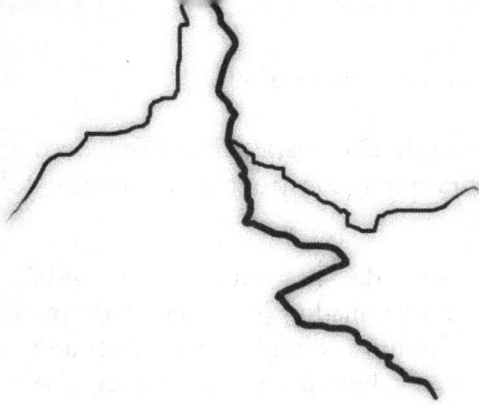

CAPÍTULO 9

DE MÁRTIRES Y DEMENTES

El mundo no ha experimentado, hasta la fecha, nada igual a las grandes calamidades que tendrán lugar durante los últimos siete años en la tierra. A los primeros tres años y medio de ese período de tiempo se les llama la tribulación. La otra mitad es la gran tribulación.

La pregunta que perturba a muchos es: "¿Cómo puede un Dios de amor provocar suceso tan terribles?" Parte de la respuesta está en el primer libro de la Biblia, donde se nos dice que Satanás ganó el control de la tierra en el Jardín del Edén, por la desobediencia del hombre. Jesucristo retomará el control para siempre. Entre tanto, todo el que se oponga a Dios debe ser juzgado antes de que Él venga a dirigir su reino.

Por la asombrosa predicción que hizo el profeta Daniel en el Antiguo Testamento, 600 años antes del nacimiento de Jesús, sabemos que la tribulación durará siete años. Un mensajero de Dios le dijo a Daniel que habría un período de "setenta semanas" (490 años) en el que Dios usaría a su pueblo escogido, los judíos, para alcanzar a los no creyentes. Que un suceso específico sería el punto de partida de la actividad evangelizadora de los judíos, y este sería el decreto dado a los judíos para su liberación del cautiverio en Babilonia y para que volvieran a reconstruir Jerusalén. El período de 490 años comenzó en 445 a. C., cuando un rey persa, sin saber que era parte del gran designio de Dios para el hombre, liberó a los judíos de la esclavitud para que reconstruyeran los muros de Jerusalén (véase Nehemías 2).

Daniel predijo que después de 483 años "el Ungido", refiriéndose al Mesías judío, sería asesinado y poco tiempo después de este evento, Jerusalén y el hermoso templo serían destruidos. Esta profecía se cumplió al pie de la letra porque exactamente 483 años después de decretada la reconstrucción de Jerusalén Jesús proclamó ser el Mesías de Israel, y fue rechazado y crucificado. En el año 70 d. C., tal como el profeta Daniel lo dijo, el general romano Tito y sus legiones destruyeron Jerusalén.

Sin embargo, a la profecía de 490 años, dada por Daniel, le faltan 7 años. Después de la muerte de Jesús, la Iglesia compuesta por judíos y gentiles, llegó a ser la embajadora especial de Dios. Ya que Dios nunca falta a sus promesas, algún día dará un período de siete años a los judíos para que sean sus testigos en todo el mundo.

¿Qué pasó con los siete años que faltan? El libro de Apocalipsis resuelve el misterio presentado por Daniel. Pronto llegará el tiempo en el que el reloj empezará a correr de nuevo para los miembros del pueblo escogido de Dios, un tiempo en el que 144.000 inspirados evangelistas judíos predicarán al mundo entero. La tierra jamás ha experimentado tales cruzadas. ¡Imagínese una campaña de Billy Graham, el hombre que ha predicado a más gente que cualquier otro ser humano, multiplicada 144.000 veces! O imagínese ¡144.000 apóstoles Pablo!

En el capítulo 9 de Daniel también se profetiza que a la mitad del período de siete años habrá una traición diplomática. Entonces, el poderoso gobernante romperá su tratado de paz con Israel y profanará el reconstruido templo sagrado. Si hoy usted fuera a Jerusalén no vería ese templo, pero tan cierto como que ahora estoy escribiendo esto, ese lugar de culto judío resurgirá.

El pergamino sigue desenrollándose y los sellos abriéndose

Los primeros cuatro sellos revelan los cuatro jinetes y el principio de juicios sobre el mundo no creyente. A medida que el Anticristo va entrando en escena, conquistando a la gente cada vez más, va acompañado de guerras, muerte y plagas. Muchos no caerán por sus adulaciones y promesas, y como rebeldes finalmente serán condenados a la ruina. Ellos son los mártires que Juan describió en Apocalipsis 6:9: "...vi bajo el altar las almas de los que habían sido muertos por causa de la palabra de Dios y por el testimonio que tenían".

¿Acaso los judíos no han sido perseguidos lo suficiente? El libro del Éxodo en el Antiguo Testamento comienza relatando el decreto del Faraón cuando planeó destruir a todos los niños varones judíos. Herodes, en un intento por matar al niño Jesús, ordenó asesinar a todos los niños varones menores de dos años en Belén y sus alrededores. Hitler estaba tan poseído por Satanás que procuró destruir a todos los judíos del continente europeo. Durante su reinado, el Anticristo tendrá la misma malvada intención.

El infame Adolfo Eichmann expresó su odio nazi por los judíos al decir: "Iré con gusto a la tumba. Pensar que llevo en mi conciencia a cinco millones de vidas es una fuente de satisfacción desmedida".[1]

La predicción de Moisés acerca de los judíos se ha cumplido literalmente a lo largo de la historia judía:

"Y Jehová te esparcirá por todos los pueblos, desde un extremo de la tierra hasta el otro extremo... y ni aun entre estas naciones descansarás, ni la planta de tu pie tendrá reposo... y tendrás tu vida como algo que pende delante de ti, y estarás temeroso de noche y de día, y no tendrás seguridad de tu vida" (Deuteronomio 28:64-66).

---

1 Jacob Presser, The Desctruction of the Dutch Jews (New York: Dutton, 1969), 336.

Juan nos dice que la persecución no habrá terminado. Durante la tribulación él ve las almas de los que serán asesinados. No podemos imaginarnos cómo serán martirizados y el sufrimiento que soportarán.

Recordemos que la Iglesia ya habrá sido raptada y los muertos en Cristo habrán resucitado. Así que estos no serán de la era de la Iglesia. Una vez la Iglesia haya partido, Dios volverá a tratar con Israel. En aquel día muchos judíos se volverán a Dios.

La pregunta es: "¿Cómo se salvará la gente durante la tribulación si todos los creyentes se habrán ido?" Una manera será por medio de los dos testigos de Dios, que serán enviados al mundo a profetizar y a hacer obras poderosas. Más adelante hablaremos de los milagros de esos dos hombres. Otra forma será por medio de los 144.000 judíos "sellados" para el servicio de Dios durante ese período. Sin embargo, es posible que se utilicen otros medios. Esto será por medio de los "testigos silenciosos" descritos por el Dr. Henry Morris:

> "Millones de millones de Biblias y porciones bíblicas se han publicado en todos los principales idiomas, y se han distribuido por todo el mundo a través de los ministerios especializados como los Gedeones, los Traductores Bíblicos Wycliffe y otras organizaciones cristianas. El rapto de los creyentes del mundo no se llevará las Escrituras, y las multitudes sin ninguna duda se verán compelidas a leer la Biblia en esos días… De esa manera muchos se volverán a su Creador y Salvador en ese momento y estarán dispuestos a testificar de la Palabra de Dios e incluso a dar sus vidas en su intento por persuadir al mundo de que las calamidades que están sufriendo son los juicios del Señor"[2].

En algunos países, los Gedeones colocan Biblias en las habitaciones de los hoteles. Imagínese a un hombre perturbado, cuya esposa e hijos han desparecido misteriosamente, tomando ese libro poco después de las desapariciones. Como no distingue un versículo de otro, lo hojea y llega al libro de Hechos.

---

2 Henry Morris, The Revelation Record (Wheaton, IL: Tyndale House, 1983), 119.

Debo hacer algo, piensa, y lee lo que Pedro dijo sobre Jesús. Su corazón salta con cada palabra y sus lágrimas pronto empiezan a caer sobre las delgadas páginas. *Debe ser verdad, esto es lo que mi esposa creía... pero ahora ella se ha ido.* "¡Dios, sálvame!" clama. "Y en ningún otro hay salvación; porque no hay otro nombre bajo el cielo, dado a los hombres, en que podamos ser salvos" (Hechos 4:12).

"Jesús, perdóname", solloza. "Sálvame de este infierno en la tierra".

No olvidemos que el ministerio de regeneración del Espíritu de Dios no será quitado en el rapto. Su bautismo dentro del cuerpo de Cristo, su ministerio de morada permanente en cada creyente, y su convicción de pecado terminarán. Pero cuando un pecador clame por salvación, Dios lo salvará.

Durante la tribulación nuevos creyentes en Cristo morirán como mártires de maneras que no podemos imaginar. Con la ausencia del Espíritu Santo, los gobernantes del mundo darán rienda suelta a su odio contra cualquiera que no se postre ante el Anticristo.

A medida que los creyentes de la tribulación lean sus Biblias de contrabando, comenzarán a profetizar sobre los más severos juicios que vendrán. Su mensaje sobre arrepentimiento y juicio los llevará a la muerte en manos del nuevo régimen gobernante.

¿Se predica este mensaje en las iglesias de hoy? El juicio no es un concepto popular, a pesar de que Samuel, Isaías, Jeremías, Jonás, Pablo y Jesús predicaron sobre este. ¿Podremos hacer menos que eso?

El Dr. W. A. Criswell nos recuerda el verdadero carácter de un profeta de Dios:

> "...cada vez que aparezca un verdadero profeta de Dios, predicará juicio. Los muy llamados ministerios modernos de Dios dicen toda clase de cosas buenas. Los métodos de pedagogía moderna sugieren nunca mencionar cosas negativas. Ignórelas y así no existirán.

No existe ningún infierno, tampoco el diablo, y no hay tal cosa como el juicio de Dios. Todo eso está intelectualmente pasado de moda. Hemos evolucionado más allá de eso... De esa manera nos ponemos de pie y hablamos del amor de Jesús, de paz, y de todas las cosas bonitas y hermosas. Pero el mismo libro que nos habla sobre lo bueno, también habla de lo malo. La misma profecía que nos habla sobre el cielo, habla sobre el infierno"[3].

Cuando el Cirujano General de los Estados Unidos hizo por primer vez la terrible advertencia de que el fumar aumentaba las posibilidades de contraer cáncer, esto no lo hizo muy popular, pero salvó vidas.

Una vez leí de un hombre que le preocupó tanto leer los artículos del periódico que hablaban sobre los peligros de fumar, que decidió no volver a leer el periódicos. Hoy muchos hacen eso con la Biblia, sencillamente la cancelan...

Puede que cuando hablamos del juicio de Dios sobre nuestro mundo pecador e incrédulo no nos hagamos muy populares, pero aun así se pueden salvar vidas por la eternidad.

El lamento y el consuelo del martirio

"Y clamaban a gran voz, diciendo: ¿Hasta cuándo, Señor, santo y verdadero, no juzgas y vengas nuestra sangre en los que moran en la tierra? Y se les dieron vestiduras blancas, y se les dijo que descansasen todavía un poco de tiempo, hasta que se completara el número de sus consiervos y sus hermanos, que también habían de ser muertos como ellos" (Apocalipsis 6.10, 11).

Si estos creyentes mártires vivieran en nuestro tiempo, su clamor por venganza sería un error. En la era presente, Dios está mostrando gracia y misericordia al peor de los hombres, y se nos dice que oremos por quienes nos desprecian. En la tribulación Dios estará ejerciendo juicio, y el clamor por venganza de los nuevos creyentes será justo.

---

3 W.A. Criswell, Expository Sermons on Revelation (Grand Rapids: Zondervan, 1962), 106-107.

Mientras escribo esto, anhelo que todos reciban a Cristo en su corazón ahora, cuando es relativamente fácil ser creyente. Durante la tribulación el destino de los creyentes será peor que el de los campos de concentración nazis durante la Segunda Guerra Mundial.

Aun durante el peor de los tiempos Dios muestra su misericordia. Cuando esos mártires pregunten cuándo podrán ver que se venga su sangre, se les dirá que pasará poco tiempo para el cumplimiento del plan de Dios, y aún el número de mártires aumentará antes de la restitución final.

Cada mártir será recompensado con una túnica. Los estudiosos han estado divididos respecto al tipo de cuerpos que tendrán aquellos santos, ya que no recibirán sus cuerpos de resucitados hasta el fin de la tribulación (véase Apocalipsis 20:4, 5). ¡Pero necesitarán algo en qué ponerse una túnica! El Dr. John Walvoord interpreta el pasaje esta manera:

> "Los mártires aquí descritos no habrán resucitado y, por lo tanto no habrán recibido sus cuerpos de resurrección... No se puede poner una túnica en un alma o espíritu inmaterial. No será el tipo de cuerpo que los creyentes tenemos ahora, ese es el cuerpo terrenal, ni el cuerpo de carne y huesos resucitados de los que Cristo habló después de su propia resurrección. Será un cuerpo temporal adaptado para su presencia en el cielo, pero a su vez un reemplazo de su cuerpo eterno resucitado, que recibirán en el momento del regreso de Cristo".[4]

Nada puede tocar al creyente a menos que sea la voluntad de Dios. Hay un plan definido para la vida de cada uno de los hijos de Dios. Él tiene una razón que explica cada retraso de su plan. A estos mártires de la tribulación se les dice que esperen el juicio que caerá sobre sus enemigos en corto tiempo. Así como Él cuenta los cabellos de nuestra cabeza, sabe el número de mártires del período de la tribulación. Hay dos períodos diferentes en los que los creyentes judíos morirán como mártires en la tierra: Bajo

---

4 John Walvoord, The Revelation of Jesus Christ (Chicago: Moody Press, 1966), 99.

el quinto sello en particular, y después de la tribulación. En la actualidad hay muchos judíos que creen en Jesús como el Mesías. Hace veinticinco años enviaron a un erudito judío ruso a Palestina a comprar tierra para los judíos. Estando en Jerusalén, fue al Monte de los Olivos a descansar. Le habían dicho que llevara un Nuevo Testamento, como la mejor guía para la ciudad.

El único Cristo que había conocido era el de las iglesias griegas y romanas que habían perseguido a su pueblo. Leyendo el Nuevo Testamento se puso al tanto del Cristo real que las Escrituras judías habían predicho, y su corazón empezó a arder. Buscó el Calvario y pensó: *¿Por qué se persigue y rechaza tanto a mi pueblo?* Y su convicción le dio la respuesta: *Es porque matamos a nuestro Mesías.* Entonces levantó sus ojos hacia ese Mesías y dijo: "Mi Señor y mi Dios".

Descendió del monte siendo un discípulo del Señor Jesucristo, y volvió a casa en Rusia para erigir una sinagoga para judíos, en cuya puerta estaba la siguiente inscripción: "Sepa, pues, ciertísimamente toda la casa de Israel, que a este Jesús a quien vosotros crucificasteis, Dios le ha hecho Señor y Cristo" (Hechos 2:36).

Durante la tribulación, el testimonio de ese judío ruso se multiplicará muchas veces.

Después de tres años y medio

El sexto sello está por abrirse (véase Apocalipsis 6:12-16), y la tierra se convulsiona en medio de una gran conmoción de la naturaleza. Uno de los terremotos que ocurrirán durante la tribulación estremecerá a todo el mundo, devastará ciudades y países, y forzará a los hombres de todas partes a gritar de terror.

Pregúntele a los estadounidenses en cuanto a terremotos, y la mayoría hablará de California. Yo vivo en California y he sentido algunos temblores leves, y aun así son lo bastante fuertes como para perturbar el equilibrio y el estómago durante horas. En los últimos cien años los terremotos han aumentado en frecuencia e intensidad.

El 17 de octubre de 1989, San Francisco, Santa Cruz y otras ciudades del norte de California fueron sacudidas por un espantoso temblor que llegó a ser el tercero más letal en la historia de los Estados Unidos. En 1994 el terremoto en Northridge, California, igualó en tamaño y destrucción al del norte. La pregunta que más parecía asaltar la mente de la mayoría de los californianos era: "¿Será este el grande?"

Los científicos informaron: "Mientras el temblor de San Francisco en 1989 condensó a varios en uno, 6,9 en la escala de Richter, el temblor de 1906 fue veinticinco veces más fuerte, llegando a 8,3 grados. Dallas Peck, director del Centro de Estadística Geológica de Estados Unidos advierte: "La pregunta no es si vendrá un terremoto más grande, sino "cuándo".[5]

Es difícil imaginar una escena más aterradora que ese terremoto cataclísmico hacia la mitad de la tribulación cuando el sol se convertirá en tinieblas, la luna en sangre, las estrellas caerán del cielo y las montañas e islas se moverán. ¡Pero vendrán peores cosas!

Mateo 24:15-21 enseña que justo después de "la abominación desoladora" de la que habló Daniel, habrá un marcado aumento del sufrimiento, y esto ocurrirá a la mitad de la tribulación. El gran líder mundial, el Anticristo, habrá estado desarrollando su plan para obtener el control global, y después de tres años y medio de adulación pública y opresión al pueblo cristiano, irá a Jerusalén y entrará al nuevo templo marchando y declarando ser Dios (véase 2 Tesalonicenses 2:4). Esa será la señal para los creyentes de la tierra de que los juicios que siguen serán peor que los anteriores.

Las oraciones de los condenados

Estarán sentados en sus casas, leyendo el *Diario Universal*, o comprando máscaras antigases con su tarjeta de crédito global, cuando la tierra empezará a sacudirse. Antes de terminar la transacción y retirar su mano del sensor 666, el cielo se oscurecerá

---

5 Time, 30 de octubre de 1989, 44.

y una horrible luna cubierta de sangre aparecerá en el horizonte. Con este escalofriante cuadro, las estrellas caerán a la tierra como una lluvia de carbones ardientes. Las montañas se desmenuzarán como ceniza volcánica, las islas se hundirán en el mar, y nubes de polvo se esparcirán por todo el cielo, haciéndolo parecer como si se estuviera enrollando.

Aterrados, los habitantes de la tierra correrán en busca de cualquier refugio que puedan encontrar y clamarán a las montañas y a las piedras: "Escóndannos". "Dios está enojado. Ayúdennos a escapar de su ira".

¡Vaya reunión de oración! La gente le pedirá ayuda a cualquier cosa, incluso a las montañas. Su primera reacción será esconderse, alejarse de Dios. ¿Acaso no es eso lo que provoca el pecado en el hombre? Él encubre lo que ha hecho, pensando que puede escapar de las consecuencias. Le da la espalda a la provisión de Dios para el pecado y busca ayuda en otra parte.

Al Juan describir esta escena, alcanzo a imaginarme a algún hombre caminando entre los escombros dejados por el terremoto y gritando a sus compatriotas, "¡Escúchenme!, ¡Arrepiéntanse!, ¡no es demasiado tarde para recibir al Señor!".

Saliendo a rastras de una cueva, un hombre andrajoso mirará al creyente con odio y gruñirá: "Aléjate de mí, traidor, sin la marca de la bestia eres tú quien está condenado a morir".

En medio de la muerte, se ofrece la esperanza de vida eterna, solo para que sea rechazada por quienes tengan corazones malvados y sin arrepentimiento.

La avalancha de juicios aumentará a medida que los años de la tribulación avancen, pero en lugar de sentirse convictos por sus pecados, el corazón de hombres y mujeres se endurecerá aún más.

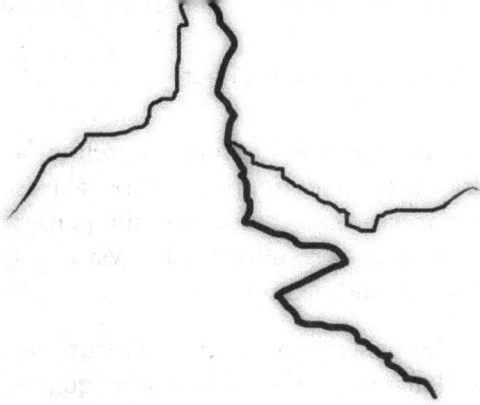

CAPÍTULO 10

REAVIVAMIENTO ESPIRITUAL EN MEDIO DEL INFIERNO EN LA TERRA

Sherlock Holmes era un detective que resolvía enredados crímenes mediante el razonamiento deductivo: "Elemental, mi querido Watson", solía decir. Siempre se lo presenta buscando pistas con su lupa mientras aspira su pipa. Para muchos las profecías de Apocalipsis pueden parecer un misterio que solo un experto puede resolver. Sin embargo, así como los buenos detectives examinan los hechos en un caso, nosotros debemos detenernos de vez en cuando y examinar lo que hasta ahora ha sido revelado en los misteriosos eventos del fin de los tiempos.

Al ir desenrollando el pergamino, hemos visto caer seis juicios sobre un planeta que gime. Las semillas del desastre han sido esparcidas con creciente intensidad.

Primero, el caballo blanco entra galopando al escenario mundial, llevando al impostor, el próximo dictador mundial. Segundo, el caballo bermejo avanza como por el aire, aboliendo cualquier indicio de paz sobre la tierra. Tercero, aparece el caballo negro, creando hambre y caos económico. Cuarto, el caballo amarillo esparce una plaga mortal a su paso. El quinto sello revela a los mártires de la tribulación, y el sexto desata uno de los terremotos más devastadores.

¡Vaya escenario de fondo tan lóbrego! No me sorprende la pregunta: "...¿y quién podrá sostenerse de pie?" (Apocalipsis 6:17) ¿Quién podrá soportar todas esas catástrofes sin perder por completo la cordura? Dios sabe la respuesta. Él envía a sus mensajeros especiales en tiempos de turbulentos.

Primero, envía a cuatro ángeles para que retarden la destrucción que ha de venir sobre la tierra, el mar y los árboles. Luego un quinto ángel ordena con una voz que alcanza a escucharse en los cuatro extremos de la tierra, que la próxima serie de juicios no empiece hasta que los siervos del Dios viviente tengan el sello en sus frentes. Yo me atrevo a creer que el mismo Señor Jesucristo dará esta orden.

¿Cuál es el sello?

Esta no es la primera vez que Dios protege con un sello a algunos de su pueblo con el fin de salvarlos de un juicio. Cuando envió el diluvio sobre la tierra, Dios separó a Noé y su familia del resto de la raza humana, y el diluvio no los tocó. Cuando destruyó Jericó, protegió a Rahab y a su casa con un cordón de color escarlata. Lot y su familia escaparon de Sodoma antes de que lloviera fuego. Dios salvó al primogénito de todas las familias judías que fueron fieles en teñir de sangre los postes de las puertas en sus casas en Egipto.

En los tiempos de Juan era costumbre que los amos sellaran o marcaran con hierro a sus esclavos.

El sello del Dios viviente no es solo una marca externa, sino también una insignia moral. Dios escogerá a 144.000 judíos para llevar a cabo una misión especial entre el cielo y la tierra.

El día en que Dios llame y selle a esos judíos llenos del Espíritu, el poder de su predicación inspirará a otros con mucho valor. ¿Ha conocido usted a un judío genuino, devotamente convertido? Este con su intrépido testimonio por Cristo, avergonzaría a muchos gentiles. Después de todo, solo doce judíos revolucionaron el primer siglo. ¡Imagínese lo que harían doce judíos multiplicados por doce mil!

¿Quién recibirá el sello de aprobación?

"Y oí el número de los sellados: ciento cuarenta y cuatro mil sellados de todas las tribus de los hijos de Israel" (Apocalipsis 7:4).

Este es uno de los versículos más importantes, y aun controversiales de toda la Biblia. Muchas personas quieren ser identificadas como parte de los 144.000, pero solo los judíos califican para ser escogidos.

Recordemos, la Iglesia ya estará en el cielo. Todos los verdaderos creyentes habrán sido raptados antes de este tiempo. Algunas personas han sustituido a la Iglesia con Israel, lo cual es un gran error que confunde la unidad de la Biblia. J. A. Seiss escribió:

> "Al leer la Biblia, cuando Dios dice 'hijos de Israel', no veo que se refiera a otras personas más que a las personas de sangre judía, sean cristianas o no. Y cuando habla de las doce tribus de los hijos de Jacob, y da los nombres de las tribus, para mí es imposible creer que se refiera a gentiles en cualquier sentido o grado, sean creyentes o no".[1]

Los sellados no son los Adventistas del Séptimo día. Ellos creen que los 144.000 son los miembros de su iglesia que sean hallados guardando el día de reposo judío cuando el Señor vuelva. Entonces serán raptados y llevados a la gloria. Para que esto fuera verdad, cada adventista del séptimo día tendría que ser de linaje judío y pertenecer a una de las doce tribus.

Tampoco son los Testigos de Jehová. Ellos solían decir que todos sus miembros sumaban 144.000, pero cuando pasaron de este número, tuvieron que replantear su enseñanza.

Pero, ¿por qué los judíos?

Puesto que Dios escogió a los judíos, ellos tienen un lugar muy especial dentro de su plan. Miremos la manera como Dios los ha usado. La mayoría de los autores escogidos para escribir la Biblia, fueron judíos. Ellos no solo escribieron la Palabra de Dios, sino que

---

1 J.A. Seiss, The Apocalypse (Grand Rapids: Zondervan, 1964), 161.

también la preservaron. Para muchos de nosotros el descubrimiento de los rollos del Mar Muerto ha sido un ejemplo vívido de cómo los escribas judíos copiaron y atesoraron esos pergaminos. El pergamino de Isaías que data de doscientos años a.C. probó ser casi idéntico a un manuscrito de Isaías fechado novecientos años d.C. Imagínese cuántas generaciones de padre a hijo, de tribu a tribu, habrán transmitido esas palabras.

A pesar de que nuestro Salvador fue judío, la mayoría de judíos no lo ha recibido. Aunque muchos creyentes judíos tienen un celo por el Señor, que avergüenza a los gentiles, como nación y grupo, han estado ciegos para verlo. Esto terminará algún día. Romanos 11:25, 26 dice: "Porque no quiero, hermanos, que ignoréis este misterio, para que no seáis arrogantes en cuanto a vosotros mismos: que ha acontecido a Israel endurecimiento en parte, hasta que haya entrado la plenitud de los gentiles; y luego todo Israel será salvo...".

La nación de Israel ha experimentado una ceguera parcial hacia Jesucristo. Los judíos todavía están esperando la venida de su Mesías. Sin embargo, después de que todos los creyentes sean raptados, el enfoque y las bendiciones especiales de Dios se volverán hacia Israel. Durante el milenio los judíos buscarán a Cristo de manera masiva. Los evangelistas judíos llenos del Espíritu, evangelizarán al mundo entero en siete años, tarea que su nación no ha podido lograr en los últimos dos mil años.

Custodia protectora

¿Por qué son sellados los 144.000? Al ver que los juicios del período de la tribulación se hacen cada vez más severos, y que el odio del Anticristo y su seguidores aumenta, ¿no tiene sentido que Dios proteja a los suyos hasta que hayan terminado su trabajo? Así como los tres jóvenes hebreos fueron preservados vivos en medio del fuego, esos judíos sellados serán protegidos a lo largo de los últimos siete años antes del regreso de Cristo. Dios los enviará a realizar la poderosa tarea de predicar el evangelio, y multitudes creerán.

Serán sellados por la promesa de Dios, y entrarán a reinar con Cristo y su Iglesia glorificada al final de la tribulación. Como no sufrirán daño durante la tribulación, estarán vivos cuando comience el milenio, cumpliéndose así el pacto de Dios con su pueblo.

No todos los creyentes recibirán la misma custodia protectora. Los creyentes tendrán el sello bien visible en sus frentes. Sea cual fuere ese sello, podemos estar seguros que será completamente diferente a la marca del Anticristo. En ese tiempo no habrá cristianos de "armario".

Al ver las cruzadas de Billy Graham quedo asombrado con los centenares y miles de personas que responden a un mensaje sencillo y directo del evangelio. ¿Puede usted imaginarse cómo será cuando esos Billy Graham judíos empiecen a predicar? Los estadios no podrán contener las masas. Al salir ellos de los lugares de reuniones evangelísticas, la Gestapo del Anticristo probablemente estará esperando en las puertas a quienes tengan el sello de Dios.

Seguridad para los nuevos santos

Varias veces en Apocalipsis Dios nos permite ver un poco más adelante, hacia los días buenos. Es un alivio saber que la luz sigue brillando fuertemente al final del túnel. Sin esta, podríamos caer en una profunda depresión.

En un salto profético hacia el futuro vislumbramos un despertar espiritual que hará que los creyentes dancen en los pasillos. El cielo retumbará con el sonido de la música.

Cuando la tribulación haya terminado, los que habrán sido ganados para Cristo por los 144.000 evangelistas saldrán de su miseria terrenal y pasarán a un glorioso nuevo mundo. Juan vio una gran multitud, de gente de toda lengua y nación, de pie ante el trono de Dios frente a Jesús. Estos nuevos creyentes estarán vestidos con túnicas blancas y tendrán en sus manos ramas de palma, y alrededor de ellos estarán ángeles y los veinticuatro ancianos. Una gran celebración tendrá lugar en el cielo.

Mientras este entusiasta coro canta, los ángeles, los ancianos y los cuatro seres vivientes se postrarán en alabanza a Dios. ¿Puede imaginarse cómo se sentirán al ver a todos estos pecadores entrar en el reino? Si sabemos cómo se regocijan los ángeles cuando un pecador es salvado, ¡imagínese lo que harán cuando todos esos santos entren marchando!

Cuando empecemos a ver los asombrosos desastres que el mundo ha de experimentar durante la tribulación, podremos entender por qué esas personas alabarán al Señor con tal fervor. Es que sus problemas habrán terminado y finalmente estarán en casa.

"Por esto están delante del trono de Dios, y le sirven día y noche en su templo; y el que está sentado sobre el trono extenderá su tabernáculo sobre ellos. Ya no tendrán hambre ni sed, y el sol no caerá más sobre ellos, ni calor alguno" (Apocalipsis 7:15, 16).

Esto contrasta grandemente con lo que les sucedió en la tierra. Ellos sufrieron hambre porque no podían comprar comida sin la marca de la bestia; tuvieron sed, ya que los ríos se convirtieron en sangre; sufrieron quemaduras por el ardiente sol. Pero en aquel momento la agonía de sus vidas habrá terminado.

Los que estudian la profecía frecuentemente han dicho que todo el mundo debe escuchar el evangelio antes de que Cristo vuelva. Esto es verdad, pero no es una condición que haya de ser cumplida antes del rapto. Esto debe ocurrir antes de la segunda venida de Cristo. Si el mundo entero tuviera que escuchar el evangelio antes del rapto, no habría razón alguna para que existieran los 144.000 evangelistas de la tribulación, y no habría santos de la tribulación. ¿No es este un pensamiento interesante?

¿Por qué preocuparme por ser salvado ahora?

Muchos me han dicho estas palabras: "La vida es tan corta que la voy a disfrutar mientras pueda. Cuando comience la tribulación, si realmente es cierto, me salvaré por medio del primer evangelista judío que escuche".

¡Qué idea más aterradora! En primer lugar, a medida que avanzamos con Juan en su viaje hacia el futuro, nosotros no querríamos estar en la tierra durante aquellos devastadores siete años. Además, muchos de los que estén vivos durante la tribulación no serán salvos porque caerán hechizados con las mentiras de Satanás. La Biblia dice:

"Por esto están delante del trono de Dios, y le sirven día y noche en su templo; y el que está sentado sobre el trono extenderá su tabernáculo sobre ellos. Ya no tendrán hambre ni sed, y el sol no caerá más sobre ellos, ni calor alguno" (2 Tesalonicenses 2:9-10).

En esta era presente las mentiras de Satanás impiden que la gente crea la verdad. En el tiempo de la tribulación será igual.

No hay una segunda oportunidad para quienes han oído el evangelio y lo han rechazado. La Biblia enseña que quienes hayan oído el evangelio antes del rapto y hayan rechazado a Jesucristo no tendrán otra oportunidad de ser salvados después que Él venga por los suyos.

Varas y piedras

A medida que nos acercábamos al tercer milenio, y Cristo no había regresado, quienes hemos escrito y hablamos sobre el fin del mundo, como sabemos, hemos sido tildados de "desesperanzados y perdidos". Un amigo me envió un artículo de periódico escrito por un columnista advirtiendo que debemos prepararnos para lo que él llamó la "manía del milenio". Él no solo citó a teólogos, sino a novelistas y economistas que estaban sacando provecho de los temores del Armagedón.

No me preocupa ser objeto de tales acusaciones. La Biblia habló de estos acontecimientos mucho antes de que yo naciera. Con todas las profecías del pasado cumpliéndose en la vida y los tiempos de Jesús, con eventos mundiales que aceleran el cumplimiento profético, solo puedo preguntar: "¿Cuánto tiempo necesitará la gente para ver la verdad?"

El fin del paréntesis

El capítulo 7 de Apocalipsis es un paréntesis antes de que se abra el séptimo sello. Es una escena en retrospectiva del inicio de la actividad evangelística que proporciona un panorama de la salvación durante la tribulación. Hemos visto cómo Dios da una oportunidad para que su antiguo pueblo judío sea obediente de una manera que jamás lo ha sido.

¡Vaya estímulo! Incluso durante la tribulación Dios entenderá las necesidades del corazón humano y dará, tanto a los judíos como a los gentiles que no habían escuchado antes el evangelio, una oportunidad de entrar en el reino.

Dios revela el futuro... pero no nuestro futuro

La salvación es para siempre, pero una decisión es para el momento. Cuando se le habló a Charles Colson de "recibir a Cristo", al comienzo tuvo una actitud cínica. Él le dijo a su amigo cristiano: "Vi a los hombres acogerse a Dios en la marina, y yo lo hice una vez. Luego todo se olvida y vuelve a la normalidad. La religión de trinchera es simplemente una manera de usar a Dios".[2]

Cuando su mundo se desplomaba sobre él, Colson leyó el libro, *Mero Cristianismo*, de C. S. Lewis, y la verdad de Dios empezó a penetrar su orgullo y "armadura de protección" como él la llamó. Comprendió que el punto central del libro de Lewis era: Jesucristo es Dios.

En su libro, *Born Again (Nací de Nuevo)* él escribió: "Mientras sentado a solas, observaba el mar que amo, palabras que yo nunca creí poder entender o decir, salieron naturalmente de mis labios: "Señor Jesús, creo en ti. Te recibo. Por favor entra en mi vida. Me consagro a ti".[3]

Colson no conocía su futuro, ni de qué manera lo llevaría Dios a servir a millones con el testimonio de su vida. Nosotros tampoco

---

2 Charles Colson, Born Again (Old Tappan, NJ: Chosen Books, 1976), 115.
3 Ibid., 130.

sabemos lo que nos trae el futuro. Un auto que se sale de su carril, un dolor en el pecho, un ladrillo que cae de un edificio, un terremoto o un tornado, podrían acabar con nuestra vida terrenal hoy. Sin embargo, podemos saber con toda seguridad a dónde vamos a pasar nuestro futuro eterno. Cristo resuelve ese misterio por nosotros con pistas escritas en **negrita**. No se necesita una lupa.

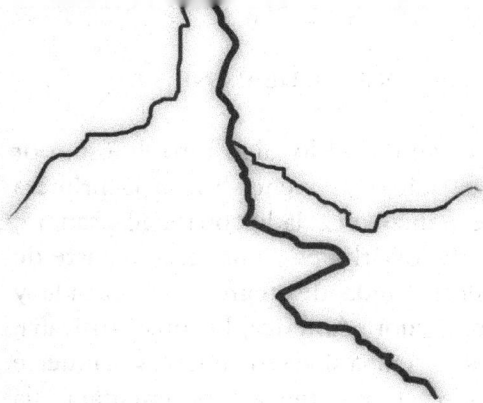

CAPÍTULO 11

UN SILENCIO ANTES DE LA TORMENTA

Los árboles están quietos, la atmósfera pesada por la humedad, la tensión aumenta en el aire. El viejo perro, que normalmente yace echado en el césped frente al patio, se para con sus orejas temblorosas. Arriba, el cielo gris presagia algo. De repente, se rompe el hechizo, y rayos y truenos surcan el cielo haciendo vibrar los vidrios de las ventanas.

Antes de describir la serie de plagas que sigue, hay un dramático silencio. El director levanta la batuta y la orquesta espera la señal para dar inicio a la obertura. El León de la tribu de Judá no abre el séptimo y último sello sino después de que "se hizo silencio en el cielo como por media hora" (Apocalipsis 8:1).

¿Cómo pueden nuestras limitadas mentes describir el silencio en el cielo? Es como contener la respiración antes de hacer un clavado de diez metros en una piscina fría, o como prepararse para entrar a un escenario ante mil personas.

Silencio. Quizá Dios quiso darle a su amado amigo Juan, una oportunidad de prepararse para los aterradores eventos que venían. Juan ve a siete ángeles parados ante Dios sosteniendo en silencio siete trompetas. En el Antiguo Testamento las trompetas anunciaban eventos importantes y daban señales en tiempos de guerra. Escucha tierra, algo están diciendo, algo terrible está por suceder. Alerta habitantes, el juicio ya viene. Suena la primera trompeta, y desde el cielo cae granizo mezclado con fuego y sangre, quemando una tercera parte de los árboles y una tercera parte de toda la vegetación. Una tierra teñida de negro, carbonizada y ardiendo lentamente sin llamas, cubre América, Europa, Australia, África y todos los continentes. La fauna silvestre muere, y la muerte emite sus acérrimos olores. Creo que la tierra experimentará una conmoción ecológica, haciendo que nuestros basureros tóxicos parezcan parques de recreación.

La segunda trompeta lanza algo, "como una gran montaña ardiendo en fuego fue precipitada en el mar; y la tercera parte del mar se convirtió en sangre. Y murió la tercera parte de los seres vivientes que estaban en el mar, y la tercera parte de las naves fue destruida" (Apocalipsis 8:8).

Imagínese el caos en los barcos de recreación y de carga después de este catastrófico evento. Las flotas navales de toda potencia quedarán inhabilitadas y sin esperanza de recuperarse. Los mariscos y pescados serán racionados, los restaurantes quebrarán, y las fuentes de alimentos saludables menguarán.

Cuando el tercer ángel haga sonar su trompeta, una estrella como antorcha caerá del cielo, convirtiendo el agua en un líquido amargo que envenenará a todos los que lo beban. El nombre de la estrella es "Ajenjo", una planta que proviene directamente de los campos de muerte. (¿Recuerda el diablo arrogante, llamado con ese nombre, en el libro *Cartas del Diablo a su Sobrino* de C. S. Lewis?).

Hoy nos enfrentamos al aumento de la contaminación del agua que bebemos, pero en aquel día el suministro de agua potable será tan pútrido como un canal de Calcuta.

Cuando el cuarto ángel haga sonar su trompeta la tierra se oscurecerá. El sol, la luna y las estrellas perderán una tercera parte de su resplandor. Esto encaja con la profecía de Lucas: "Entonces habrá señales en el sol, en la luna y en las estrellas, y en la tierra angustia de las gentes, confundidas a causa del bramido del mar y de las olas; desfalleciendo los hombres por el temor y la expectación de las cosas que sobrevendrán en la tierra; porque las potencias de los cielos serán conmovidas" (Lucas 21:25, 26).

Una pesadilla ecológica

Dios puede provocar cualquiera de los prodigios del libro de Apocalipsis, sin nuestras analogías con los eventos presentes. Sin embargo, Juan tenía que dar una interpretación conforme al primer siglo, de la increíble visión del futuro. En nuestra era nuclear, estos desastres ecológicos son crecientemente posibles.

En solo una corta generación, la polución se ha convertido en un manto mortuorio sobre nuestras ciudades, difundiéndose por el suelo y contaminando el agua del campo. El hombre ha progresado científica, médica y tecnológicamente, pero en el proceso está destruyendo la tierra de Dios. Nuestros antepasados se habrían reído al pensar en comprar sistemas de tratamiento de aguas para sus casas, y de aire para sus oficinas y habitaciones.

Aun sin la intervención de Dios, la tierra está entregándose al más grande contaminador de todos los tiempos, el mismo Satanás.

El planeta Tierra se encuentra en un estado de preparación para que alguien resuelva sus problemas.

¡Ay! ¡ay! ¡ay!

Jamás he oído hablar a un águila, pero Juan sí, y el mensaje no fue muy halagador. Al final de Apocalipsis, en el capítulo ocho, un águila llama a gritos: "¡Ay, ay, ay, de los que moran en la tierra, a causa de los otros toques de trompeta que están para sonar los tres ángeles!" (8:13).

El Anticristo podrá estar sentado en su cuartel de guerra, planeando una estrategia militar global. Pronto sus tropas serán reforzadas por un ejército de demonios.

Infiltrados del abismo

Cuando el quinto ángel toca su trompeta, un agente divino con forma de ángel desciende del cielo y entra en la atmósfera terrestre. Este tiene una llave para abrir un pozo subterráneo descrito como "el abismo" (véase Apocalipsis 9.1, 2).

De esta prisión, albergue del mal, sale humo liberando el hollín del infierno. Una plaga espiritual de proporciones demoníacas se esparce por toda la tierra, incentivada con el trabajo de millones de criaturas demoníacas.

Este personaje anónimo que ha caído del cielo es nada más y nada menos que el mismo Satanás, que por segunda vez es arrojado del cielo. La primera vez fue arrojado antes de la creación del hombre, y Jesús la describe en Lucas 10:18: "Yo veía a Satanás caer del cielo como un rayo", y también el profeta Isaías: "¡Cómo caíste del cielo, oh Lucero, hijo de la mañana! Cortado fuiste por tierra, tú que debilitabas a las naciones" (Isaías 14:12).

Satanás y sus secuaces demoníacos no son liberados sin el permiso de Dios. Cuando el abismo sin fondo sea abierto, todas las criaturas que han estado encarceladas desde el comienzo saldrán en tropel. Tendrán la apariencia de langostas y pulularán sobre la tierra para torturar a las multitudes de gente que no tenga el sello de Dios en su frente.

Estos espíritus del bajo mundo tendrán la semejanza de muchos animales como caballos, leones y escorpiones, y algunos tendrán apariencia humana. Serán horrorosos, pero poderosos, invencibles, indestructibles e inteligentes. ¿Cómo será la estampida de esos demonios al ser liberados de un infierno en el que han estado encadenados por miles de años? Sin las descripciones vívidas de Apocalipsis 9:1-12, sería imposible entender en su totalidad esta escena.

El venerable estudioso de la Biblia, Harry Ironside, dijo: "Es bastante difícil expresar el efecto que producirá ver la atmósfera entera llena, por todos lados y a gran altura, de una cantidad innumerable de estos insectos volando lenta y uniformemente, produciendo un sonido como el de la lluvia".[1]

Al "pozo" que ha sido habitación de los demonios, se le describe mediante una palabra griega que se traduce como "abismo". Tenemos la descripción de una gran profundidad. Una reflexión moderada nos hace entender que muchos de los demonios del infierno no tienen libertad para lastimarnos en el tiempo presente. Hoy Satanás está dirigiendo una gran labor de destrucción sin tener el apoyo de todos sus cuerpos de guerra.

EL daño de los demonios del abismo

Hitler, poseído por demonios cambió una generación y alteró temporalmente el curso de la historia. ¿Cuál será el resultado de incontables miles de demonios recorriendo sin ningún freno por toda la tierra durante este tiempo de la tribulación? Será una experiencia similar a la de los campos de concentración nazis de Dachau o Buchenwald, para quienes tengan que soportarlo.

Será doloroso. "Tenían colas como de escorpiones, y también aguijones; y en sus colas tenían poder para dañar a los hombres durante cinco meses. (Apocalipsis 9:10). La picadura de un escorpión no es letal, pero cuando el veneno entra en el cuerpo hace literalmente arder el sistema nervioso.

Este tormento es tan doloroso que la agonía durará cinco meses. Sí, la Biblia es exacta. Sin embargo, algunos escaparán a esta tortura. Los que tengan el sello de Dios en su frente serán librados.

"Y en aquellos días los hombres buscarán la muerte, pero no la hallarán; y ansiarán morir, pero la muerte huirá de ellos" (Apocalipsis 9:6). Imagínese la agonía cuando alguien intente suicidarse y no pueda porque ¡la pistola no dispare, el veneno sea ineficaz, y el salto de un edificio alto sea interrumpido por una red! Serán sin duda días extraños.

---

1 H.A. Ironside, Lectures on the Revelation of Jesus Christ, (new york: Loizeaux Brithers, 1920), 203.

Sir Walter Scott resumió la estrategia de estas criaturas demoníacas de la siguiente manera:

> Estas langostas con colas de escorpión invadirán lo que una vez fue Tierra Santa. Atacarán a los que no tengan el sello y a la parte impía de Israel. El veneno de falsedad, nacido en el pozo —doctrinas, enseñanzas y principios concebidos en el abismo, serán recibidos por parte de la nación apóstata, y creará en sus almas y conciencias una angustia intolerable. Sin Dios, judicialmente vencidos por Él para recibir las mentiras de Satanás y sus engaños, pequeñas maravillas que ellos, sus víctimas y discípulos, habrán compartido en la tierra hasta el punto máximo que un hombre puede aguantar. La miseria total. Las colas de las langostas, como de escorpión, contendrán el veneno moral que atormentará terriblemente a quienes lo reciban. Allí estarán las picaduras venenosas, y el poder de atormentar.[2]

Ángeles buenos y ángeles malos

La dramatización que se presenta en la Escuela Dominical con nuestros niños llevando alas, no es una descripción muy exacta de los ángeles. En la Biblia hay dos clases de ángeles. Por un lado, se nos han presentado ángeles buenos que detuvieron los cuatro vientos de la tierra, refrenando las fuerzas del mal, en Apocalipsis capítulo 7. Por otro lado, durante la segunda mitad de la gran tribulación, se pone en libertad a cuatro ángeles malos que han estado atados junto al río Éufrates. La Biblia nos dice que la hora, el día, el mes y el año exactos han sido fijados para la liberación de estos seres siniestros y el sonido de la sexta trompeta (véase Apocalipsis 9:13-14). Las órdenes de este siniestro cuarteto son devastadoras, ya que matarán a una tercera parte de la humanidad que permanezca en la tierra.

¿Quién quedará? El caballo amarillo de Apocalipsis 6:8 ya habrá matado la cuarta parte de la población mundial. Ahora, morirá una tercera parte de los habitantes restantes. Quedará solo la mitad de los que estaban vivos en la tierra originalmente. Desde Noé nunca

---

2 Walter Scott, Exposition of the Revelationof Jesús Christ (Londres: Pickering and Inglis, Ltd.), 203.

antes hubo tal proporción de población sujeta al justo juicio de Dios.

Una marcha a lo largo del lecho del río

Pululando por toda la tierra en medio de este juicio habrá un ejército de doscientos millones de soldados a caballo. Algunos piensan que este es un ejército de demonios, pero yo creo en otra posible identidad para este masivo ejército, y Apocalipsis 16:12 nos da una pista: "El sexto ángel derramó su copa sobre el gran río Éufrates; y el agua de este se secó, para que estuviese preparado el camino a los reyes del oriente". Esto podría denotar a China y sus aliados, cosa que hoy es muy posible. Cuando Juan escribió esta profecía no había ni siquiera doscientos millones de personas en toda la tierra. Se estima que la población china actual es de por lo menos mil trescientos cincuenta millones. No es difícil imaginar que haya un soldado por cada siete mil civiles. Este número es casi dos veces la cantidad de soldados Aliados y las fuerzas del Eje juntos*, cuando estas eran las fuerzas más potentes en la Segunda Guerra Mundial.

Por siglos la idea de secar el poderoso río Éufrates pareció ridícula. Hoy, el hombre está logrando lo que Dios puede hacer con un golpecito divino de dedos. El presagio a este milagro se hizo realidad "oprimiendo un botón en el Dique de Ataturk en 1990, cuando el presidente Turgut Ozal de Turquía cortó un setenta y cinco por ciento del flujo del río Éufrates a Siria e Irak, los áridos vecinos de su país que están río abajo".[3]

En la tribulación una gran cantidad de soldados marchará por el lecho seco del río Éufrates, en una procesión de 1,6 kilómetros de ancho y ciento cuarenta kilómetros de largo. Su papel en la batalla de Armagedón es crucial. Al entrar ellos en escena para la última gran batalla del mundo, una guerra a gran escala militar, será arrasada una tercera parte de la humanidad. No es ningún secreto

---

* N.T. Fuerzas militares que lucharon contra los aliados en la Segunda Guerra Mundial. (Japón, Alemania, Italia, Hungría, Bulgaria y Rumania).
3 Time, 29 de enero de 1990, 57.

que China hoy posee arsenal nuclear y que podría liberarlo, así como masacraron a los estudiantes en la plaza Tiananmen en 1989. * Su lema inscrito en la Puerta de Paz Celestial, dice "¡Que para siempre viva la unidad de la gente del mundo!" Llegará el día en el que ese noble deseo sea una burla.

Es posible que durante la falsa paz, generada a comienzos del tiempo entre el rapto y la segunda venida, habrá algún tipo de desarme. Sin embargo, después de unos pocos años, de nuevo se usarán por completo los modernos mecanismos de guerra.

Corazones de piedra

"Y los otros hombres que no fueron muertos con estas plagas, ni aun así se arrepintieron de las obras de sus manos" (Apocalipsis 9:20).

Este es uno de los versículos más asombrosos de Apocalipsis. ¿No se esperaría que para este tiempo, los que sobrevivan en la tierra se postrarían ante Dios clamando misericordia? Pero no, sus corazones inflexibles seguirán duros, y sus bocas se fruncirán burlándose. Ni guerras nucleares, terremotos, plagas, insectos mortales, gente muriendo más rápido de lo que tarda en nacer un bebé, quebrantarán a los paganos. Ellos seguirán rindiéndole culto al materialismo e idolatrando sus posesiones.

Claro, serán religiosos, puesto que las mismas fibras del ser humano anhelan tener alguna creencia, alguna experiencia religiosa. Ellos rendirán culto a los demonios y a ídolos de oro, plata, bronce, piedra, y madera. Esta adulación la estamos viendo hoy en la industria de moda, que aclama desde amuletos de cristal hasta brazaletes de calaveras. El dueño de una joyería dijo que el lado macabro de la religión es un gran negocio.

Satanás y su jefe oficial, el Anticristo, estarán trabajando con el fin de lograr que las personas le rindan culto, ya que siempre ha deseado ser adorado incondicionalmente.

---

* N.T. La Plaza Tiananmen, ubicada en Beijin, es una de las más grandes de China. En junio 1989 miles de estudiantes, jóvenes y trabajadores hicieron una manifestación pacífica, clamando por democracia en un régimen dictatorial comunista. Después de 42 días de protestas las fuerzas armadas intervinieron violentamente masacrando a un número indefinido de manifestantes.

Duranteestafasedelatribulación,habrádesenfrenoprincipalmente en cuatro pecados: asesinato, hechicería, inmoralidad sexual y robos. El estilo de vida de los ricos e infames será completamente depravado.

Los barrios pobres de nuestras ciudades en Estados Unidos están llenos de guerras entre pandillas. A diario se informa de muertes y tiroteos indiscriminados. Pero durante la tribulación, los asesinatos serán tan comunes que probablemente no se informarán. Donde se desconoce el evangelio la vida humana no vale nada.

Hace más de un siglo, antes de que nosotros gimiéramos bajo la ola del crimen actual, J. A. Seiss, el autor de *El Apocalipsis*, basado en Apocalipsis 9:21 predijo que sobre todo en la tribulación, se aboliría la pena de muerte.

El segundo pecado prominente será el uso de drogas y la práctica del ocultismo. Cuando yo era niño la palabra droga significaba aspirina o alguna medicina para la tos con sabor a cereza, recetada por el médico. Estas prácticas ocultas denotan clavar alfileres en muñecos de brujería budú. ¡Cómo hemos progresado (o retrocedido) hasta hoy! El consumo de drogas, la brujería y la hechicería estarán en furor en la última parte de la tribulación. Antes me preguntaba cómo es que la gente podrá llegar a ser tan insensible a los desastres que la rodeará, hasta que entendí que ellos estarán consumiendo tantas drogas alucinógenas, que la realidad y sus fantasías estarán mezcladas.

El Dr. Henry Morris comenta la relación entre las drogas y el ocultismo:

"Los estupefacientes y las drogas alucinógenas han estado asociados con la hechicería y la brujería en todas las épocas, dando a quienes las consumen visiones extrañas y alucinaciones que pueden interpretar como oráculos para la dirección de sus clientes. También despojan a sus consumidores del control de sus propias mentes, haciéndolos fácilmente disponibles para la posesión y control de espíritus malignos".[4]

---

4 Henry Morris, The Revelatio Record, 174.

El consumo de drogas, sobre todo entre nuestra juventud, está aumentando. "Según el Instituto de Investigaciones Sociales de la Universidad de Michigan, el consumo diario entre los estudiantes de octavo grado se cuadruplicó desde 1992. En 1995 el número de adolescentes que había fumado marihuana por lo menos una vez durante los últimos doce meses, era casi el doble al de 1992. La mitad de estudiantes de último año de secundaria ha usado drogas ilegales por lo menos una vez".[5]

El tercer gran pecado del período de la tribulación será la inmoralidad desenfrenada; todo tipo de actividad sexual fuera de los límites del amor matrimonial. Una vez el mundo deje de temer a Dios, no habrá nada que detenga la más desenfrenada indulgencia por la lujuria. Prácticamente se desconocerá la unidad de la familia, y hombres y mujeres sencillamente se comportarán como animales. ¿Estamos viendo esto hoy? Por supuesto. Nunca hemos visto una época en la que la homosexualidad fuera tan prevaleciente. Con marchas de homosexuales y hasta obras teatrales en Broadway, se considera a este pervertido estilo de vida prácticamente legalizado.

El cuarto gran pecado será el "robo". Con todas las leyes relajadas y el respeto mutuo casi perdido, la codicia será el gran motivador conforme los que sobrevivan se asalten unos a otros. Esto sin duda incluirá hurtos y robos a mano armada, así como estafa y fraude.

¿Estamos viendo el preludio de los cuatro grandes pecados que prevalecerán durante la tribulación? ¡Miremos el desorden que existe en Estados Unidos hoy! La revista *Time* en 1987, en uno de sus temas principales, audazmente preguntó: "¿Qué pasó con la ética?" El subtítulo decía: "Asaltados por lo vulgar los escándalos y la hipocresía, los Estados Unidos buscan su orientación moral" ¿Podremos algún día volver a ser una nación de puertas abiertas, o de acuerdos comerciales que se sellan con un apretón de manos? ¿Volveremos a tener calles seguras? ¿Será que los acuerdos de "vivir juntos" solo se harán durante la ceremonia de bodas? Responda usted, porque me temo que yo no pueda.

---

5 Daniel R. Levine, "Drugs Are Back–Big Time", Readers Digest, Febrero 1996, 71.

Advertencias de tormenta

¿Sabía usted que hay más de seiscientas advertencias en la Biblia sobre el juicio y sobre el mal? Los juicios que ocurrirán en la tierra son apenas un pequeño vislumbre del infierno eterno, que es un lugar de fuego y humo, de dolor como el que producen las picaduras de escorpiones. El infierno es un lugar de llanto donde no se puede morir. ¿Cómo puede alguien sobrevivir en un lugar de tal agonía? Aquí hay una respuesta: Los cuerpos naturales que ahora tenemos ¡no podrían sobrevivir! Sin embargo, quienes hayan negado a Cristo, así como quienes lo hayan recibido, recibirán nuevos cuerpos. No serán cuerpos glorificados a la imagen de Jesucristo, sino que estarán hechos de tal manera que podrán soportar los ardientes tormentos sin ser destruidos. El hombre rico descrito en Lucas 16 no pereció en el tormento del infierno. En cambio, pidió que Lázaro, un mendigo que estaba en el cielo, tuviera piedad de él y le llevara un poco de agua para refrescar su lengua, "porque estoy atormentado en esta llama".

El infierno no es un lugar donde los viejos amigos se sientan juntos, toman cerveza y juegan póquer para pasar el tiempo.

Pero nuestro Señor es compasivo y no quiere que nadie reciba la repugnante sentencia del infierno eterno. "Vivo yo, dice Jehová el Señor, que no quiero la muerte del impío, sino que se vuelva el impío de su camino, y que viva. Volveos, volveos de vuestros malos caminos; ¿por qué moriréis, oh casa de Israel?" (Ezequiel 33:11).

De igual manera, no encuentro placentero describir los tiempos de terror que experimentarán los no salvos. Como lo dijo Vance Havner: "La verdadera prueba de cuánto creemos en la verdad profética se ve en lo que estamos haciendo para advertir a la humanidad de huir de la ira venidera… Creer en las solemnes verdades proféticas, y luego ir tranquilamente por este mundo de pecado y vergüenza no solo es deplorable, sino delictivo".[6]

---

6 Vance havner, "Prophetic Doctrine and Practical Duty", Moody Monthly, Julio 1940.

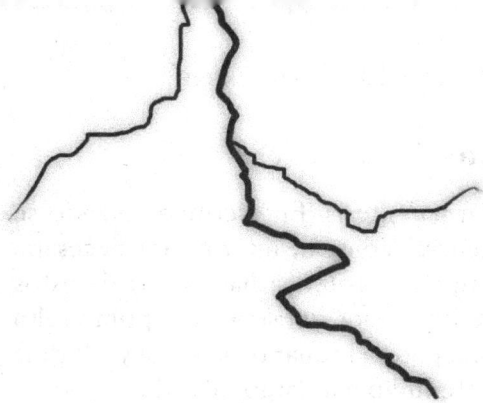

CAPÍTULO 12

DIOS SIGUE A CARGO

¿Dónde estabas Dios, cuando murió el bebé? ¿Dónde estabas cuando masacraron a los misioneros? ¿Por qué parece que los malos ganan y los buenos pierden? Llegará el momento en el que Dios responderá esas preguntas de una vez por todas. Apocalipsis 10:7 dice: "...el misterio de Dios se consumará, como él lo anunció a sus siervos los profetas". Veamos cómo se resuelve el enigma de todos los tiempos.

¿Qué ha pasado hasta ahora?

Hemos estado siguiendo la apertura de los siete sellos del libro que Cristo, el León de la tribu de Judá tomó de las manos de Dios, uno por uno. A medida que se abre cada sello hay un juicio que cae sobre el mundo. En el último sello los juicios se intensifican con el toque de siete trompetas que tocan siete ángeles. Estos juicios de las trompetas serán más devastadores y crueles que los juicios de los seis sellos anteriores. Cuando suene la séptima trompeta veremos cómo los juicios que traen al mundo serán tan terribles que, como sabemos, ¡terminarán con él!

Juan describe un interludio antes de que la séptima trompeta haga sonar sus terribles notas. Por única vez, siento algo de alivio. Dios nos da esperanza justo cuando nos podemos estar preguntando si Él está perdiendo esta guerra, y el mal está ganando.

Interludios divinos

Un interludio es como un paréntesis. En escritura, cuando se utiliza un paréntesis, por lo general, contiene información necesaria para el lector. En esta descripción profética hay varios de estos interludios. El primero entre los juicios del sexto y séptimo sello (el silencio en el cielo). Ahora, entre el sonar de la sexta y séptima trompetas, encontramos el interludio más largo de todos.

En medio de la ira de Dios vemos su misericordia. A pesar de lo desalentadores que parezcan los eventos, Dios no está sin su testigo, y por parte de unos mensajeros especiales encontraremos las palabras de ánimo que tiene.

Puedo identificarme con la depresión que Juan debe haber sentido. A través de sus ojos hemos visto algunos de los eventos tan terribles por venir, que ahora podemos estar pensando: ¿cómo puedo seguir oyendo más?

Cuando un fuerte terremoto golpeó el norte de California, los diarios informaron de un joven que se despertó de un profundo sueño, y lleno de pánico saltó hacia la muerte desde su apartamento que estaba en el quinto piso. Al parecer el susto lo condujo a una conducta irracional, y literalmente el susto lo mató.

Dios no permite que nosotros "muramos de susto" al revelarnos las cosas que han de venir. Por el contrario, busca que nos sacudamos para vivir. En el capítulo 10 de Apocalipsis le da a Juan un vistazo de su futuro triunfo en la tierra, aunque la victoria completa de Cristo no tendrá lugar sino cuando se derrame la séptima copa.

El mensajero del cielo

"Vi descender del cielo a otro ángel fuerte…" (Apocalipsis 10:1).

Ya hemos visto a este ángel dos veces antes en el libro de Apocalipsis. La primera vez detuvo los inminentes juicios para que los 144.000 pudieran ser sellados. La segunda vez llegó para derramar fuego y juicio sobre la tierra. Ahora viene como Rey, retomando su posesión de la tierra.

Aparte de los siete ángeles de las iglesias, en Apocalipsis se hace mención de ángeles más de setenta veces. Aunque la identidad de este mensajero del cielo me parece clara, ha habido mucha controversia sobre su identidad. Yo creo que este es el Ángel de Jehová, el mismo Señor.

Este mensajero celestial estará vestido con una nube, como a menudo se describe a la Deidad. La ciencia tiene su explicación para las nubes, pero me gusta pensar que Dios las hizo para que sean su ropaje especial.

El mensajero estará coronado con un arco iris. El arco iris siempre ha estado asociado con la promesa que Dios le hizo a Noé de no volver a destruir la tierra con agua (véase Génesis 9:13). Ahora tenemos la promesa segura de Dios de que hay misericordia en sus juicios.

El poeta Wordsworth escribió: "Mi corazón salta cuando contemplo un arco iris en el cielo". Juan debe haber sentido lo mismo cuando vio a este importante mensajero. Apocalipsis nos hace montar en una montaña rusa de emociones, llevándonos de la congoja y la depresión a una celebración gozosa.

Él toma posesión del cielo y de la tierra, parándose triunfante con un pie sobre la tierra y el otro sobre el mar. Da un anuncio tan fuerte que el rugido de Satanás parece un susurro.

"...y su rostro era como el sol, y sus pies como columnas de fuego. Tenía en su mano un librito abierto; y puso su pie derecho sobre el mar, y el izquierdo sobre la tierra; y clamó a gran voz, como ruge un león" (Apocalipsis 10:1-3).

"Cuando hubo clamado, siete truenos emitieron sus voces. Cuando los siete truenos hubieron emitido sus voces, yo iba a escribir; pero oí una voz del cielo que me decía: Sella las cosas que los siete truenos han dicho, y no las escribas" (Apocalipsis 10:3, 4).

Esto es como un saludo de siete disparos al aire. Parece como algo orquestado por Hollywood. Job dijo: "Truena Dios maravillosamente con su voz; El hace grandes cosas, que nosotros no entendemos" (37:5).

¿Qué le dijo a Juan en los siete truenos? No lo sabemos. En medio de instrucciones detalladas aparece una orden extraña. Es la primera y única vez en este libro que a Juan se le prohíbe revelar el contenido del mensaje de los siete truenos. Yo creo que si Dios dijo que fueran sellados, entonces debemos dejarlos sellados. En la eternidad tendremos lo oportunidad de satisfacer nuestra curiosidad sobre "las cosas secretas" del Señor.

¡Eso es todo!

El ángel poderoso exclamó: "¡el tiempo no sería más!" (Apocalipsis 10:6). Este anuncio significa que el tiempo ha terminado. La carrera ha terminado, se ha bajado el telón, el regreso del Señor está a la puerta. (Todavía tenemos que presentar más personajes y eventos del fin de los tiempos. Pero recuerde, el Señor está dándole a Juan un vistazo del futuro).

A lo largo del tiempo ha habido frustración sobre por qué Dios retarda su venida. Las almas bajo el altar preguntaron por la agenda Dios. Los discípulos le preguntaron en privado a Jesús: "...Dinos, ¿cuándo serán estas cosas, y qué señal habrá de tu venida, y del fin del siglo?" (Mateo 24:3).

Los burladores se han mofado y los santos han suplicado, pero nadie, ni siquiera los ángeles del cielo, saben cuándo volverá el Señor. Ahora Él le dice a Juan: "sino que en los días de la voz del séptimo ángel, cuando él comience a tocar la trompeta, el misterio de Dios se consumará, como él lo anunció a sus siervos los profetas" (Apocalipsis 10:7).

¿Qué misterio es este? Yo creo que el misterio que será revelado al final de la tribulación es el del silencio en el cielo. Hemos visto que el pecado habrá aumentado desenfrenadamente, y el mal sin obstáculos. Pero justo aquí, en el tiempo del fin, en el último momento, el misterio terminará. Walter Scott dijo:

> ¿No es extraño que a Satanás se le haya permitido hacer de las suyas por todo el mundo durante seis mil años, haciendo el mal, arruinando y estropeando la obra de de Dios?... ¿No será un misterio que Dios, el Dios recto y santo, permita que el mal prosiga impune y que sus propia pueblo sea agobiado y quebrantado en todo aspecto? Verdaderamente este es un misterio de Dios... Dios lidiará con el mal hasta que llegue la hora del juicio, cuando cobre venganza por el lamento de sus elegidos, y salga de su lugar para castigar a los malvados... El mal, ahora tolerado y permitido, será castigado abiertamente. El misterio está por terminar. Cristo está a punto de reinar.[1]

Una orden de sabor agridulce

Hasta este momento Juan, al igual que nosotros, ha sido un espectador, observando el desarrollo de los acontecimientos. Ahora pasa a ser actor en el drama del Apocalipsis. Él escucha una voz del cielo diciéndole que tome el librito que está abierto en la mano del ángel poderoso y que lo coma. Esta parece ser una orden extraña, a menos que entendamos que a menudo en la Biblia, probar y comer, se refiere a escuchar y creer, así como se le ordenó al profeta Ezequiel comerse un pergamino de palabras amargas. (Quizá de ahí surgió la expresión "tener que tragarse las palabras").

El libro que se le pide a Juan que coma es la lista de todos los juicios que se verterán sobre el mundo. La orden fue digerir la verdad de la profecía y estar listo a ir y advertir a las naciones. Juan estaba tan saturado de la Palabra de Dios, que esta, literalmente era parte de él. Éste es el tipo de interacción espiritual que todos los predicadores deberían tener antes de abrir su boca para declarar la verdad de Dios.

A Juan se le advirtió que el libro sería de sabor dulce, pero amargo a su estómago. ¡Me identifico con esto! A medida que estudio la

---

1 Walter Scott, Exposition of the Revelation of Jesus Christ 223-224.

profecía me lleno de entusiasmo al saber que el Señor tiene un nuevo mundo esperándonos. Pero otras veces me deprimo totalmente al pensar en el destino de quienes oyen, pero rechazan la verdad. El mismo evangelio que me lleva al cielo, pone a otros en el infierno.

Predicar la verdad profética es una experiencia agridulce.

El enigma de la reconstrucción del templo

En Apocalipsis 11 el Director Divino le dice a Juan, que hasta ahora ha sido actor de esta odisea profética, que represente la profecía de la reedificación del templo, que harán los judíos que hayan regresado a Jerusalén. "Entonces me fue dada una caña semejante a una vara de medir, y se me dijo: Levántate, y mide el templo de Dios, y el altar, y a los que adoran en él" (11.1).

El profeta del Antiguo Testamento, Ezequiel, dijo que los judíos regresarían a Jerusalén en medio de la incredulidad: "Y yo os tomaré de las naciones, y os recogeré de todas las tierras, y os traeré a vuestro país..." (36:24). Los judíos construirán un templo en nombre de Jehová Dios, pero nunca lo conocerán.

Vaya usted hoy a Jerusalén, y en vano buscará el templo. Erigida sobre el monte del templo hay la mezquita llamada el Domo de la Roca, el tercer santuario musulmán del mundo. Sus brillantes azulejos persas, y la elevada y dorada cúpula dominan una de las propiedades más ferozmente disputadas en el mundo. Durante casi dos mil años, judíos, musulmanes y cristianos han sido masacrados en sus esfuerzos por controlar este pedazo de tierra.

En el primer milenio a.C. el magnífico templo de Salomón dominó Jerusalén. Fue destruido por Nabucodonosor, rey de Babilonia en 587 a.C., y el rey Herodes lo reconstruyó esplendorosamente. Muchos de los sucesos de la vida de Jesús se desarrollaron alrededor de este templo. Sin embargo, Él profetizó que de esos grandes edificios no quedaría piedra sobre piedra, y en el año 70 d.C. el general romano Tito sitió Jerusalén, masacró al pueblo y destruyó el templo de Herodes. El único remanente del segundo templo es el Muro Occidental donde los judíos van a desahogar sus angustias y pesares, suplicando la venida de su Mesías.

Daniel profetizó que se firmaría un acuerdo entre el Anticristo y el líder de los judíos, y que después de tres años y medio el Anticristo rompería el acuerdo y profanaría el templo. Este escándalo tendrá lugar en los últimos tres años y medio de la gran tribulación, y para que esto pueda ocurrir, el templo debe ser reconstruido.

Hasta la guerra de los seis días en junio de 1967, los judíos no habían podido reconstruir el templo, ya que no tenían soberanía en la ciudad antigua. Cuando se llamó al cese de hostilidades en lo que la *American Encyclopedia* denominó "una de las campañas más decisivas en los anales de la guerra", los israelitas jubilosos de nuevo tomaron posesión de la ciudad antigua.

En un artículo sobre el *Domo de la Roca* el escritor decía: "Seiscientos cincuenta y siete años pasaron hasta el día en que los babilonios atacaron y arrasaron con el primer templo, luego su sucesor cayó. El templo judío no será levantado de nuevo".[2] Se equivoca, ya que la Biblia dice claramente que el templo debe estar presente para que el Anticristo lo profane así como lo hizo Antíoco Epífanes en el año 168 a.C.

En ese templo el Anticristo se declarará Dios: "Nadie os engañe en ninguna manera; porque no vendrá sin que antes venga la apostasía, y se manifieste el hombre de pecado, el hijo de perdición, el cual se opone y se levanta contra todo lo que se llama Dios o es objeto de culto; tanto que se sienta en el templo de Dios como Dios, haciéndose pasar por Dios" (2 Tesalonicenses 2:3, 4).

Durante muchos años los estudiosos han pensado que el templo será reconstruido exactamente donde hoy se encuentra ubicada la Mezquita de Omar. Esto implica la destrucción del santuario musulmán antes de que cualquier templo pueda ser construido. ¿Cree usted que los musulmanes se harán a un lado y permitirán

---

2 Jerry M. Landay, "Dome of the Rock", Newsweek, 1972, 43.

que esto suceda? Seguramente enlistarán a todo defensor armado que tengan para evitar tal sacrilegio.

Puede que tal enfrentamiento nunca suceda. Algunos descubrimientos arqueológicos hechos por el Dr. Asher Kaufman, profesor de física de la Universidad Hebrea, fueron revelados en *The Biblical Archeology Review* (Revisión de Arqueología Bíblica), indicando que la ubicación real de los templos de Salomón y Herodes estaba a veintiséis metros de distancia del Domo de la Roca. Si este estudio es válido, el tercer templo podría construirse sin afectar el Domo de la Roca![3]

Sin importar lo que digan los estudiosos, o lo que escriban los escépticos, el templo será reconstruido.

Cuando le piden a Juan que mida el templo, recibe una vara de medir. Cada vez que se utiliza la palabra "vara" en Apocalipsis, se refiere a juicio. ¿Qué estará midiendo Juan? Yo creo que es un símbolo del propio pueblo del Señor, los judíos. En el momento de la medición ellos seguirán en incredulidad, y algunos nunca cambiarán a medida que pase la tribulación.

No todo está perdido. En medio las circunstancias devastadoras, Dios tiene sus testigos. Dos hombres caminarán ilesos por la tierra durante la primera mitad de la tribulación. Aunque se los presenta en Apocalipsis 11, su trabajo de dar testimonio al mundo empieza después del rapto.

Así como nosotros veremos que Satanás tiene sus dos hombres, la bestia y el falso profeta, Dios también tiene sus dos hombres. ¡Y vaya pareja!

Identidad de los dos testigos

"Y daré a mis dos testigos que profeticen por mil doscientos sesenta días, vestidos de cilicio" (Apocalipsis 11:3).

Dios escogió un par de siervos especiales para predicar a los habitantes de la tierra antes de que muchos de los juicios plaguen

---

3 Biblical Archeology Review, Marzo/Abril, 1983.

nuestro planeta. Estos pueden haber sido los hombres que convirtieron a los 144.000 evangelistas judíos. ¿Quiénes son estos poderosos profetas? Durante años esta pregunta ha creado debate entre los que estudian la profecía. Yo creo que la Biblia apunta a dos hombres. Uno de estos testigos es el profeta Elías. Pienso así, primero, porque el profeta Malaquías predijo que Elías vendría a preparar el camino para el Mesías (véase Malaquías 3:1-3; 4:5-6).

Segundo, por el hecho de que Elías no experimentó muerte, por consiguiente, puede regresar y morir, justo como les sucederá a los dos testigos.

Tercero, los testigos tienen las misma señal que recibió Elías con respecto a la lluvia. "Estos tienen poder para cerrar el cielo, a fin de que no llueva en los días de su profecía" (Apocalipsis 11:6).

Cuarto, Elías fue uno de los que apareció en la transfiguración (véase Mateo 17:3), cuando se hablaba de la muerte de Cristo.

Yo creo que el otro testigo será Moisés, que también apareció en la transfiguración. Él convirtió las aguas en sangre, al igual que lo harán los testigos (véase Éxodo 7:19-20 y Apocalipsis 11:6). El cuerpo de Moisés también fue preservado por Dios para que pudiera ser restaurado.

Los turistas en Tierra Santa preguntan con frecuencia a sus guías israelitas o árabes: "¿Dónde está sepultado el cuerpo de Moisés?" Nadie sabe. Si su tumba fuera conocida, los judíos tendrían allí el santuario más grande de la tierra. Pero no existe.

¡Moisés y Elías, hombres poderosos en el pasado, y poderosos para el futuro!

El poder de los dos testigos

Por tres años y medio, estos hombres serán invencibles. Detendrán la lluvia, convertirán las aguas en sangre, y azotarán la tierra con plagas. Dirán de frente a los hombres sus maldades. Cincelarán en los corazones advertencias de juicios futuros aún peores que los pasados. El odio que despertarán será intenso.

Después de escucharlos, nadie aplaudirá diciendo: "¡Éste sí que fue un sermón inspirador, pastor!"

Algunos se arrepentirán, pero en muchos se despertará un odio desenfrenado. Una vez terminen su trabajo los dos testigos, se dará la orden de que los maten. Entonces saltará al escenario el nuevo gobernante, ...la bestia que sube del abismo" (Apocalipsis 11:7). Esta es la primera de treinta y seis referencias a la bestia en Apocalipsis, que al parecer el asesinato de de los testigos será el primer gran acto que usará para ganar adeptos. La multitud festejará con frenesí esas ejecuciones.

Que gran ilustración de esta verdad: "El hombre de Dios, en la voluntad de Dios es inmortal hasta que haya terminado el trabajo que Él le haya ordenado". Dios permitirá que se mate a esos dos hombres solo cuando Él dé la orden.

Por tres días y medio, sus cuerpos quedarán expuestos en una calle de Jerusalén. Se nos dice que durante este tiempo hombres de "los pueblos, tribus, lenguas y naciones verán sus cadáveres por tres días y medio, y no permitirán que sean sepultados" (Apocalipsis 11:9).

Por años, los críticos se han reído de esta "increíble" predicción. Ahora, con el adelanto de la televisión satelital, nadie puede mofarse de esa posibilidad.

Celebración de la muerte

Como una macabra exhibición de los cuerpos de los profetas no es suficiente, la muchedumbre celebrará su muerte con un día de fiesta. Se intercambiarán regalos celebrando la muerte de esos fastidiosos predicadores. Será algo así como una día de navidad.

En medio del júbilo las risas y el vitoreo cesarán. Todos quedarán congelados de terror al escuchar una voz del cielo llamando a los profetas: "Subid acá". Al recibir aliento de vida ascenderán al cielo en una nube, "... y sus enemigos los vieron" (11:12). El terror que ese incidente causará es indescriptible.

178

Girando en su silla ejecutiva, la bestia intentará explicar el desplazamiento de los prisioneros que ordenó matar, pero no podrá duplicar este milagro.

Retribución divina

Con el rapto de los dos testigos y el mundo desfalleciendo de terror, habrá un terremoto. Siete mil hombres, líderes que estarán en la ciudad, serán asesinados. Quienes queden vivos clamarán a Dios aterrorizados, pero no arrepentidos. Los corazones podrán estar saltando de terror, pero nunca serán quebrantados por convicción.

Durante el último período de tres años y medio, Jerusalén solo verá guerra. Ejército tras ejército gentil invadirán la ciudad y marcharán por sus calles. Este es el comienzo de la gran tribulación.

Suena la última trompeta

Pronto Juan nos presentará a uno de los principales personajes de este oscuro drama, pero primero tendremos otro avance de los espectáculos por venir. Es la ceremonia en la que oficialmente será coronado el Rey de reyes y Señor de señores. Esta celebración no tendrá lugar como cuando Dios haya vencido a todos sus enemigos en la batalla de Armagedón.

Suena la séptima trompeta, y veinticuatro ancianos dejan sus tronos y se postran a alabar a Dios. Estos representan a los redimidos de todos los tiempos y se gozan porque ven que su Rey comienza a reinar. Los ancianos alabaron a Dios al comienzo de los juicios (véase Apocalipsis 5.8-10) y ahora lo alaban al final de los mismos. Ellos serán parte de ese gran coro que inspiró a Handel "… y Él reinará por los siglos de los siglos" (véase Apocalipsis 11:15). Nunca he podido escucharlo sin añadir: "¡Aleluya, aleluya!".

Cuatro eventos trascendentales se mencionan con el sonido de la última trompeta. Primero, las naciones del mundo se encolerizarán. Warren Wiersbe describe esta furia de la siguiente manera:

"Note el cambio de actitud que muestran las naciones del mundo. En Apocalipsis 11:2, las naciones tomarán ferozmente Jerusalén. En 11:9 se regocijan por la muerte de los dos testigos. Pero ahora se enfadan; su arrogancia y gozo no duraron mucho tiempo. Esta actitud beligerante a la larga hará que las naciones se unan para luchar contra Dios en la gran batalla de Armagedón".[3]

El segundo evento es el juicio de Dios sobre los muertos. Este suceso que se indica claramente en el calendario profético se llama el juicio del gran trono blanco, y si usted ha creído en Jesucristo, su nombre no estará en esa minuta.

Los creyentes del Antiguo Testamento y los que lleguen a ser creyentes durante la tribulación, formarán parte del tercer evento que es la entrega de recompensas al final de la tribulación. Los creyentes de la era de la Iglesia recibirán su recompensa en el tribunal de Cristo, poco después del arrebatamiento.

Cuarto, Dios destruirá a los que destruyen la tierra (véase Apocalipsis 11:18). A los que han seguido al destructor (y sabemos quién es) se les llama destructores de la tierra.

El regreso del arca perdida

El arca del Antiguo Testamento desapareció durante el exilio, y no se la ha encontrado a pesar de las fantásticas aventuras de Hollywood. Cuando Juan recibe la visión del templo en el cielo y de los ancianos alabando a Dios, el arca vuelve al santuario. Esta visión animará mucho a las personas que sufren, a quienes Juan envió este asombroso libro, ya que el arca simbolizaba la presencia y protección de Dios.

Algún día el arca perdida volverá al lugar que le corresponde. Judíos, donde quiera que estén, escuchen esto: la guerra en la tierra nunca podrá quitar o destruir la protección de Dios.

---

4 Warren Wiersbe, Be Victorious (Wheaton, IL: Victor Books, 1985), 94

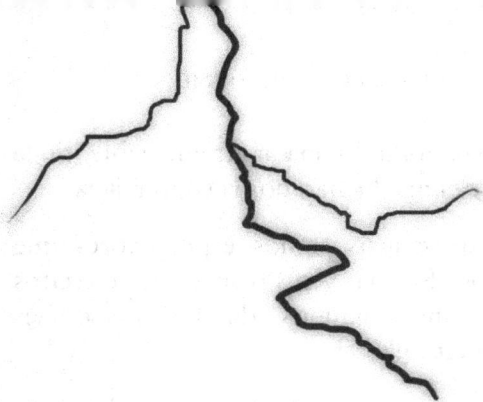

CAPÍTULO 13

GUERRA EN EL CIELO

El 7 de diciembre de 1941 los japoneses bombardearon Pearl Harbor, y la guerra del Pacífico pasó a un escenario mundial. Estados Unidos fue sorprendido con pocas defensas y ciudadanos horrorizados. En el mes de julio de ese año fatal el general Douglas MacArthur escribió: "Comenzamos la lucha a las once horas con el fin de reunir suficiente fuerza para repeler al enemigo… Washington percibió el peligro demasiado tarde".[1]

Setenta y dos horas después del bombardeo a Pearl Harbor, el FBI entró en acción. Miles de "extranjeros, enemigos sospechosos" fueron arrestados y recluidos sin causa. Pero como el espionaje es un arma insidiosa, era necesario tomar todas las precauciones posible para garantizar la seguridad nacional. En los meses siguientes, se libró una guerra clandestina en contra de los círculos espías, tanto en este país como en el extranjero. Se exploraron muchos planes de guerra, y la posibilidad de que se invadieran las ciudades costeras de Estados Unidos se consideraba real, si no se hubieran descubierto las estrategias del enemigo.

Conozca a su enemigo. En conflictos espirituales, debemos conocer y entender a nuestro adversario, o de lo contrario seremos víctimas de ataques sorpresivos. La mayoría de nosotros no comprende que aunque podamos ver las amenazas de los enemigos

---

1 Douglas MacArthur, Reminiscences (New York: McGraw Hill, 1964), 109.

terrenales, en los cielos se está librando una guerra invisible. En la guerra del universo, el bien y el mal luchan por la supremacía.

En el capítulo 12 de Apocalipsis somos espectadores que observan la guerra entre Dios, Satanás y sus respectivos ejércitos celestiales. También conocemos algunos de los personajes principales en este gran conflicto global.

Primero, se nos presenta a una mujer, que no es del todo mujer.

La gran mujer maravilla

"Apareció en el cielo una gran señal: una mujer vestida del sol, con la luna debajo de sus pies, y sobre su cabeza una corona de doce estrellas. Y estando encinta, clamaba con dolores de parto, en la angustia del alumbramiento" (Apocalipsis 12:1, 2).

¿Quién es ella?

Los adeptos de la llamada Ciencia Cristiana dicen que se trata de Mary Baker Glover Patterson Eddy, y que el hijo que lleva es el Movimiento de la Ciencia Cristiana. Mary Baker dice que el dragón es la mente mortal lista a devorar las enseñanzas establecidas en su libro *Ciencia y Salud*. Este punto de vista no tiene en absoluto ninguna base bíblica.

La iglesia católico romana dice que esta mujer es María, la madre de nuestro Señor. Murillo, el artista español, pintó algunos cuadros famosos para probar que esta mujer es María. Una de las pinturas la muestra de forma grandiosa ascendiendo con su hijo al cielo. Esta pintura tiene dos errores. Primero, María no ascendió al cielo. Segundo, ¿por qué habría de estar embarazada en el cielo, si Jesús ya nació, murió, resucitó y ascendió al cielo?

Algunos protestantes dicen que esta es una descripción de la Iglesia. Sin embargo, la Iglesia no dio a luz a Cristo. Por el contrario, Cristo dio a luz a la Iglesia.

Yo creo que la Biblia identifica claramente a esta "mujer" como

Israel, a quien "un enorme dragón rojo", representando a Satanás, trata de destruir. Ella (simbólicamente) nos da la respuesta al antisemitismo que ha sido una de las manchas más negras en las páginas de la existencia del hombre.

A la mujer (Israel) se le describe como: "...vestida del sol, con la luna debajo de sus pies, y sobre su cabeza una corona de doce estrellas" (Apocalipsis 12:1).

Esta ropa se describió en el relato de José en Génesis 37 cuando él tuvo un sueño en el que vio al sol, la luna y once estrellas postrándose ante él. El sol simbolizaba a Jacob su padre; la luna a Raquel su madre, y las once estrellas a sus hermanos. ¿Recuerda quiénes lo echaron en una cisterna y lo vendieron como esclavo?

El sueño de José se hizo realidad, y de este simbolismo podemos deducir que la mujer es Israel y las doce tribus, los fundadores de su raza.

Esta mujer tiene un hijo. "Y ella dio a luz un hijo varón, que regirá con vara de hierro a todas las naciones; y su hijo fue arrebatado para Dios y para su trono" (Apocalipsis 12:5).

La identificación del niño no puede ser más clara, incluso en términos simbólicos. Cristo nació, resucitó, y cuando vuelva gobernará las naciones con vara de hierro. El cumplimiento real de la última parte de esta profecía no llegará sino cuando lleguemos al final de Apocalipsis.

La mujer, la nación de Israel y el pueblo judío, tienen un enemigo implacable. El antisemita más grande de todos los tiempos es el segundo personaje en esta escena.

El gran dragón

Ahora sabemos de dónde la gente sacó la idea de que Satanás viste de rojo y tiene cola larga y cuernos. Eso no es cierto, pero los fabricantes de disfraces y los niños en el Día de las Brujas la utilizan.

Cuando Juan vio la señal de "un gran dragón escarlata", la descripción no era de una fotografía que muestra cómo es él, sino una representación simbólica de su naturaleza cruel y vil. Su color es rojo, ya que su camino siempre ha estado cubierto de sangre y muerte. Es un monstruo de siete cabezas. El número siete significa perfección, y la cabeza indica inteligencia con un coeficiente intelectual que se sale del mapa. Él es tan astuto que puede poner una venda sobre los ojos de una persona, cegándola a la verdad. Pablo advirtió a los corintios sobre esta estrategia. "Pero si nuestro evangelio está aún encubierto, entre los que se pierden está encubierto; en los cuales el dios de este siglo cegó el entendimiento de los incrédulos, para que no les resplandezca la luz del evangelio de la gloria de Cristo, el cual es la imagen de Dios" (2 Corintios 4:3, 4).

Satanás puede transformarse en ángel de luz. Su mayor engaño es ser el "Tipo Buena Gente".

La bestia tenía "diez cuernos". El significado de esto a la luz de la profecía es de vital importancia en el tiempo presente. Veremos más sobre estos cuernos en el próximo capítulo.

Impulsado para asesinar

"El dragón se paró frente a la mujer que estaba para dar a luz, a fin de devorar a su hijo tan pronto como naciese" (Apocalipsis 12:4).

Satanás escuchó a Dios en el Jardín del Edén cuando le dijo que la simiente de la mujer aplastaría su cabeza. A partir de ese día, él ha tratado de destruir la simiente prometida.

Él incitó a Caín para que matara a Abel, pero Dios levantó a Set para que llevara la simiente. Satanás provocó tal mal en el mundo, que Dios destruyó la tierra por medio de un diluvio, pero Dios salvó a Noé y su familia. Incitó a Esaú para que intentara matar a Jacob, pero Dios le preservó la vida. Impulsó al faraón para que matara a todos los niños varones de las familias hebreas, pero Dios salvó a Moisés.

Otras veces en la historia de Israel Satanás ha intentado matar a todos los judíos para impedir el nacimiento del Mesías. Cuando Jesús finalmente nació, Satanás, de nuevo promovió asesinatos, haciendo que Herodes matara a todos los bebés de Belén; pero un ángel le dijo a José que tomara a Jesús y escapara a Egipto. El maníaco asesino quedó frustrado de nuevo.

Un viernes a las tres de la tarde, el día antes de la Pascua, Satanás pensó que había obtenido la victoria que tanto había buscado a lo largo de la historia. Cuando el cuerpo destrozado de nuestro Señor fue envuelto en una sábana, ungido con especias y puesto en una tumba sellada, Satanás cantó victoria. Pero Dios nunca cambia sus propósitos. Él planeó que este Jesús de Nazaret gobernara las naciones con vara de hierro, y lo levantó y lo puso sobre su trono en la gloria. La derrota de Satanás se convirtió en el triunfo de Dios.

La ira del dragón

Cuando Satanás vio la resurrección de Jesús, no celebró la Pascua, sino que dirigió su furia contra el cuerpo de Cristo, la Iglesia. Hizo que los apóstoles, misioneros y evangelistas que predicaban a Cristo, fueran crucificados, aserrados, que fueran echados a bestias salvajes mientras emperadores burlones lo miraban como deporte. Desde Roma se dictaron decretos con el fin de eliminar a los cristianos de la faz de la tierra.

El paganismo fue reemplazado por la autoridad papal. Se estima que más de cincuenta millones de cristianos entregaron sus vidas a precio de fuego y sangre ante la Inquisición Papal de Roma. ¡Esta es la ira del dragón contra el pueblo del Señor!

El antisemitismo nació en la mente de Satanás, ya que Israel y la raza judía fueron los responsables de su derrota en la cruz.

Yo creo que Dios tiene un lugar especial en su reino para los que han cuidado de los judíos, incluso en medio de su incredulidad. Recuerdo la historia de Casper ten Boom, el padre de Corrie ten Boom, que cuando la Gestapo lo arrestó en su casa y relojería en Haarlem, Holanda, por el crimen de esconder judíos, dijo: "Si muero en la prisión, será un honor haber dado mi vida por el pueblo de Dios".

La gran guerra invisible

Para Satanás es difícil rendirse. Él hace un último intento por apoderarse del cielo, pero Dios tiene un general fuerte en la persona de Miguel, su arcángel. Satanás y los ángeles malos toman sus posiciones contra Miguel y sus ángeles buenos en una batalla estratégica. Esta guerra invisible no se explica en detalle en Apocalipsis. Sin embargo, sabemos que hay fuerzas espirituales trabajando para que no podamos comprender.

El papel de los ángeles malos es ayudar a Satanás a destruir este mundo. La mafia de Satanás está organizada con el fin de controlar el mundo tras bastidores. Pablo les decía a los Efesios: "Porque no tenemos lucha contra sangre y carne, sino contra principados, contra potestades, contra los gobernadores de las tinieblas de este siglo, contra huestes espirituales de maldad en las regiones celestes" (Efesios 6:12).

El mal no es abstracto. La fuente del mal es un ser inteligente y entrega la administración de sus obras a las criaturas verdaderamente angélicas.

Daniel fue un personaje que describió el efecto del conflicto angelical en su vida. Había estado orando por tres semanas cuando tuvo la visión de un visitante celestial. Este ángel, probablemente Gabriel, le dijo que su oración había sido escuchada desde el primer día que la hizo. ¿Si yo hubiera sido Daniel, probablemente habría dicho: "Entonces ¿por qué me hiciste orar durante veintiún días? Pues como sabes, es un poco agotador".

Gabriel le explicó que se había retrasado en la entrega especial de la respuesta de la oración porque había librado una batalla con el Príncipe de Persia. Afortunadamente, uno de los hombres fuertes de Dios, Miguel, fue enviado del cielo para ayudar a Gabriel, para que pudiera seguir con la misión de entregar la respuesta a la oración de Daniel.

Este Príncipe de Persia no era cualquier pelagatos. Satanás sabe que debe conseguir gobernantes, cabezas de organizaciones, y los traficantes de influencias para llevar a cabo sus planes.

En su libro clásico sobre demonología, el Dr. Merrill Unger escribió:

> La historia desde la caída del hombre ha sido una aglomeración ininterrumpida del siniestro factor de poderes malvados dentro gobernantes humanos... Quizás la demostración más solemne de la barbarie absoluta, la horrible crueldad y la maldad de hombres impulsados por poderes demoníacos, ha sido reservada para la presumida civilización y para el conocimiento jactancioso del siglo XX.

> Hitler, el azote de Europa, impulsado y dirigido por demonios, vino y se fue, dejando tras sí un sendero de sufrimiento, agonía y un escenario de caos en el que el comunismo ateo está destinado a promover males aún mayores.[2]

El descubrimiento de lo que los medios de comunicación pregonaron como "vida en Marte" despertó muchas especulaciones. La revista de *Time* informó: "Si esa evidencia resiste los más intensos escrutinios científicos que han de seguir, confirmará por primera vez que no solo en la tierra hay vida. Tal confirmación, a su vez, tendría asombrosas repercusiones filosóficas y religiosas".[3]

El espacio también contiene ejércitos invisibles que ningún maravilloso logro científico puede discernir. Pensar en esto puede ser estremecedor, pero debemos agradecer que Dios tiene a sus ángeles mirando sobre nosotros para retar, y finalmente derrotar las tropas malévolas de Satanás.

¡Acaso Satanás no fue juzgado en la cruz!

Claro que sí. Cristo hizo la obra en la cruz. Entonces ¿por qué parece que Satanás está ganando? Los hogares de nuestros países se

---

2 Merrill Unger, Biblical Demonology (Wheaton, IL: VanKampen Press, 1952), 197.
3 Leon Jaroff, "Life on Mars", Time, agosto, 1996, 60.

están deteriorando rápidamente, nuestra moralidad nacional está en decadencia, la Iglesia es débil. Visitemos las aulas en las que nuestros jóvenes están siendo educados y preguntémonos por qué Dios no tiene ninguna influencia. Nuestros barrios marginados están siendo arrastrados por el vicio. Si Satanás fue juzgado, ¿quién está haciendo todo su trabajo?

Leí de Robinson Crusoe, tratando de enseñar a su hombre, Viernes, las doctrinas de la fe cristiana. Cuando llegó a explicar sobre el diablo, le dijo a Viernes que este era el enemigo de Dios y que estaba intentando derrotar sus propósitos en el mundo.

Viernes preguntó: —¿No es Dios tan fuerte como el diablo?

—Claro, Dios es más fuerte, —respondió Crusoe— Los cristianos oran a Dios para tener la victoria sobre el diablo.

Confundido con la respuesta, Viernes preguntó: —Pero ¿por qué Dios no mata al diablo para que no haga más daño?

Así como cuando nuestros niños nos hacen preguntas que no sabemos responder, Crusoe fingió no escuchar, esperando que Viernes se olvidara de la pregunta.

Pero Viernes persistió y finalmente Crusoe rendido contestó: —Bien, al final Dios castigará al diablo.

—Pero ¿por qué no lo mata ahora?

Nuestra pregunta sigue siendo la misma. —Si Satanás fue juzgado en la cruz, por qué no hay más victoria sobre él aquí y ahora?

Legalmente Satanás fue vencido en el Calvario. Todas sus esperanzas quedaron frustradas cuando el Señor Jesús murió y resucitó. Sin embargo, como cualquier otra acción legal, la decisión debe hacerse efectiva a la fuerza. Este concepto se ilustra en el gobierno de los Estados Unidos. Sabemos que el gobierno federal tiene tres ramas: la legislativa, o Congreso, que aprueba las leyes; la judicial, o Corte Suprema, que interpreta las leyes; y la Ejecutiva centrada en el presidente, que ejecuta las leyes.

La historia nos da un buen ejemplo de este principio. La decimoctava enmienda a la Constitución Política de los Estados Unidos dice que la fabricación, venta, o transporte de licor eran ilegales. Esa fue la ley nacional, aprobada por el congreso. Pero su ejecución quedó en manos de un hombre llamado Andrew Mellon, que era el Ministro de Finanzas, y también jefe de una de las empresas cerveceras más grandes del mundo. Una dificultad algo interesante. La ley quedó inútil porque no se la ejecutó.

Satanás fue juzgado en la cruz, y la ejecución de ese juicio ahora está en las manos de la Iglesia de Jesucristo. La herramienta que derrota a Satanás es la oración. ¿Recuerda a nuestro amigo Daniel? Él oró durante veintiún días y finalmente el ángel de Satanás fue derrotado.

La oración en el nombre de Jesús es el arma eficaz para cambiar a los hombres y las naciones del mundo. Las victorias terrenales dependen de victorias celestiales. La victoria definitiva sobre Satanás será en el futuro, pero podemos ejecutarla ahora por medio del arma más poderosa que tenemos los cristianos, la oración.[4]

La caída de Satanás

Satanás y sus ángeles son expulsados del cielo, y su caída comienza. Del cielo a la tierra, y de la tierra a un pozo sin fondo, y de este al lago de fuego y azufre. Cuando aquel maníaco engañador sea lanzado a la tierra, sucederán tres cosas. Primero, (esto es comprensible) habrá alabanza en el cielo. Satanás ya no podrá acusar a los creyentes delante de Dios.

¿Sabía usted que él se sienta en cielo a acusarnos? —Por cierto, Dios, ¿has visto a David Jeremiah allí en California? Hoy sí que lo echó todo a perder en su muy llamada vida cristiana. Pensé que te gustaría saberlo.

Tan pronto como el fiscal hace su acusación, nuestro Abogado personal, Jesucristo, pasa al frente de la sala del tribunal y dice: —Tú

---

4 Paul E. Billheimer, Destined to Overcome-The Technique of Spiritual Warfare (Minneapolis: Bethany House Publishers, 1982), 31-33.

no tienes nada contra Jeremiah. Yo pagué la multa por sus pecados en la cruz, así que archiva este caso por falta de evidencias.

Satanás será arrojado del cielo y eso ocurrirá un día futuro, en la mitad de la tribulación.

Cuando golpee la tierra, estará ardiendo en ira "...sabiendo que tiene poco tiempo" (Apocalipsis 12:12). Como no le quedará mucho tiempo para destruir el resto de creyentes de Israel, desplegará todo lo que tenga. Esta será la última oleada de antisemitismo que pase por el mundo. Satanás quiere destruir a la nación de Israel, especialmente cuando ya se acerca el momento del retorno del Mesías a la tierra para establecer su reino prometido.

El dragón está enojado especialmente con los de la nación de Israel "que guardan los mandamientos de Dios y tienen el testimonio de Jesucristo" (Apocalipsis 12:17). Esta no es una referencia a los judíos en general, sino a los creyentes judíos.

La aerolínea de Israel

Los creyentes judíos experimentarán la provisión sobrenatural en aquel día futuro, así como sucedió cuando el Señor los guió en el desierto. La Biblia dice: "Y se le dieron a la mujer las dos alas de la gran águila" (12:14) que podría significar un avión, cosa desconocida para el primer siglo de Juan. Durante tres años y medio este grupo de creyentes judíos estará protegido en algún lugar del desierto. Algunos estudiosos de la Biblia creen que este lugar puede ser Petra, una antigua fortaleza natural en el desierto del sur de Jordania.

¿Será posible que "águilas" sea una referencia a los Estados Unidos? Esto es pura suposición, pero me gustaría pensar que nuestra fuerza aérea salvara a esos creyentes.

Puesto que el Anticristo, poseído por Satanás, estará furioso contra los creyentes que hayan escapado de sus garras, enviará a sus secuaces tras ellos como un avalancha. Sin embargo, Dios hará que la tierra se trague las tropas de avanzada y proteja a sus propios hijos.

El Anticristo se enfurecerá tanto con esta contraofensiva que desatará los ataques más sangrientos contra los creyentes restantes. Satanás a veces parece estar ganando la guerra, pero su condena ya fue dictada, y su derrota es fija.

Este hombre, el Anticristo ¿estará vivo hoy? ¿Será un niño criado para odiar, o un adolescente inspirado por el poder? ¿Estará ahora mismo en una posición de influencia política, simplemente esperando la oportunidad de salir al escenario mundial con soluciones a los problemas globales?

Veamos la clase de amigo que será, conforme Apocalipsis nos da una biografía histórica de él. Lo más probable es que sea un hombre que luce traje de negocios hecho a su medida y no alguien con cuernos y cola. Será un hombre real, poseedor de una autoridad carismática, el mayor megalomaníaco del mundo.

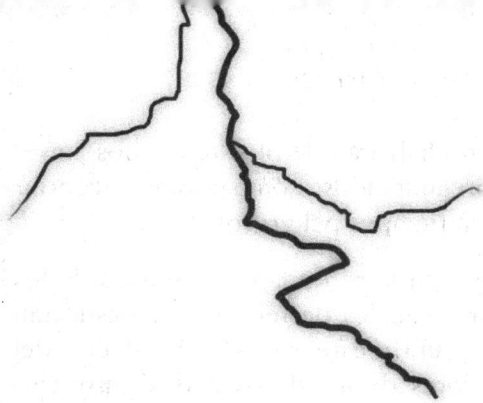

CAPÍTULO 14

FACHADA MALICIOSA

El mundo se llenará de pánico. Hombres y mujeres quedarán pasmados y escépticos al ver las increíbles noticias transmitidas por los medios globales de comunicación.

PRESIDENTE ASESINADO

ASESINO MATA A JUDAS CHRISTOPHER

LOS ESTADOS UNIDOS EUROPEOS LAMENTAN LA PÉRDIDA DE SU LÍDER

Christopher fue declarado muerto al llegar al Hospital Internacional de Roma esta mañana. La caravana de oficiales de los Estados Unidos Europeos recorría la Vía Veneto cuando el presidente al ser alcanzado por una sola bala en la sien, se derrumbó sobre su asiento a la vista de los oficiales de su gabinete y millones de observadores vía satélite interglobal.

Christopher había sido aclamado por los líderes de cada país como el personaje más grande de la historia mundial. Fue ampliamente aclamado como el político más inteligente del tercer milenio.

La pérdida del liderazgo mundial es incalculable. Ningún otro hombre ha hecho tanto por resolver los problemas del mundo y unificar a las naciones.

Por tres días las noticias no hablarán de otro tema. Los países del mundo estarán en caos, preguntándose cómo podrán encontrar a otro hombre que los guíe en tiempos peligrosos.

Mientras su cuerpo reposa en la rotonda del capitolio de los Estados Unidos Europeos, los canales de televisión modificarán toda su programación para cubrir este suceso. Alrededor del féretro estarán los gobernadores de los diez estados europeos, el presidente y todos los miembros del congreso de los Estados Unidos de América, y los principales dirigentes de cada país. La mayoría estarán inmóviles y acongojados, y muchos llorarán abiertamente.

De repente, el cuerpo de Judas Christopher se mueve. Se sienta. Lentamente se levanta de su ataúd y camina hacia el micrófono más cercano. Por el recinto corre un murmullo de incredulidad. Entonces habla. Su voz resonante tranquiliza a todos diciéndoles que es verdad que ha resucitado.

"No teman amigos míos, estoy vivo. Mírenme, hace tres días tenía un orificio de bala en mi cabeza. Pero como pueden ver, estoy completamente bien. Ahora mi mayor deseo es continuar con la unificación de las naciones y las religiones. Unir a la gente de todos los colores y de toda fe en una coexistencia pacífica. Tendré un mundo basado en el amor y el respeto mutuos".

Y los titulares por todo el mundo gritan:

¡ESTÁ VIVO!

¡EL MUNDO OBSERVA ABRUMADO

LA RESURRECCIÓN DE CHRISTOPHER!

SE COMPROMETE A TRABAJAR POR LA PAZ MUNDIAL

La verdad sorprenderá más que la ficción

No sabemos exactamente cómo sucederá, pero algún día el hombre que ha sido poseído por el mismo Satanás, el gran engañador, llevará a cabo su mayor actuación. Será herido fatalmente, y cuando el mundo entero se esté lamentando, será sanado. Su liderazgo se establecerá sin ninguna duda. Cada habitante de la tierra le rendirá culto, exceptuando los creyentes cuyos nombres figuren en el Libro de la Vida.

Será atractivo y carismático, capaz de persuadir a las masas para que cumplan sus órdenes satánicas. Daniel lo describió como que "... tenía ojos, y boca que hablaba grandes cosas, y parecía más grande que sus compañeros" (Daniel 7:20).

Daniel también escribió que "tenía ojos como de hombre" indicando que será inteligente (Daniel 7:8).

Él ordenará tal ritual de alabanza que hará ver a José Smith y Jim Jones como líderes de muchachos exploradrores. Se nos dice que "...el cual se opone y se levanta contra todo lo que se llama Dios o es objeto de culto; tanto que se sienta en el templo de Dios como Dios, haciéndose pasar por Dios" (2 Tesalonicenses 2:4).

Por un tiempo, al principio de la tribulación, el Anticristo aparentará ser un dictador gentil y benévolo. A medida que su verdadero carácter surja, su habilidad de persuadir a las masas aumentará.

Recuerdo haber escuchado grabaciones de Hitler cuando hablaba a la gente de Berlín. Al principio uno se cansaba de escuchar lo que decía. Comenzaba con una engañosa y apacible voz, que gradualmente se volvía más fuerte y estridente. Terminaba gritando con frenesí y las masas alemanas respondían a su retórica con gritos de "¡Viva, Hitler!"

El Anticristo será un Hitler con mucho más poder inicuo.

Juan lo vio emerger del mar

En Apocalipsis 13 Juan vio salir del mar una bestia que "tenía siete cabezas y diez cuernos; y en sus cuernos diez diademas; y sobre sus cabezas, un nombre blasfemo" (13:1).

Se le apareció a Juan, así como Daniel lo había descrito más de seiscientos años atrás, como una bestia parecida a un león, un oso, un leopardo, y una cuarta bestia sin nombre, con poder para superar a sus predecesores. Esta bestia representaba los cuatro reinos que se levantarían uno tras otro: Babilonia, Medo-Persia, Grecia y Roma. La predicción del levantamiento y la caída de estos cuatro imperios se cumplió con total exactitud.

Juan dijo que esta bestia se parecía a un leopardo. No puede ser coincidencia que un leopardo con sus colores castaño, negro y blanco, sea una bestia que representa las tres principales razas. El Anticristo será un hombre universal, el líder que podrá unificar al mundo.

Ha habido muchas suposiciones sobre la identidad del Anticristo. En la *Edinburg Encyclopedia* se mencionan catorce diferentes personas a las que se les ha asignado este nombre. Algunos de nuestros más grandes líderes cristianos, como Wycliffe, Huss y Lutero, pensaron que el Papa era el Anticristo. Hitler, Moshe Dayan, John F. Kennedy y Henry Kissinger, tuvieron la dudosa distinción de que se les identifique con esa infame designación. Alguno agregaron recientemente a Mikhail Gorbachev a la lista.

Puede que esté vivo hoy, en relativo anonimato, pero es cierto que aun no ha salido a escena. Él procederá del cuarto imperio (el Imperio Romano Revivido), que se está formando rápidamente en nuestro tiempo.

Europa unificada

La visión de la Comunidad Europea, o el Mercado Común, ha evolucionado en tan solo la última generación. "Un modesto plan de seis naciones formando un mercado común ha crecido para dar paso a la unión de quince países embarcados en la más grande alianza de soberanía entre países libres e independientes, desde la revolución estadounidenses".[1]

¿Qué significa esto para Estados Unidos? Cuando las naciones que ahora están comprometidas en unidad surjan como un bloque poderoso, ¡la población resultante será tan numerosa como la de Estados Unidos y Japón juntos!

1 Tyler Marshal, "European Unity Hinges on Many factors ", Los Angeles Times, 26 de agosto de 1996, A8.

La revista *Newsweek* dijo: "El camino hacia un solo mercado se pavimentará con compromisos poco sistemáticos y fechas límites sin cumplir. Sin embargo, es inevitable que surja una Europa sin fronteras internas. La economía de Europa lo necesita para competir y sobrevivir. Esta es la condición previa necesaria para lograr el sueño europeo de largo plazo: una unión realmente política que restaurará a Europa como potencia mundial".[2]

Un poder mundial necesitará un líder fuerte, especialmente a medida que aumenten los problemas de población, ambientales, económicos y de enemistad. No debemos saltar a la conclusión de que el primer líder de la Europa unificada será el Anticristo. Los creyentes serán arrebatados antes de que él se manifieste. Sin embargo, vemos que el terreno se está preparando para él.

La Biblia indica que este Imperio Romano Revivido tendrá diez cabezas, y en este momento el Mercado Común Europeo tiene quince países. Sin importar cuántos haya ahora, llegará el momento en el que solo habrá diez. La Palabra de Dios es exacta y sin error.

Un demonio sujeto

El Anticristo será un demonio con cuerpo, con intelecto y personalidad. Vivirá por un tiempo que Dios mismo le prestará. Veamos cómo obtuvo estos rasgos diabólicos:

"Se le dio boca que hablaba grandes cosas y blasfemias; y se le dio autoridad para actuar cuarenta y dos meses... Y se le permitió hacer guerra contra los santos, y vencerlos. También se le dio autoridad sobre toda tribu, pueblo, lengua y nación" (Apocalipsis 13:5, 7).

Dios permite que el Anticristo tenga este poder, pero lo tiene sujeto. Su sentencia es predeterminada.

La segunda bestia

"Después vi otra bestia que subía de la tierra; y tenía dos cuernos semejantes a los de un cordero, pero hablaba como dragón. Y ejerce toda la autoridad de la primera bestia en presencia de ella, y hace

<hr>

2 Scout Sullivan, "Who's Afraid of 1992?" Newsweek, O31 de octubre de 1988, 34.

que la tierra y los moradores de ella adoren a la primera bestia, cuya herida mortal fue sanada" (Apocalipsis 13:11, 12).

Esta bestia es el falso profeta, la mano derecha del Anticristo. Satanás es inteligente en dar continuidad a su fachada malévola, completando una trinidad impía. Así como Dios es una trinidad, Satanás también lo es. Su programa es una falsificación total del plan de Dios. La respuesta de Satanás al Hijo de Dios es el Anticristo. La falsificación del Espíritu Santo es la segunda bestia, o el falso profeta.

El Espíritu Santo tiene como objetivo principal glorificar a Jesucristo. El objetivo del falso profeta es hacer que la gente le rinda culto a la primera bestia.

Puede parecer extraño ver a un líder religioso desempeñando un papel clave durante la tribulación, pero este ha sido el modelo a lo largo de su historia. El hombre tiene necesidad de una fuente religiosa. En el libro *Megatrends* 2000 Naisbitt dice: "Las creencias religiosas se están intensificando ante la cercanía del año 2000, el milenio".[3]

El corazón del hombre anhela creer en algo o alguien. Este anhelo es universal. Incluso el ateísmo y el materialismo son religiones.

El falso profeta usará todo tipo de puntales religiosos con el fin de engañar a la gente. Hoy vemos que la influencia satánica del falso cristianismo atrapa a la gente en sus redes. Un amigo me contaba sobre una conversación que tuvo con una mujer, que dice hablar regularmente con el apóstol Juan. Ella le decía que una vez, a eso de la media noche escuchó hablar al apóstol Juan en la radio. Que le dio instrucciones de llamar a cierto número telefónico, lo cual hizo, y después de eso, Juan le habló a través de un médium, "un caballero profesional muy inteligente de cuarenta años", cuyo mensaje contenía solo amor.

Me pregunto: ¿Qué pensaría esa mujer sobre el mensaje de Juan en el libro de Apocalipsis?

---

3 John Naisbit and Patricia Aburdene, Megatrends 2000 (New York: William Morrow & Co., 1990), 271.

La religión sin Jesús es la herramienta de Satanás para acercar a la gente a su reino. Durante la tribulación, la religiosidad será intensa y el falso profeta usará en su arsenal toda clase de herramientas falsas.

Lenguaje de signos satánicos

El falso profeta tendrá poder para realizar grandes milagros. "...aun hace descender fuego del cielo a la tierra delante de los hombres" (13:13).

Imagínese el asombro de todos en la tierra al ver grandes surcos de fuego en el cielo. Quizás eso haga parte de una gran celebración en honor del Anticristo. Esta espectacular presentación puede ser el centro de atracción en Jerusalén donde se exhibirá la imagen de la bestia. El despliegue de llamas no tendrá parecido con las obras milagrosas de Dios. Él hizo llover fuego sobre Sodoma y Gomorra. Elías hizo caer fuego del cielo en el Monte Carmelo. En Apocalipsis se nos dice que cualquiera que intente hacerle daño a los dos testigos, saldrá fuego de sus bocas que destruirá a sus enemigos.

A menudo Dios se ha revelado con fuego, y el falso profeta engañador hará lo mismo.

La estatua que habla

El falso profeta tendrá como proyecto especial la construcción de una estatua del Anticristo en el templo reconstruido de Jerusalén. No habrá necesidad de un listado de miembros o promesas de fe. Cuando el Anticristo se recupere de su herida fatal y se convierta en el líder proclamado mundialmente, sus seguidores le rendirán culto.

Ningún escultor en ninguna de las edades del hombre ha esculpido una estatua como esa. La imagen del Anticristo hablará y emitirá un decreto que a cualquiera que se niegue a postrarse y rendirle culto será asesinado.

No sabemos cómo se llevará a cabo esta magia maligna, pero

es otra evidencia del poder de los demonios que prevalecerán en esos días.

"Y engaña a los moradores de la tierra con las señales que se le ha permitido hacer en presencia de la bestia, mandando a los moradores de la tierra que le hagan imagen a la bestia que tiene la herida de espada, y vivió. Y se le permitió infundir aliento a la imagen de la bestia, para que la imagen hablase e hiciese matar a todo el que no la adorase" (Apocalipsis 13:14, 15).

La puesta en funcionamiento de la imagen de la bestia es exactamente lo que Jesús tenía en mente cuando dijo en su discurso del monte de los Olivos: "Por tanto, cuando veáis en el lugar santo *la abominación* desoladora de que habló el profeta Daniel (el que lee, entienda), entonces los que estén en Judea, huyan a los montes" (Mateo 24:15, 16, énfasis añadido).

Visto desde el cielo

Si nosotros pudiéramos entreabrir las puertas de cielo y mirar lo que está pasando en la tierra, veríamos a los seguidores del Anticristo postrándose ante el altar de su estatua, mientras nosotros estaremos adorando a Cristo con toda su gloria en el altar celestial.

Podríamos ver hacia abajo las filas formadas para la impresión del sello en la mano derecha o en la frente de cada persona. Todos están formados ante el falso profeta y sus ministros designados y tienen estampado el 666 en su piel.

Dios también tiene sellados. ¿Recuerda el sello en la frente de los 144.000 evangelistas judíos? De nuevo vemos a Satanás tratando de falsificar la obra de Dios.

Marcado con hierro por la bestia

Durante la Segunda Guerra Mundial se necesitaba tener estampillas o tarjetas para comprar ciertos alimentos. La gasolina y muchos otros artículos escaseaban. En Estados Unidos las dificultades eran menores, ya que la victoria en la guerra era un esfuerzo nacional, pero el racionamiento era un estilo de vida.

Durante la tribulación no habrá ningún patriota. Cada uno luchará momento a momento por sobrevivir. La ley de la bestia será, "Adórame o muérete de hambre".

¿Por qué 666?

¿Por qué la marca de la bestia es el 666? Las supersticiones sobre este número y su significado podrían llenar muchos volúmenes. Veamos algunas cosas interesantes sobre este número: Goliat tenía seis codos de altura, la punta de su lanza pesaba seis siclos y tenía una armadura de seis piezas. La estatua de Nabucodonosor medía sesenta codos de altura y seis de ancho.

El hombre fue creado en el sexto día. Tiene que trabajar seis de siete días. Un esclavo hebreo no podía ser esclavo más de seis años. Los campos de los judíos no se debían cultivar más de seis años seguidos.

La explicación más lógica para la marca es que el número seis en la Biblia es el número del hombre. La bestia representa la máxima viveza e inteligencia humana.

Algo hace falta

Los hijos del gran compositor Bach encontraron que la manera más fácil para despertar a su padre era tocar unas líneas de música y dejar por fuera la última nota. Bach se levantaba en el acto, iba al piano y completaba el último acorde.

Donald Grey Barnhouse contó que una mañana en época de navidad se despertó, fue al piano y tocó "Noche de Paz", deteniéndose a propósito antes de tocar la última nota. Al caminar por el vestíbulo escuchó sonidos en los cuartos de sus hijos en el segundo piso. Su hijo de ocho años había dejado de leer y estaba tratando de encontrar la nota final en su armónica. Otro de los hijos estaba cantando la última nota a todo volumen. Su esposa le preguntó: –Donald, ¿Lo hiciste a propósito?

La naturaleza humana exige que se toque la última nota. El número 666 nos recuerda que algo hace falta, y eso que hace falta es alguien. Es un siete, el número perfecto.

Dios tiene su Cordero de Dios de siete cabezas, la segunda persona de la trinidad. Él tiene los siete Espíritus de Dios, la tercera persona de la trinidad, y tiene a sus santos que cantan la doxología siete veces.

Satanás tiene su seis… pero Dios es un siete. El viejo falsificador no podrá engañar por siempre a toda la gente por todo el tiempo, solo a algunos…

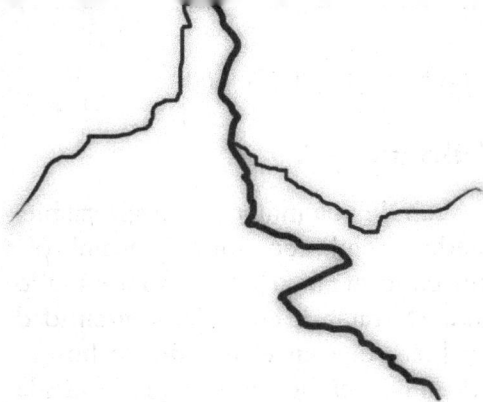

CAPÍTULO 15

IMPERIOS DE LA BESTIA

Esta es la historia de dos Babilonias, una mística y otra material. Babilonia, rica, intrigante e inmoral, es la ciudad que más se menciona en la Biblia, a excepción de Jerusalén. El primer gran imperio del mundo gentil fue la casa de Nabucodonosor, el rey más influyente de la tierra en su momento. Dentro de sus muros de treinta metros de altura y tan anchos que sobre ellos podían correr cuatro carruajes, uno al lado del otro, los judíos padecieron como cautivos durante setenta años. Babilonia representa lo que es el hombre sin Dios. Es un cuadro de lo que es hoy el mundo occidental con todo nuestro aprendizaje y ciencia, construyendo "nuestra Babilonia" sin la dirección e inspiración de Dios.

Cuando Juan recibió la visión del mundo futuro donde reinaría la bestia, vio que este líder mundial sería apoyado por dos poderosos aliados globales. El uno será de naturaleza religiosa y el otro de naturaleza económica. Esta impía alianza conformará el gobierno mundial definitivo, condenado a la extinción.

La bestia usará tres ciudades para su reino en la tierra. Empezará en Roma (como cabeza del Imperio Romano Revivido). Luego se irá a toda prisa a Jerusalén para llevar a cabo el plan que tiene para los judíos (estableciéndose a sí mismo como el Gran Comandante Supremo), y finalmente, trasladará su base de mando a "Babilonia", el centro económico y político de su imperio.

La misteriosa Babilonia

A Juan se le muestra la imagen de una mujer tan despreciable, que en su visión profética quedó "asombrado con gran asombro". Debe haber sido algo realmente chocante para haberlo sobresaltado de nuevo. ¿Quién es esa vil mujer? Tratar de entender su identidad nos ayudará a entender muy bien, que en el mundo de hoy lo que se llama "religión" es un camino teñido de rojo que lleva a la destrucción espiritual.

Vino entonces uno de los siete ángeles que tenían las siete copas, y habló conmigo diciéndome: Ven acá, y te mostraré la sentencia contra la gran ramera, la que está sentada sobre muchas aguas; con la cual han fornicado los reyes de la tierra, y los moradores de la tierra se han embriagado con el vino de su fornicación. Y me llevó en el Espíritu al desierto; y vi a una mujer sentada sobre una bestia escarlata llena de nombres de blasfemia, que tenía siete cabezas y diez cuernos. Y la mujer estaba vestida de púrpura y escarlata, y adornada de oro, de piedras preciosas y de perlas, y tenía en la mano un cáliz de oro lleno de abominaciones y de la inmundicia de su fornicación; y en su frente un nombre escrito, un misterio:

BABILONIA LA GRANDE, LA MADRE DE LAS RAMERAS Y DE LAS ABOMINACIONES DE LA TIERRA.

Vi a la mujer ebria de la sangre de los santos, y de la sangre de los mártires de Jesús; y cuando la vi, quedé asombrado con gran asombro. (Apocalipsis 17:1-6).

Nacido en Babilonia

En las llanuras de Sinar, en la antigua Babilonia nació un falso sistema religioso donde el primer dictador mundial, Nimrod, desafiando a Dios, construyó una torre con la que pretendía alcanzar el cielo. Esta torre se utilizó para estudiar las estrellas y se estableció como base de la astrología. Desde el mismo comienzo, Babilonia estuvo relacionada con la hechicería y la astrología.

De Babilonia surgió otro movimiento promovido por Semiramis, esposa de Nimrod, que fue la primera gran sacerdotisa de la idolatría. Según la leyenda ella tuvo un hijo llamado Tamuz, que concibió milagrosamente por un rayo de sol. Cuando Tamuz creció lo mató un jabalí, pero después de cuarenta días de llanto de su madre, él resucitó. Con esta historia de Semiramis y Tamuz comenzaron a extenderse por todo el mundo los rituales de adoración a "madre e hijo". La liturgia de adoración quedó definida, y a la madre se la identificó como "la reina del cielo" (Jeremías 44:15-19).

Los cuarenta días de cuaresma conmemoran los cuarenta días de lloro de la muerte de Tamuz, al final de los cuales se observó la fiesta de Ishtar para celebrar la resurrección de Tamuz. Parte de la celebración de Ishtar fue el intercambio de huevos de Ishtar, simbolizando nueva vida.

El Señor llamó al profeta Ezequiel para que fuera al templo y viera esa práctica ritual en proceso. Ezequiel vio cómo las mujeres de Israel observaban los cuarenta días de cuaresma por la muerte del pagano Tamuz. El Señor llamó esto abominación (véase Ezequiel 8:13-14).

El culto a madre e hijo finalmente terminó en Roma donde el emperador fue elegido *Pontifex Maximus* (sumo pontífice). Al morir el emperador romano, el obispo de Roma, asumió todos sus títulos y responsabilidades. Hoy se le conoce como el Papa.

El gran estudioso de la Biblia, Dr. H. A. Ironside, escribió:

> Cuando Constantino llegó al trono y el primer Papa asumió el título de Sumo Pontífice, todos esas asociaciones y ceremonias paganas que tenían sus inicios en Nimrod, (el culto de la Reina de los Cielos, el partimiento de ostias, la doctrina de purgatorio, el uso de vestiduras, y la observancia de mil un misterio menos uno), fueron traídos a la iglesia, y durante mil años prevalecieron por toda Europa. De esta manera surgió la iglesia católico romana con todas sus doctrinas y prácticas.[1]

---

1 H.A. Ironside, Lectures on the Book of Revelation.

En la Biblia no hay tal cosa como el culto a una deidad femenina, y a María nunca se la presenta más que como una humilde sierva de Dios, que fue escogida como la virgen que llevaría a Jesucristo en su ser.

Muchos caminos hacia la misteriosa Babilonia

Cuando Daniel entró a Babilonia, encontró más de un foso de leones. En la corte del rey Nabucodonosor había toda clase de magos, astrólogos y hechiceros interpretando sueños, llamando espíritus guías y trazando los cursos de las estrellas. ¿Esto le suena familiar? Hoy vivimos en el patio de las sectas y de lo sobrenatural de Nabucodonosor.

No todo lo de Babilonia la grande es ocultismo. Hay mucha de su influencia en las religiones superficiales de iglesias de teología liberal y organizaciones paraeclesiásticas, que profesan ser cristianas, pero que niegan muchas de las doctrinas básicas de la Biblia. (Recuerde la iglesia tibia de Laodicea).

Este tipo de iglesia, que ya está presente hoy, estará presente también cuando Cristo vuelva.

La gran ramera

A ninguna mujer decente le gustaría que la llamaran así, pero la mujer en Apocalipsis 17 no es ninguna dama. La palabra griega para "prostituta" es *porne*, que por lo general en el Nuevo Testamento se la traduce con la palabra "ramera".

El Dr. John Walvoord nos ayuda a entender el uso de tan vil descripción para la iglesia de los últimos tiempos:

> La imagen de la mujer como absolutamente mala, significa adulterio espiritual, enmarcando a quienes exterior y religiosamente parecen haberse unido al verdadero Dios, pero con una falsa relación. El simbolismo de adulterio espiritual no se utiliza de manera ordinaria para naciones paganas que no conocen a Dios, sino solo para hacer referencia a las personas que

exteriormente llevan el nombre de Dios mientras que realmente rinden culto y sirven a otros dioses . . . En el Nuevo Testamento, se ve a la iglesia como una virgen destinada a unirse a su marido en el futuro (2 Corintios 11:2), pero se le advierte contra el adulterio espiritual (Santiago 4:4)[2].

Las iglesias evangélicas de hoy, sin importar lo positivos que sean sus mensajes, si no tienen fundamento bíblico para la enseñanza, están cometiendo adulterio espiritual.

La mujer de dos caras

La prostituta de los últimos tiempos tiene dos caras: apostasía y religión. Esto fue predicho hace casi dos mil años: "Pero el Espíritu dice claramente que en los postreros tiempos algunos apostatarán de la fe, escuchando a espíritus engañadores y a doctrinas de demonios; por la hipocresía de mentirosos que, teniendo cauterizada la conciencia" (1 Timoteo 4.1, 2).

Estamos rodeados de apostasía. Las falsas doctrinas abundan en los púlpitos, la radio, la televisión y los seminarios. El erudito cristiano, Francis Schaeffer, dijo:

"No debemos olvidar que el mundo está en llamas. Vivimos en un mundo postcristiano, que está bajo el juicio de Dios".[3]

¿Por qué los maestros de falsas doctrinas tienen tanto éxito? El apóstol Pablo dijo: "Porque vendrá tiempo cuando no sufrirán la sana doctrina, sino que teniendo comezón de oír, se amontonarán maestros conforme a sus propias concupiscencias, y apartarán de la verdad el oído y se volverán a las fábulas" (2 Timoteo 4:3, 4).

La apostasía hace dejar de lado el verdadero significado de la doctrina bíblica, o escoger cuáles doctrinas creer y cuáles desechar.

Podemos ver indicios de este único sistema religioso mundial en las dos caras de la Babilonia misteriosa: primero, la iglesia tibia y

---

2 John Walvoord, The Revelation of Jesus Christ, 244.
3 Francis Schaeffer, The Church Before the Watching World (Downers Grove, IL: InterVarsity Press, 1971), 79.

207

apóstata; y segundo, millones de personas drogadas e influidas por el ocultismo siguiendo a "espíritus engañadores".

La Nueva Era y la Babilonia misteriosa

Mucha gente hoy, descontenta con la débil temperatura espiritual de la iglesia occidental, se ha vuelto en búsqueda de respuestas, al movimiento de la Nueva Era, el cual no ignora a Dios, sino que dice que todas las religiones son una sola. Jesús dijo: "Yo soy el camino, y la verdad, y la vida; nadie viene al Padre, sino por mí" (Juan 14:6).

La Biblia nos advierte del peligro de acercarnos al reino espiritual apartado de Cristo. El pensamiento de la Nueva Era que es básicamente religioso, busca ayudar a la gente a encontrar su mayor potencial, el dios interior.

La influencia del pensamiento de la Nueva Era no debe subestimarse. Los nuevaeristas son fabricantes de opinión. Naisbitt dice: "El noventa y cinco por ciento de los lectores del *New Age Journal* (Periódico de la Nueva Era) son profesionales, con un promedio de ingreso familiares de $47.500 dólares al año. Los nuevaeristas representan el mayor número de personas bien educadas y exitosas de las generaciones nacidas en los años 60 y 70".[4]

Es muy fácil involucrarnos con el pensamiento y las organizaciones de la Nueva Era. Su filosofía se presenta de una manera tan atractiva que enlista a respetables líderes en los negocios, la ciencia, la medicina y la educación, sin que se den cuenta.

En mi libro, *"La Invasión de Otros Dioses"* escribí: "Las prácticas neopaganas como la conciencia superior, los cristales, el karma, la terapia de vidas pasadas y la curación de recuerdos, junto con sus gurús, espíritus guías, fuerzas universales y poderes superiores, se han infiltrado en la calle principal".[5]

---

4 Naisbitt, Megatrends 2000, 293.
5 David Jeremiah con C.C. Carlson, Invasion of Other Gods (Dallas, TX: Word, Inc., 1995), 4.

Un investigador dijo: "Una vez asistí a un día de conferencias en un centro de retiro de la Nueva Era cerca de Baltimore, Maryland. Un conferenciante resumió sus puntos explicando lo que significaba la llegada de la "Nueva Era", y luego concluyó entusiastamente con una declaración que aterraría a cualquier cristiano bibliocéntrico. "…amigos, ¡todo eso empezó en Babilonia!".[6]

Tenía razón. La Nueva Era realmente es "doctrinas de demonios" envueltas en nuevos y atractivos empaques.

Una mujer codiciosa de poder

A la mujer de color escarlata que representa un sistema religioso apóstata se la identifica como "la gran ciudad que reina sobre los reyes de la tierra" (17:18). En el tiempo en que Juan escribió esto pudo haber solo una posible interpretación a esa declaración. Juan hablaba de Roma. Para su asombro ve un inmenso sistema político y religioso centrado en Roma, extendiéndose en todas las direcciones para asir el poder. La "mujer" se sienta sobre las siete colinas de Roma y se viste de púrpura y escarlata.

Esa mujer está asociada con el sistema político de la Bestia, y el sistema religioso que representa domina al Anticristo. El poder político y el poder religioso se comprometen entre sí, pero solo por un tiempo. Como en muchas sociedades, uno de los miembros quiere comprar o sacar al otro.

Una mujer rica y embriagada

Es tal la influencia de esta poderosa prostituta que su embriagadora astucia se pone en práctica por todo el mundo. Apocalipsis 17: 15 dice que ella influye "pueblos, multitudes, naciones y lenguas". La misteriosa Babilonia, la ramera espiritual, establecerá su centro de operaciones en Roma, el lugar apropiado para la concentración de poder. De Roma salió el césar que extendió su brazo para conquistar al mundo de sus días. Desde Roma la autoridad papal ha extendido su brazo de poder hasta cada rincón de la tierra. El romanismo ha tergiversado el mensaje

---

6 Joseph Carr, The Lucifer Connection (Lafayette, LA: Huntington House, Inc., 1987), 15, 16.

de la Palabra de Dios referente a su reino, ya que esta se considera la única iglesia verdadera.

La mujer escarlata representa un sistema religioso apóstata que combinará un protestantismo débil con el catolicismo, el espiritualismo, el humanismo y el ocultismo en una gran conexión satánica.

Asociación con la bestia

"Y vi a una mujer sentada sobre una bestia escarlata llena de nombres de blasfemia, que tenía siete cabezas y diez cuernos" (Apocalipsis 17:3).

La mujer y la bestia se ponen de acuerdo para combinar sus poderes con el fin de apoderarse del Occidente. Las siete cabezas y los diez cuernos describen la organización política de la bestia, identificada más adelante en este capítulo. Esta alianza será tan rica que todos los petroleros de Medio Oriente parecerán ciudadanos de clase media.

La Babilonia Misteriosa no será una dama bondadosa con un "corazón del oro" como las meseras de las tabernas en las películas del oeste, sino una mujer "ebria de la sangre de los santos, y de la sangre de los mártires de Jesús; y cuando la vi, quedé asombrado con gran asombro" (Apocalipsis 17:6).

Juan pudo entender por qué la Roma pagana torturaría y mataría a los creyentes, ya que él lo había presenciado. Pero quedó "asombrado con gran asombro" por la crueldad a la que llegaría Roma. En los Estados Unidos cuando miramos la Iglesia Católico Romana de hoy presentándose como benévola y tolerante, nos cuesta creer que pudiera llegar a ser clasificada como "ebria de sangre". Sin embargo, si estudiamos la historia, no nos será difícil entender esta descripción. El *Halley's Bible Handbook* contiene una sección detallada sobre "La Inquisición", que nos da una perspectiva de la brutalidad romana:

...la inquisición fue la principal agencia en el

esfuerzo papal por aplastar la Reforma. Se dice que en los treinta años transcurridos entre 1540 y 1570, se mató a no menos de novecientos mil protestantes. Piense en monjes y sacerdotes dirigiendo con crueldad y brutalidad inhumana el trabajo de torturar y quemar vivos a hombres y mujeres inocentes, y haciéndolo en el nombre de Cristo, por orden directa del "Vicario de Cristo". La inquisición es la cosa más infame de la historia. Fue inventada por los papas, y utilizada por ellos durante quinientos años para mantener su poder.[7]

Sí, Roma se ha embriagado con la sangre de los santos, y durante la tribulación quienes se hayan convertido a Cristo sufrirán intensamente bajo la dirección de la iglesia mundial, la Babilonia misteriosa.

Montando a la bestia

Este es un caso de dominación femenina. El sistema religioso de la ramera domina a la bestia (el Anticristo) y dirige al líder del Imperio Romano Revivido, con riendas cortas durante la primera mitad de la tribulación.

El ángel que reveló esta profecía le dijo a Juan: "¿Por qué te asombras? Yo te diré el misterio de la mujer, y de la bestia que la trae, la cual tiene las siete cabezas y los diez cuernos. La bestia que has visto, era, y no es; y está para subir del abismo e ir a perdición; y los moradores de la tierra, aquellos cuyos nombres no están escritos desde la fundación del mundo en el libro de la vida, se asombrarán viendo la bestia que era y no es, y será" (Apocalipsis 17:7, 8).

Cuando conocimos a la bestia se nos dijo que salió del mar (véase Apocalipsis 13), pero ahora se nos dice que sale del abismo. ¿Será esta la misma persona? Este personaje es polifacético, pero cuando aparezca por primera vez, será un ser humano normal. Recuerde que será asesinado y resucitará por el poder satánico. Desde entonces, la bestia será más que un ser humano. Será una persona sobrenatural, saliendo del abismo sin fondo. En su estado

---

7 Vea Halley's Bible Handbook (Grand Rapids: Zondervan, 1965), 777. Hay traducción al español.

sobrenatural ordenará que lo adoren todas las masas de gente que aún sigan vivas sobre la tierra en ese tiempo.

A esta bestia, que es un monstruo real, se la describe con siete cabezas y diez cuernos, ¡una imagen fea! Las siete cabezas tienen dos significados: siete montañas y siete reyes. Las siete montañas simbolizan las siete colinas de Roma. A los siete reyes se los explica de esta manera:

"Las siete cabezas son siete montes, sobre los cuales se sienta la mujer, y son siete reyes. Cinco de ellos han caído; uno es, y el otro aún no ha venido; y cuando venga, es necesario que dure breve tiempo. La bestia que era, y no es, es también el octavo; y es de entre los siete, y va a la perdición" (Apocalipsis 17:9-11).

Desempolvemos la historia antigua y miremos lo que encontramos. Cuando Juan escribió Apocalipsis, habían caído cinco reyes o emperadores romanos: Tiberio, Calígula, Claudio y Nerón. El rey que gobernaba en ese tiempo era Domiciano, el cruel déspota que envió a Juan a Patmos.

Cuando Juan escribió esta profecía, faltaba un futuro rey. Este séptimo rey o reino, es el Imperio Romano Revivido, que estará dirigido por tres años y medio por un gobernante romano, el Anticristo.

Los diez cuernos son la confederación de diez naciones que, a mi juicio, se formarán en nuestra era como Mercado Común Europeo. Las naciones que conformen este grupo darán autoridad y poder a la bestia.

La sentencia de la ramera

Babilonia la Grande, la madre de las prostitutas, simboliza el sistema religioso que dominará con su poder seductor al gran líder del mundo unificado.

En la primera mitad de la tribulación el Anticristo tolerará esta impía alianza hasta que él decida que el sistema ya no le es útil. Quizás sea incitado a actuar por el falso profeta, pero su ambición es declararse dios y ser adorado. "Y los diez cuernos que viste en la bestia, éstos aborrecerán a la ramera, y la dejarán desolada y desnuda; y devorarán sus carnes, y la quemarán con fuego" (Apocalipsis 17:16).

Al imaginarme a la mujer montando a la Bestia y luego siendo destruida por el Anticristo, algo cómico y familiar me viene a la mente:

> Una joven de Nigeria sonrió al montarse sobre un tigre. Volvieron de la andanza, con la chica en la panza y la sonrisa en la cara del tigre.

Aquí hay una clara advertencia contra el matrimonio entre la política y la religión. La historia ha demostrado que siempre que vemos esa alianza, termina en un violento divorcio.

La aventura de dos Babilonias, continuación

A Juan le cuentan la caída de Babilonia en dos fases. Un ángel con "gran poder; y la tierra fue alumbrada con su gloria" (Apocalipsis 18:1), profetizó la destrucción de otra Babilonia. El ángel que es tan poderoso, que algunos estudiosos han pensado que es el mismo Jesucristo, pronuncia el juicio sobre la ciudad de Babilonia.

"Ha caído, ha caído la gran Babilonia" (Apocalipsis 18:2).

Este grito es una señal de destrucción cataclísmica. La palabra se repite con la intención de describir dos diferentes fases de la caída. La primera se refiere a Babilonia como sistema de falso culto (destruido por el Anticristo), y la segunda a la ciudad de Babilonia donde este está encarnado.[8]

Muchos creen que esta profecía requiere la reconstrucción real de Babilonia en la rivera del río Éufrates. Ya que todo lo que queda de esa reluciente ciudad son unas polvorientas ruinas de los tiempos antiguos en el deprimido país de Irak, es difícil concebir que Babilonia pueda ser un centro mundial importante en el

---

8 Vea J.A. Seiss, The Apocalypse: Lectures on the Book of Revelation (Grand Rapids: Zondervan, 1967), 467.

futuro cercano. Sin embargo, Irak tiene ricos recursos petroleros, incluyendo un oleoducto que puede transportar 1,6 mil millones de barriles de crudo por día hasta el Mar Rojo, lo cual indica que este pequeño país puede mostrar algo de poder económico.[9] Y no hay ninguna duda que Saddam Hussein impactó al mundo entero con su invasión a Kuwait, y que amenazaba extender más allá su poder.

Otros creen que esta Babilonia será un sistema de vida y cultura cuyo principio básico es la alienación de Dios. Será la metrópoli más adinerada, más decadente, que jamás el mundo ha conocido. La destrucción de esta ciudad por la mano de Dios será de manera explosiva, pues en sesenta minutos quedará convertida en cenizas.

El artista alemán Ludwig Meidner ha pintado algunos paisajes violentos que ilustran el fin del mundo. El trabajo de Meidner, que ha logrado aclamación mundial incluye la pintura titulada: "Paisaje Apocalíptico", que es una espeluznante vista preliminar de los últimos días. Las emociones purpúreas de este atormentado artista exponen los sentimientos de mucha gente que hoy no conoce a Jesucristo como su Salvador. Meidner murió en 1966, dejando un legado de destrucción en el lienzo, un holocausto sin esperanza.

Los pecados de Babilonia

La ciudad representada como Babilonia será el centro mundial del crimen. "Porque sus pecados han llegado hasta el cielo, y Dios se ha acordado de sus maldades" (véase Apocalipsis 18:5). Los pecados de Babilonia se han amontonado uno sobre otro como ladrillos en la torre de Babel. Cada piedra es una acusación sobre su condición enferma.

Primero, Babilonia es juzgada debido a su pecado. Su carácter es despreciable. Se ha convertido en "habitación de demonios y guarida de todo espíritu inmundo, y albergue de toda ave inmunda y aborrecible". Esta es una repugnante descripción del sistema ocultista de la Bestia. Espíritus inmundos controlarán la mente de hombres.

---

9 Enciclopedia Americana (1988 Annual), 291.

Esta imagen me recuerda la mirada de reojo de Richard Ramírez, el asesino acosador nocturno que hizo una señal satánica cuando fue sentenciado a muerte en una sala del tribunal de Los Ángeles. La falta de arrepentimiento es horrible en cualquier manera.

Babilonia es juzgada por su *influencia*. Es el centro de la vida social, política, cultural y comercial de todo el globo. La trampa puesta por este sistema lo llevará a su caída. Sobre los opresores ricos la Biblia advierte:

> ¡Vamos ahora, ricos! Llorad y aullad por las miserias que os vendrán. Vuestras riquezas están podridas, y vuestras ropas están comidas de polilla. Vuestro oro y plata están enmohecidos; y su moho testificará contra vosotros, y devorará del todo vuestras carnes como fuego. Habéis acumulado tesoros para los días postreros. He aquí, clama el jornal de los obreros que han cosechado vuestras tierras, el cual por engaño no les ha sido pagado por vosotros; y los clamores de los que habían segado han entrado en los oídos del Señor de los ejércitos. Habéis vivido en deleites sobre la tierra, y sido disolutos; habéis engordado vuestros corazones como en día de matanza (Santiago 5:1-5).

Los capitalistas inescrupulosos de los tiempos del fin superarán todos los excesos de Cornelio Vanderbilt, que fuera una vez el hombre más rico de los Estados Unidos de América. Aquel hombre amasó más dinero en sus arcas personales que el que tenía el tesoro de los Estados Unidos.

Babilonia será juzgada debido a su *infidelidad*. Viviendo en iniquidad y alardeando de ella, será totalmente insensible al concepto de un Dios soberano.

Babilonia será juzgada debido a su *inhumanidad*. Junto con las cargas mercantiles de artículos lujosos, se comprarán y se venderán "...cuerpos y almas de hombres" (véase 18:13). Hombres y mujeres venderán sus cuerpos por baratijas. Los seres humanos no serán más que artículos para poseer y vender. Este sistema mundial defendido por la bestia deshumanizará a la humanidad, como lo hace cualquier sistema sin Dios.

Lamento de los condenados

Todo el lujo y el arrogante esplendor de esta ciudad habrá desaparecido en una hora. "Los mercaderes de estas cosas, que se han enriquecido a costa de ella, se pararán lejos por el temor de su tormento, llorando y lamentando" (18:15).

Los capitanes de marina observarán el humo de su incendio. Llorarán por la pérdida de su comercio de envíos lucrativos. La ciudad perderá su música, los obreros sus trabajos. La oscuridad envolverá las calles que una vez brillaron con luces, marquesinas de teatros y rótulos de neón.

En esta ciudad donde los mejor vestidos del mundo ostentaron sus modas de diseñador, las costosas prendas habrán desaparecido. Una de las declaraciones más tristes será: "...ni voz de esposo y de esposa se oirá más en ti;" (18:23). El regocijo de una boda, que representa una de las más grandes alegrías humanas, se convertirá en silencio.

Juan ve a un poderoso ángel lanzar una gran piedra de molino al mar como símbolo de la violenta destrucción de Babilonia (véase 18:21). Cuando el Señor estaba en la tierra dijo que era mejor para un hombre colgarse una piedra de molino en su cuello y tirarse a lo profundo del mar, que ofender a uno de los hijos de Dios. "Ofender" es una palabra demasiado suave para describir lo que hará este gran poder sin Dios, lleno de sangre de santos y profetas. La Babilonia misteriosa será lanzada al abismo del juicio.

Regocijo en un libro de lágrimas

"Alégrate sobre ella, cielo, y vosotros, santos, apóstoles y profetas; porque Dios os ha hecho justicia en ella" (18:20).

Los santos estarán en el cielo alabando, honrando y adorando a Dios en su gloria. Pero ahora serán llamados a mirar hacia abajo el mundo del que salieron. Ellos verán que la vil Babilonia de hombres sin Dios ha recibido la sentencia final. Este sistema mundial nunca volverá a surgir, y esto es causa de celebración.

Escape de Babilonia

En medio de la descripción de la caída de Babilonia, Juan escucha una voz de cielo que dice:

"Salid de ella, pueblo mío, para que no seáis partícipes de sus pecados, ni recibáis parte de sus plagas; porque sus pecados han llegado hasta el cielo, y Dios se ha acordado de sus maldades" (18:4).

El pueblo de Dios no estará en Babilonia el día de su destrucción, pero en nuestra vida presente en la tierra podemos estar involucrados en sus pecados. Pablo escribió estas instrucciones a la gente de Corinto:

"No os unáis en yugo desigual con los incrédulos; porque ¿qué compañerismo tiene la justicia con la injusticia? ¿Y qué comunión la luz con las tinieblas?" (2 Corintios 6:14).

Huir de Babilonia es la ruta a tomar para alejarse de sus juicios. No es cosa fácil en el mundo egoísta y materialista de hoy, pero nuestro destino justifica la jornada.

PARTE CUATRO

DIOS RETOMA EL MUNDO
PARA SIEMPRE

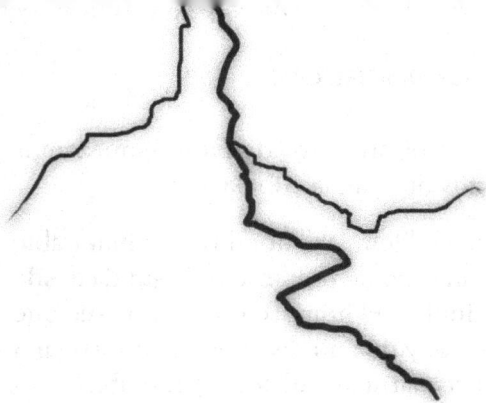

CAPÍTULO 16
¡HECHO ESTÁ!

Apocalipsis está lleno de sufrimiento y destrucción... ¿por qué un Dios de amor permite todo esto? ¿Acaso amor no significa compasión, cuidar de alguien más que de uno mismo? ¿No se supone que debemos amar hasta nuestros enemigos? Estas preguntas asaltan a quienes no conocen los atributos de nuestro Dios Creador.

En este siglo los hombres han reemplazado la santidad de Dios por un Dios apacible y flojo. ¿Con qué frecuencia escuchamos hablar de los juicios de Dios? Ese no es un tema popular y no aporta un título atractivo para poner en los boletines de la iglesia. La gente va a que se le hagan cosquillas en las orejas, y no a que se le sacuda la conciencia.

La majestuosa canción de Moisés dice: "¿Quién como tú, oh Jehová, entre los dioses? ¿Quién como tú, magnífico en santidad, terrible en maravillosas hazañas, hacedor de prodigios?" (Éxodo 15:11).

En nuestra generación hemos perdido de vista la santidad de Dios como centro de su naturaleza. Se le llama "El de arriba", como si se sentara en las nubes moviendo hilos de títeres terrenales, o el "Buen Señor", que es una versión disminuida de su majestad.

Cuando entendemos los santos atributos de Dios, empezamos a ver la necesidad de los juicios durante la tribulación.

J. Vernon McGee describe el dilema del hombre con inimitable franqueza: "Después de casi un siglo de predicación insípida desde los púlpitos de los Estados Unidos, el hombre promedio cree que Dios es todo dulzura y suavidad, y que no disciplinaría o castigaría a nadie. ¡El libro de Apocalipsis narra una historia diferente!"[1]

Seis ángeles mensajeros

Juan debe haberse frotado muchas veces sus gastados ojos durante las visiones que recibió en Patmos. El capítulo 14 de Apocalipsis nos habla de algunos agentes de avanzada, que hacen anuncios referentes al resto del libro.

En los dramas griegos las batallas y los eventos importantes no siempre se representaban en el escenario debido a que era demasiado complicado que un pequeño reparto de actores lo llevara a cabo. Así que estas partes las anunciaba un mensajero. Este es el papel de los seis ángeles. No podemos esperar entender sus anuncios cronológicamente.

El primer ángel anuncia el evangelio, pero no de la manera que lo hacemos en la actualidad. No hay ninguna invitación a pasar al frente, o llamado a la salvación. Es un evangelio que hace énfasis en la obra creativa de Dios.

El Dr. Henry Morris escribió: "Si Cristo no es el Creador, difícilmente puede ser el Salvador o el Rey que ha de venir. Los hombres de los últimos días primero deberán ser llamados a creer de nuevo en una creación verdadera, y por consiguiente en un Dios Creador que es real, antes que puedan sentirse atraídos para acercarse a Él como Salvador".[2]

En nuestros días, cuando la batalla entre creacionistas y evolucionistas ruge dentro de nuestro sistema educativo en los

1 Vernon McGee, Through the Bible With J. Vernon McGee (Pasadena, CA: Through the Bible Radio, 1983), 1022.
2 Henry Morris, The Revelation Record, 61-62.

Estados Unidos, debe ser notorio que el ángel hace énfasis en la creación, considerando que los habitantes del mundo han sido adoctrinados en la filosofía atea de la evolución.

Este ángel tenía "el evangelio eterno para predicarlo a los moradores de la tierra" (14:6). Esta es la única vez en la Biblia donde se hace una declaración tan exacta de ese hecho. Será muy apropiado para esos tiempos oscuros, cuando los hombres estarán adorando ciegamente a la bestia y su imagen, que se hiciera un último esfuerzo por invitar a los hombres a volver a temer y adorar al Dios viviente.

El segundo ángel anuncia la caída de Babilonia descrita en el capítulo anterior. Desde luego, los seguidores de Satanás no prestarán atención a su próxima destrucción, aunque los ángeles se paren delante de ellos agitando grandes banderas rojas.

El tercer ángel anuncia las opciones que tienen los habitantes de la tierra: adorar a la bestia y ser aborrecidos por Dios, o adorar a Dios y ser aborrecidos por la bestia. No hay punto medio. La Palabra de Dios nunca ha dado lugar a acomodos, y este mensajero anunciará que el tormento para los que le rindan culto a la bestia durará para siempre, pero el tormento para los que se nieguen a recibir la marca solo durará algún tiempo, y luego vendrá la gloria para siempre jamás.

En el período de la tribulación habrá miles de santos que se preguntarán cómo recibirán su recompensa futura. Ellos llegaron demasiado tarde para el rapto, pero Dios les tiene una bendición especial. "Descansarán de sus trabajos, porque sus obras con ellos siguen" (Apocalipsis 14:13).

Muchos creen que el cielo será un lugar de aburrimiento y fastidiosa inactividad. Pero cuando el Señor dice, "descanso", se refiere a refrigerio. En el cielo estaremos ocupados sirviendo, pero sin el cansancio y la fatiga que con frecuencia acompaña nuestro trabajo en la tierra. No necesitaremos vitaminas o cafeína.

La tarde sabatina del siglo

Estamos por ver a través de los ojos de Juan la última actividad en la tierra como la conocemos. La serie final de siete juicios es liberada antes del glorioso evento de la segunda venida de Jesucristo.

Un breve resumen indica que el pergamino ha llegado a su final. Conforme se lo desenrollaba vimos siete sellos de siete juicios (véase Apocalipsis 5, 6, y 8), luego los siete juicios de las siete trompetas (véase Apocalipsis 8, 9, y 11). Ahora veremos los siete juicios que derraman las siete copas durante el reinado de la bestia.

Siete ángeles son los mensajeros que reciben órdenes directas de Dios, quien habla con voz fuerte desde dentro del templo. Su paciencia a lo largo de los siglos se habrá terminado. Él les dice a los siete ángeles: "Id y derramad sobre la tierra las siete copas de la ira de Dios" (Apocalipsis 16:1).

El juicio de la primera copa: úlceras malignas

Este no será un agradable espectáculo. Cuando el primer ángel reciba la orden de derramar su copa, "…vino una úlcera maligna y pestilente sobre los hombres que tenían la marca de la bestia, y que adoraban su imagen" (Apocalipsis 16:2).

Estas úlceras son simplemente el principio de los tormentos que tendrán por la eternidad. Las enfermedades de úlceras en la piel tienen su significado porque son manifestaciones externas de la corrupción interna. Jesús describió a quienes parecían buenos por fuera, pero estaban podridos por dentro, cuando habló a los virtuosos y egoístas líderes de sus días:

> "¡Ay de vosotros, escribas y fariseos, hipócritas! porque sois semejantes a sepulcros blanqueados, que por fuera, a la verdad, se muestran hermosos, mas por dentro están llenos de huesos de muertos y de toda inmundicia" (Mateo 23:27).

Moisés profetizó la maldición de las úlceras cuando el pueblo de Israel se negara a seguir la ley, y se postrara ante dioses extraños. Él dijo:

> "Jehová te herirá con la úlcera de Egipto, con tumores, con sarna, y con comezón de que no puedas ser curado... El te herirá Jehová con maligna pústula en las rodillas y en las piernas, desde la planta de tu pie hasta tu coronilla, sin que puedas ser curado" (Deuteronomio 28:27, 35).

Solo con leerlo se me eriza la piel. Hasta donde sabemos, esta profecía no se ha cumplido en la historia de Israel. Los habitantes de la tierra que hayan seguido al Anticristo experimentarán el doloroso cumplimiento de esta maldición.

La segunda y la tercera copas: agua convertida en sangre

"El segundo ángel derramó su copa sobre el mar, y éste se convirtió en sangre como de muerto; y murió todo ser vivo que había en el mar. El tercer ángel derramó su copa sobre los ríos, y sobre las fuentes de las aguas, y se convirtieron en sangre" (Apocalipsis 16:3, 4).

No creo que sea una coincidencia que el segundo sello (el bélico caballo bermejo), la segunda trompeta (una tercera parte del mar convertida en sangre), y la segunda copa tengan que ver con sangre.

Imagínese todos los peces de agua salada y de agua dulce muriendo. El hedor por toda la tierra será agobiante. Es más, ¿qué beberá la gente? Las latas de gaseosas y las botellas de jugos no pueden durar para siempre.

La razón de estos juicios es la sangre derramada de los santos y de los profetas. El altar será el refugio de los mártires en Apocalipsis (capítulo seis) y ahora su clamor por venganza recibirá respuesta.

Todos los que hayan criticado los juicios del Señor serán silenciados como resultado del decir de los mártires: "Ciertamente,

Señor Dios Todopoderoso, tus juicios son verdaderos y justos" (16:7).

El profeta Habacuc lo resumió así: "Mas Jehová está en su santo templo; calle delante de él toda la tierra" (2:20).

La cuarta copa: calor intenso

El cuarto ángel dará al sol poder para carbonizar a la gente con fuego. La gente arderá por el intenso calor, y muchos morirán maldiciendo con su lengua en llamas.

Todo lo que Dios tendrá que hacer para que este juicio suceda es quitar una o dos capas de ozono de la atmósfera. Hace unos años nadie parecía molestarse por los cambios de clima. Ahora el tema no es solo un rompehielo para una conversación, sino una causa de alarma. Los científicos ven el calentamiento de la tierra como una creciente amenaza para el ecosistema. El informe del Instituto de Observatorio Mundial dijo: "En la atmósfera superior la capa de ozono que nos protege de la radiación ultravioleta se está reduciendo. La misma temperatura de la tierra parece aumentar, creando así una amenaza de dimensiones virtualmente desconocidas contra todos los ecosistemas de los que depende la humanidad".[3]

Sin importar la manera que Dios utilice para producir esta ardiente plaga, de todas maneras sucederá. Cientos de años antes de Cristo, el profeta Malaquías escribió: "Porque he aquí, viene el día ardiente como un horno, y todos los soberbios y todos los que hacen maldad serán estopa; aquel día que vendrá los abrasará, ha dicho Jehová de los ejércitos, y no les dejará ni raíz ni rama" (4:1).

La quinta copa: oscuridad en el reino de Satanás

Dios centrará su juicio sobre el mismo lugar de Satanás. Esta plaga traerá oscuridad, y la gente se morderá la lengua por el dolor de las úlceras y el calor, pero aún así seguirán maldiciendo a Dios y se negarán a arrepentirse.

---

3 Lester Brown and Christopher Flavin, «The Earth's Vital Signs» State of the World, (New York; W.W. Norton & Co., 1988), 3.

La oscuridad es un tema común en la Palabra de Dios. Muchos de los profetas hablaron de una oscuridad venidera (véase Isaías 60:2; Joel 2:2), y Jesús dijo que durante la tribulación, "... el sol se oscurecerá, y la luna no dará su resplandor" (Marcos 13:24).

Estiro mi imaginación para tratar de comprender el horror y la agonía de estos juicios. Logro entender por qué algunos de los que leen la Biblia preferirían obviar algunos de estos capítulos y volver a un salmo consolador o a la enseñanza de una parábola. Pero cada porción de la Palabra de Dios es "útil para enseñar, para redargüir, para corregir, para instruir en justicia" (2 Timoteo 3:16).

La sexta copa: el río Éufrates se seca

Nunca hemos oído hablar de alguien que haga un crucero de vacaciones por el Éufrates. De hecho, si usted le preguntara a una docena de personas dónde queda ese río, quizás solo una o dos podrían saber su ubicación general. ¿Por qué será tan importante que el sexto ángel reciba la orden de secarlo?

Este juicio es más que una plaga, es el preludio a la reunión de las tropas para la batalla de Armagedón. Escuche el acercamiento cadencioso de un inmenso ejército oriental: "El sexto ángel derramó su copa sobre el gran río Éufrates; y el agua de este se secó, para que estuviese preparado el camino a los reyes del oriente" (16:12).

Juan nos contó de cuatro ángeles depravados que fueron encadenados por Dios en el río Éufrates, y a su liberación un increíble ejército de "doscientos millones" marchará hacia el Medio Oriente.

El Éufrates es el río más grande de Asia Occidental y desde tiempos inmemoriales ha sido una formidable frontera entre los pueblos del Este y del Oeste. La historia con frecuencia se refiere al obstáculo que ha sido el Éufrates para movimientos militares, pero en estos últimos días los dos mil novecientos kilómetros de su profundo caudal serán la carretera para la marcha hacia el último campo de batalla.

El sexto ángel tiene algunos otros juicios en su copa, y estos son "tres espíritus inmundos a manera de ranas; pues son espíritus de demonios, que hacen señales, y van a los reyes de la tierra en todo el mundo, para reunirlos a la batalla de aquel gran día del Dios Todopoderoso" (16:13, 14).

Aquí vemos de nuevo la trinidad maligna compuesta por Satanás, el Anticristo y el falso profeta. Ellos entran juntos en su sala de guerra para esforzarse por hacer que las naciones del mundo marchen contra Israel y derroten los propósitos de Dios sobre la tierra.

Por un tiempo me intrigó pensar en cómo los líderes de toda la tierra serían incitados a luchar contra los ejércitos del Señor. La nación de Israel, un pedazo tan pequeño de tierra en medio de las inmensas extensiones de este mundo (¡en algunos mapas se necesita una lupa para poderlo encontrar!). Entonces entendí que aquellas "ranas" con su incesante croar, saldrían de oscuras sombras y harán demostraciones ruidosas hasta que todos los líderes y reyes de las naciones sean contagiados de odio para el enfrentamiento final contra Dios y todos sus poderes.

Un comentarista los llamó "el gran ejército de los adoradores del diablo".

Advertencia antes del derramamiento de la última copa

Antes de que Dios permita que la última copa sea derramada sobre la tierra hay una advertencia más. Él hace otra declaración sobre su venida en juicio y la oportunidad de estar preparados: "He aquí, yo vengo como ladrón" (16:15).

Es importante entender que Cristo nunca vendrá como ladrón por su Iglesia. "Mas vosotros, hermanos, no estáis en tinieblas, para que aquel día os sorprenda como ladrón" (1 Tesalonicenses 4:5). Los creyentes esperamos la aparición gloriosa de nuestro Señor, anhelando su regreso por nosotros.

Al final de la gran tribulación el Señor vendrá como un intruso que no es bienvenido, y la tierra entera se lamentará por causa de Él.

La copa del juicio final

"¡El séptimo ángel derramó su copa por el aire; y salió una gran voz del templo del cielo, del trono, diciendo: Hecho está!" (16:17).

A medida que se derrama la última copa suceden truenos, relámpagos, el peor terremoto que jamás ha tenido lugar, y caen piedras de granizo de unos 45 kilos. Esta será la destrucción final de todo sistema religioso, político y educativo que el hombre haya edificado sin Dios. Será el colapso de todas las esperanzas y sueños del hombre por tener poder terrenal. Dios dice: "hecho está". Estas palabras ya las habíamos escuchado una vez en la cruz, cuando Dios concluyó el juicio sobre los pecados de la humanidad. Ahora, de nuevo, se escuchan cuando el juicio sobre la tierra ha terminado.

Los reyes de la tierra se reunirán en un lugar llamado Armagedón. ¿Cuántas veces hemos escuchado ese nombre durante nuestra vida? ¡Este es el único lugar, en toda la Biblia, donde se encuentra esa palabra! Su significado es, "Monte de Megido". El Valle de Megido se encuentra aproximadamente a veinticuatro kilómetros al sudeste de la moderna Haifa.

Es impresionante pararse sobre un camino empinado que pasa por lo alto de este fértil valle, a pensar que algún día se dará allí la peor matanza que cualquier batalla luchada haya arrojado a través de los siglos.

Apocalipsis 14:20 nos da una macabra descripción de esta devastación, cuando se nos dice que la sangre subirá a la altura del freno de los caballos en un trayecto de trescientos veintidós kilómetros. El único valle que tiene esa longitud en Israel es el del río Jordán que va desde el mar de Galilea, pasa por el Mar Muerto y baja hasta el golfo de Eliat. Por ese valle correrá un río teñido de sangre.

La identidad de todos los hombres del Rey

Armagedón no será una batalla de un día. Será una campaña continua desde el momento en que el Señor libere las mortales máquinas de guerra del caballo bermejo. Las guerras estarán en furor en la tierra hasta que ocurra la batalla final en el valle de decisión.

Juan no nos ha dicho quiénes serán "los reyes de toda la tierra", pero otros profetas han escrito sus identidades. Uno de los reyes de la tierra será el rey del Sur, descrito en el Salmo 83:1-8, y en Daniel el 11:20. Este rey, que los estudiosos de la Biblia identifican como Egipto y sus aliados árabes y las naciones africanas, atacará al falso profeta israelita (véase Fachada Maliciosa en el capítulo 14). El falso profeta, que es el cooconspirador del Anticristo, probablemente será un judío cuya base de operaciones estará en Jerusalén.

Cuando Israel sea invadido por los ejércitos del *rey del Sur* en un cruel intento por destruirlo, otro implacable enemigo suyo, *el rey del Norte*, lanzará una invasión total. La mayoría de los que estudian la profecía hoy creen que este monarca del Norte no puede ser otro que Rusia y sus aliados (véase Daniel 11:40-45; Ezequiel 38:14-17; Joel 2:1-10, 20).

Nosotros creemos que la apertura del segundo sello (véase Apocalipsis 6:3,4) señala el comienzo de estas invasiones. En ese momento un jinete montando un caballo bermejo quita del mundo la falsa paz prometida por el Anticristo. Según el profeta Daniel, el rey del Sur y el rey del Norte se aliarán para atacar a Israel. Sin embargo, esta alianza será efímera, al avanzar Rusia hasta Egipto y apoderarse del reino del sur, por supuesto, traicionando a sus aliados y a los árabes (véase Daniel 11:40-43).

El rey del Norte habrá establecido su cuartel general en Egipto o África, pero no tendrá mucho tiempo para celebrar su triunfo porque sus mensajeros lo prevendrán sobre amenazas provenientes del Oriente y del Norte. Del Oriente oirá hablar de un gran ejército de millones que comienza a movilizarse. El norte de Egipto es Israel, donde el Anticristo romano, que encabeza las diez naciones del Imperio Romano Revivido, preparará su maquinaria militar.

El rey del Norte será completamente aniquilado en Israel. El profeta Ezequiel dijo que todas las tropas del comandante norteño caerían y sus cuerpos serían comida de aves y animales salvajes (véase Ezequiel 39:4-6).

La invasión de Israel por el rey del Norte, con toda su devastación, es apenas una vista preliminar de la gran guerra. Ninguna nación escapará de la catástrofe global que ha de venir.

Los ejércitos del rey del Oriente planearán atacar al Anticristo, que para ese tiempo estará en Israel. Esta horda oriental cruzará el río Éufrates en seco para dar inicio a su marcha de muerte.

La primera plana de hoy

¿En quién podemos creer? Los medios globales de comunicación nos pintan cuadros tranquilizadores de reuniones cumbre amistosas, y nosotros nos acomodamos tranquilos en nuestras sillas reclinables, arrullados una vez más por la falsa seguridad. Al día siguiente otro tirano amenaza la fugaz paz, elevando una vez más la presión arterial del mundo, mientras los dirigentes de los medios de comunicación manipulan nuestra mente con sus informes. Solo la Palabra de Dios es confiable.

En los años sesenta y setenta surgieron profetas. En los años ochenta hubo desinterés y apatía sobre el tema de la profecía. Ahora, un sentimiento general de miedo y desesperación parece penetrar la sociedad.

No debemos permitir que los acontecimientos mundiales de actualidad nos distraigan de proclamar la verdad de las cosas por venir. El apóstol Pablo dice que aprendió a contentarse cualesquiera que fueran sus circunstancias, ¡pero nunca dijo estar satisfecho de sí mismo!

La batalla de Armagedón

La batalla de Armagedón será diferente a cualquier otra batalla que el hombre haya experimentado en la historia. Sucederán cosas sobrenaturales que nuestra mente finita no puede comprender.

Jerusalén, la apreciada ciudad del mundo que ha sido conquistada y reconstruida a lo largo de los siglos, está a casi ciento sesenta kilómetros de la zona de combate. Pero esta Ciudad Santa no se salvará del conflicto. El profeta Zacarías dijo: "Porque yo reuniré a todas las naciones para combatir contra Jerusalén; y la ciudad será tomada, y serán saqueadas las casas, y violadas las mujeres; y la mitad de la ciudad irá en cautiverio, mas el resto del pueblo no será cortado de la ciudad" (Zacarías 14:2).

Por siglos, Jerusalén, la Ciudad Santa, ha visto invasiones, destrucción y saqueos. Ahora verá una última catástrofe. Conforme la batalla se intensifica, cada ciudad de las naciones del mundo será demolida por un gran terremoto o una gran sacudida de la tierra que podría ser un intercambio nuclear cuando se opriman los botones rojos en cada capital.

El séptimo ángel ha derramado su copa, (véase Apocalipsis 16:17-21), y todas las grandes ciudades caerán bajo el juicio en ese momento. No habrá duda que el fin habrá llegado.

Un milagro increíble en Israel

Sin embargo, los profetas de Dios nos han hablado de un gran despertar espiritual que tendrá lugar en esa ciudad y tierra golpeada durante el tiempo de Armagedón. En tiempos de Moisés, Dios liberó a Israel de Egipto de una manera milagrosa. En el tiempo de Armagedón hará lo mismo por su pueblo. Los judíos experimentarán una conversión masiva. Será la congregación más grande de judíos para Cristo en toda la historia.

El profeta Zacarías dijo: "En aquel día Jehová defenderá al morador de Jerusalén; el que entre ellos fuere débil, en aquel tiempo será como David; y la casa de David como Dios, como el ángel de Jehová delante de ellos. Y en aquel día yo procuraré destruir a todas las naciones que vinieren contra Jerusalén" (12:8, 9).

"Y luego todo Israel será salvo" (véase Romanos 11:26).

¡Qué emocionante saber que un día quienes han rechazado a su Mesías ¡finalmente lo recibirán! El muro de los lamentos donde hoy los judíos devotos oran, puede ser pulverizado, pero recibirán al Salvador que ellos ignoraron.

Cuando Jesús profetizó la destrucción de Jerusalén les dijo a los judíos que no lo volverían a ver hasta que lo recibieran diciendo: Bendito el que viene en el nombre del Señor (véase Mateo 23:37-39).

Los israelitas fueron fuertes en la Guerra de los Seis Días y la guerra de Yom Kippur, pero en esos últimos días lucharán con más fuerza que nunca. Ellos llevarán al pueblo de Dios a la batalla y todas las naciones que han querido destruir a Israel serán aniquiladas (véase Zacarías 12:9 y 14:3-4).

Cosecha de trigo y uvas

Una de las referencias más comunes para el juicio en el Antiguo Testamento es el cuadro de una cosecha. En los días precedentes a su venida, Jesús segará la cosecha, recogiendo el trigo y separando la cizaña (véase Apocalipsis 14:14-16). Para entender esta cosecha, veamos lo que dijo Mateo:

> "...El que siembra la buena semilla es el Hijo del Hombre. El campo es el mundo; la buena semilla son los hijos del reino, y la cizaña son los hijos del malo. El enemigo que la sembró es el diablo; la siega es el fin del siglo; y los segadores son los ángeles" 13:37).

Lo que posiblemente no hayamos entendido en Mateo, lo vemos en Apocalipsis. ¡Qué emocionante es ver la completa concordancia de la profecía a través de la Biblia!

En realidad Jesús no hace la división, pero supervisa

cuidadosamente la separación del trigo y la cizaña para que ningún creyente sea juzgado con los incrédulos. Este trabajo de separación hecho por los ángeles sucede justo antes del retorno triunfal de Cristo a la tierra.

Finalmente, Juan ve otro ángel que viene del altar del cielo, recogiendo todos los racimos de uvas en "el gran lagar de la ira de Dios". En ese momento veremos la verdad "las uvas de la ira" siendo pisadas en el lagar: "y del lagar salió sangre hasta los frenos de los caballos, por mil seiscientos estadios" [la longitud de Israel de norte a sur] (Apocalipsis 14:20).

Los ejércitos de todas las naciones se reunirán en Israel, particularmente alrededor de Jerusalén (doscientos millones de orientales, junto con las tropas del Imperio Romano Revivido, encabezados por el Anticristo). A la bestia se le unirá el falso profeta y todos los líderes militares del mundo que con fuerzas similares a las de Goliat descenderán sobre la Tierra Santa con toda clase de armamento sofisticado diseñado por el hombre. El desembarco en Normandía por parte de las fuerzas aliadas en la Segunda Guerra Mundial será una escaramuza comparado con esta última batalla.

Luego algo asombroso, impactante, sobrecogedor e impredecible sucederá. "Después saldrá Jehová y peleará con aquellas naciones, como peleó en el día de la batalla. Y se afirmarán sus pies en aquel día sobre el monte de los Olivos, que está en frente de Jerusalén al oriente; y el monte de los Olivos se partirá por en medio, hacia el oriente y hacia el occidente, haciendo un valle muy grande" (Zacarías 14:3, 4).

Él volverá al lugar santo desde el cual ascendió al cielo, su amado Monte de los Olivos, adyacente al templo. Los ejércitos del mundo que ataquen Jerusalén posiblemente nunca sepan qué los golpeó. El profeta Zacarías dijo: "Y esta será la plaga con que herirá Jehová a todos los pueblos que pelearon contra Jerusalén: la carne de ellos se corromperá estando ellos sobre sus pies, y se consumirán en las cuencas sus ojos, y la lengua se les deshará en su boca" (14:12).

En ese día Jesucristo volverá, y nosotros volveremos con Él, si lo hemos recibido como Salvador durante nuestra vida terrenal. Esta es la reserva de viaje más importante que podríamos hacer en la vida.

CAPÍTULO 17

LA SEGUNDA VENIDA

Está amaneciendo; el despertador deja de sonar y usted se levanta de la cama a tropezones. Enciende la radio para escuchar las noticias de la mañana, y en lugar de oír sobre la última guerra, la más reciente catástrofe o el reportaje del mercado de valores, el locutor informa que Jesucristo volverá esta noche a las siete.

Desde luego, eso nunca sucederá, ya que Cristo mismo dijo que nadie sabe el día ni la hora de su regreso a la tierra. Pero ¿qué pasaría si supiéramos que hoy es nuestro último día en la tierra? ¿Cómo reaccionaríamos? ¿Nos daríamos prisa para decir, "lo siento", a quienes hemos ofendido? ¿Correríamos a donde nuestros vecinos o compañeros de trabajo, o alguien de nuestra familia a decirles: —Tengo algo sumamente importante que decirte. Jesús vuelve esta noche. ¿Lo has recibido como tu Salvador personal?

Un poeta dijo:

> Algún día los ocasos harán del tiempo algo pasado, y entonces, quiera Dios tengamos nuestras lámparas luminosas y brillantes, Oh, que podamos vivir cada día como si fuera el último, y estar listos como si Cristo viniera esta noche.

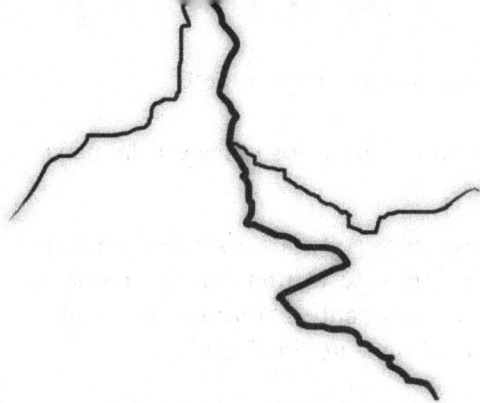

Una cosa es hablar, predicar y leer sobre la segunda venida de Cristo, y otra es creerlo. Toda la historia culminará con este evento, y aun así ha sido un asunto descuidado en la era presente. Los domingos cantamos "Jesús volverá", pero los lunes por la mañana lo olvidamos.

Mientras escribo este libro, no sé si llegará a ser leído, porque Cristo puede volver antes de que esté terminado. Sin embargo, en este mismo momento es emocionante hablar de los cambios dramáticos que sucederán al final de la gran tribulación.

Todo los horrores que Juan y otros profetas han registrado son pasados. Babilonia, la capital de la bestia, y centro de todas las falsas religiones, de la codicia y las malas obras, ha sido destruida. La oscuridad se convertirá en luz. Los sobrios entonarán una canción. Y mire quiénes la estarán cantando...

Fiesta en el cielo

"Después de esto oí una gran voz de gran multitud en el cielo, que decía: ¡Aleluya! Salvación y honra y gloria y poder son del Señor Dios nuestro; porque sus juicios son verdaderos y justos; pues ha juzgado a la gran ramera que ha corrompido a la tierra con su fornicación, y ha vengado la sangre de sus siervos de la mano de ella" (Apocalipsis 19. 1, 2).

Cinco gritos de "alabado sea el Señor" resuenan por todo el cielo como gran preámbulo para el regreso de Jesús. Los ángeles, los santos del Antiguo Testamento, los santos de la Iglesia, y los santos de la tribulación levantarán sus voces en un coro que retumbará más fuerte que un relámpago. Yo he escuchado grandes coros, pero realmente estoy a la espera de estar en ese.

¡Vaya coro de aleluya que será!

Algunos no pueden entender cómo es que la gente en el cielo puede regocijarse mientras los pecadores son condenados. Hemos visto cómo Dios se ha hecho valer por encima del falso sistema de culto y todo el sistema económico de la bestia. Hasta ese momento los redimidos habrán sido liberados de la pena del pecado, pero entonces serán liberados de la misma *presencia* del pecado. El salmista escribió: "Sean consumidos de la tierra los pecadores, Y los impíos dejen de ser. Bendice, alma mía, a Jehová. Aleluya" (Salmo 104:35).

Los ojos del anciano Juan deben haber derramado lágrimas de gozo al ver a los veinticuatro ancianos y los cuatro seres vivientes (véase Apocalipsis 4), uniéndose a este poderoso coro y clamando: "¡Amén! ¡Aleluya!"

Sin importar la raza o lengua, los cristianos tenemos un idioma común.

Se cuenta la historia de dos hombres que se encontraron a bordo de un lujoso trasatlántico. El uno era director de un campo misionero en el exterior, y el otro, un joven creyente nativo. Los dos se sentían fuera de lugar a bordo de ese barco, donde los pasatiempos favoritos eran las apuestas y el licor. Una noche en que los dos paseaban a cubierta con sus Biblias en la mano, se encontraron e intentaron intercambiar saludos, pero se enfrentaron con la barrera del idioma. Entonces, el joven tuvo una gran idea. –¡Aleluya! –dijo–, al tiempo que el misionero sonriendo le respondió: –¡Amén!. Tenían un idioma en común.

La ceremonia en el cielo

Cuando Juan oyó estas voces celestiales, escribió el capítulo 19 de Apocalipsis, que es el puente entre la gran tribulación y el milenio o el reinado de nuestro Señor.

El gran coro de ¡Aleluya, amén! es un preludio al banquete de bodas más espléndido de todos los tiempos:

"Gocémonos y alegrémonos y démosle gloria; porque han llegado las bodas del Cordero, y su esposa se ha preparado. Y a ella se le ha concedido que se vista de lino fino, limpio y resplandeciente; porque el lino fino es las acciones justas de los santos. Y el ángel me dijo: Escribe: Bienaventurados los que son llamados a la cena de las bodas del Cordero. Y me dijo: Estas son palabras verdaderas de Dios" (Apocalipsis 19:7-9).

Estamos invitados a asistir (y a participar) en dos encantadoras ceremonias que nos introducirán al tan esperado evento de la segunda venida de Cristo.

Según la Biblia, la Iglesia es la esposa de Jesucristo. El apóstol Pablo escribió: "Por esto dejará el hombre a su padre y a su madre, y se unirá a su mujer, y los dos serán una sola carne. Grande es este misterio; mas yo digo esto respecto de Cristo y de la iglesia" (Efesios 5:31, 32).

Tener una idea de las antiguas costumbres orientales respecto a las bodas nos ayudará a entender las ceremonias de las bodas del Cordero y el banquete de las bodas del Cordero.

En el siglo I, y varios siglos después, por lo general, para el matrimonio de una joven pareja había que seguir tres pasos desde el momento del compromiso hasta la unión marital. Primero los padres de los novios hacían un contrato matrimonial. A partir de ese momento quedaban legalmente casados, aunque no tenían ningún contacto sexual por años. Este compromiso no era como el período de compromiso de hoy, sino mucho más serio.

El segundo paso en ese matrimonio tenía lugar cuando el novio, acompañado por algunos amigos, iba a la casa de la novia para llevarla a su propia casa.

Finalmente, hacían una procesión nupcial seguida por una fiesta de bodas que duraba varios días.

De la misma manera, el creyente en Jesucristo figura en el contrato legal de matrimonio con Él, desde el momento de su conversión. La novia (la Iglesia) está esperando con ansiedad el momento cuando el Esposo venga y la lleve a la mansión preparada donde tendrán lugar las bodas del Cordero. Este es el segundo paso de la boda.

Las bodas de hoy se enfocan en la novia. Hay lluvia de regalos, almacenes para novias, desfiles de moda para novias y comidas especiales para sus damas de honor. Pero el novio, por lo general, utiliza un traje alquilado. En el matrimonio oriental el novio es el centro de atención. Así también será en las bodas del Cordero. La novia ocupará un segundo plano respecto al Bendito Cordero del Calvario.

La Iglesia es la novia, y Cristo es el novio

Cuando Cristo vuelva en el rapto tomará a su amada novia, la Iglesia, para que esté con Él en la hermosa mansión que le ha preparado. La novia pondrá la dote de coronas a sus pies. Qué hermoso cuadro de amor y adoración el que encontramos en Apocalipsis 19:7, 8: "...su esposa se ha preparado. Y a ella se le ha concedido que se vista de lino fino, limpio y resplandeciente; porque el lino fino es las acciones justas de los santos".

El vestido de bodas, que simboliza las buenas obras hechas por la novia en la tierra con el poder del Espíritu Santo, será confeccionado por el más alto diseñador de modas. Los creyentes estarán de pie ante Cristo, mientras esas obras serán probadas para ver si califican para que la novia se presente ante Él. La calidad y hermosura, o la simplicidad del vestido de bodas (de lino fino) lo determinará el informe de las obras realizadas en la tierra basadas en el Espíritu, no en la carne. La manera como usemos en la tierra los dones que Dios nos dio, determinará la manera como nos presentaremos ante Él cuando venga. ¿Estaremos vestidos lujosamente o con harapos?

¿Por qué las bodas del Cordero? "¿Por qué no se usa uno de los setecientos o más títulos atribuido a Él en las Escrituras?... ¿Por qué? Porque Él es Cordero del que usted se enamoró. Usted no se enamoró de un Creador o de un Rey, o de un Señor. Haga remembranza y recordará que esas fueron precisamente las cosas que lo alejaron de Él. Pero fue diferente cuando llegó a verlo como el Salvador que vertió su sangre por usted".[1]

La bodas del Cordero tendrán lugar en el cielo, después del tribunal de Cristo, pero el banquete de las bodas del Cordero tendrá lugar en la tierra, después de su segunda venida.

---

[1] William Culbertson and Herman B. Centz, eds., *Understanding the Times* (Grand Rapids: Zondervan, 1956), 174.

El banquete de bodas

En los tiempos bíblicos, la duración del banquete de bodas dependía de la capacidad económica del que organizaba la fiesta. Como nuestro Padre es el dueño de todo, aquel banquete de bodas será el más largo de toda la historia. ¡Durará mil años!

En varias partes del Nuevo Testamento dice que ese acontecimiento tendrá lugar en la tierra, y que sin duda involucra a Israel (véase Mateo 22:1-14, Lucas 14:16-25, y Mateo 25:1-13, que espera el retorno del Novio y de la novia. La fiesta de bodas será en la tierra).

¿Quién estará presente en esta gran ocasión? El centro de atención será Jesucristo, el Novio. Ningún banquete de bodas está completo sin la presencia de la novia, en este caso la Iglesia. Pero aun así hay otros invitados. Yo creo que Israel (milagrosamente convertido durante la tribulación) estará presente, junto con los santos que sobrevivan a la tribulación y los santos del Antiguo Testamento resucitados (véase Daniel 12:2). Algunos de estos "invitados" pasarán al reino de mil años con sus cuerpos mortales, mientras que los que vuelvan a la tierra con el Novio (es decir, la iglesia y los santos resucitados del Antiguo Testamento) tendrán cuerpos inmortales.

Imagínese mil años de luna de miel con el Señor Jesucristo. Recuerde que esto es solo el principio.

La Persona de la profecía

Juan oyó grandes cantos de aleluya y amén entonados por coros celestiales, y a un ángel (¡Cómo usa Dios a estos mensajeros celestiales!) anunciando el banquete de las bodas. Juan estaba tan sobrecogido que cayó postrado rindiéndole culto al ángel.

Aquel poderoso ángel fue el mencionado en Apocalipsis 18:1, donde dice que tenía gran autoridad y esplendor. Creo que si yo viera a un ángel así, también caería de rodillas.

Pero el ángel le dijo a Juan que no lo adorara porque él sencillamente era otro siervo de Jesús: "Adora a Dios; porque el testimonio de Jesús es el espíritu de la profecía".

La profecía no es un vidente, un astrólogo, o un adivino. La profecía es una Persona.

Si aquel poderoso ángel se negó a ser adorado, ¿cómo es que cualquier otro ser creado puede tener la osadía de exigir adoración? La mayoría de religiones del mundo tienen un personaje al que adoran como dios. Estos hombres (y mujeres) son falsos cristos y algún día sus reinos se harán polvo. Pueden florecer y seducir a sus seguidores por algún tiempo, pero no tienen ningún futuro si no se arrepienten y reciben a Jesús como Salvador.

¡Vi un caballo blanco!

No puedo describir el abrumador evento proclamado por el coro, ¡aleluya! ¡amén!. Por segunda vez, Juan ve abrirse el cielo. La primera vez Jesucristo tomó a los santos con Él en el rapto. Esta vez, en su segunda venida vendrá con ellos.

Vendrá montado en un semental blanco que para el mundo antiguo era una figura de conquista. La descripción de Juan es tan impresionante que solo con leerla me corre un escalofrío por la espalda.

"Entonces vi el cielo abierto; y he aquí un caballo blanco, y el que lo montaba se llamaba Fiel y Verdadero, y con justicia juzga y pelea. Sus ojos eran como llama de fuego, y había en su cabeza muchas diademas; y tenía un nombre escrito que ninguno conocía sino él mismo. Estaba vestido de una ropa teñida en sangre; y su nombre es: EL VERBO DE DIOS" (Apocalipsis 19:11-13).

Todos podremos ver ese evento. Algunos han dicho que no necesitaremos de la tecnología, que Cristo es capaz de escenificar su regreso sin necesidad de la ciencia. Aunque esto es cierto, sin embargo, para nosotros es aun más creíble por el avance de las comunicaciones satelitales. Los creyentes del primer siglo no podían comprender lo que hoy es posible para nosotros.

Desde los profetas del Antiguo Testamento hasta los creyentes de hoy, millones de santos han anhelado el momento en que puedan ver a Jesús volviendo a la tierra como el Rey de reyes y Señor de señores para establecer su reino de paz y justicia en este abatido planeta. Es emocionante saber que seremos parte del gran ejército que volverá con Él.

Para mí es asombroso que tantos maestros y pastores en el liderazgo cristiano duden de que Cristo va a volver en persona. Sin creer en la segunda venida, también podríamos eliminar muchos pasajes de nuestra Biblia. En el Antiguo Testamento el profeta Zacarías predijo (quinientos años antes del nacimiento de Cristo) que sus pies se posarían sobre el Monte de los Olivos, al que un gran terremoto partirá en dos (véase 14:4). ¡Cristo volverá al mismo lugar del que partió! En el Nuevo Testamento Él les habla a sus discípulos sobre su retorno y describe los eventos que lo precederán (véase Mateo 24:27-31).

Cuando Jesús vuelva, vendrá a ejecutar el juicio sobre los que lo han rechazado a lo largo de las edades. En su primera venida fue el Cordero que vino a quitar los pecados del mundo, pero en su segunda venida es el "Fiel y Verdadero" cumpliendo cada una de sus promesas. Sus flameantes ojos penetrarán los corazones de los que lo negaron, y su ropa se manchará con la sangre de sus enemigos.

Las coronas que ceñirá tendrán los muchos títulos que ha recibido. Nuestra mente finita no puede comprender los infinitos nombres de Jesús. Cuando cantamos, "¡Toda honra, gloria y poder sean dadas al nombre de Jesús! Que los ángeles traigan la corona real, se postren y coronen al Señor de todo", estamos proclamando su segunda venida.

Ejércitos vestidos de blanco

Cuando volvamos con Él tendremos inmaculados uniformes blancos y montaremos hermosos caballos blancos. Con frecuencia me pregunto: ¿Cómo podremos ser parte del ejército que entrará en la batalla de Armagedón sin que nuestra ropa se manche de sangre? Entonces me doy cuenta que la batalla terminará cuando el Señor hable. Nadie levantará un dedo contra nosotros.

"De su boca sale una espada aguda, para herir con ella a las naciones" (Apocalipsis 19:15), y todos sus enemigos serán destruidos. Los creyentes de la tribulación que aun estén vivos en ese momento serán liberados de cualquier otro tormento.

Buitres en el último campo de batalla

No disfruto al escribir acerca de esta escena. Ha sido estremecedor saber que seremos bendecidos con una invitación al banquete de bodas del Cordero, pero es deprimente entender que millones de impenitentes y endurecidos seguidores del Anticristo y del falso profeta estarán presentes durante un tiempo breve en lo que se llama "la gran cena de Dios".

Esta es la repugnante escena final de Armagedón:

"Y vi a un ángel que estaba en pie en el sol, y clamó a gran voz, diciendo a todas las aves que vuelan en medio del cielo: Venid, y congregaos a la gran cena de Dios, para que comáis carnes de reyes y de capitanes, y carnes de fuertes, carnes de caballos y de sus jinetes, y carnes de todos, libres y esclavos, pequeños y grandes" (Apocalipsis 19:17-18).

Me alegra haber confirmado mi asistencia al banquete de las bodas del Cordero, ya que en la otra cena en lugar de comer alimentos, los participantes *serán* la comida.

La bestia, el falso profeta y todos los reyes de la humanidad

El Anticristo romano y el falso profeta, que habrán lavado el cerebro de los incrédulos para que los sigan, inmediatamente serán juzgados por el Señor Jesucristo. Sus últimas obras de maldad serán tan monstruosas que serán lanzados vivos al "lago de fuego que arde con azufre" (véase Apocalipsis 19:20).

El juicio sobre este diabólico dúo será inmediato. Ellos serán lanzados al lugar que describiré en el próximo capítulo como la "muerte segunda". No estarán presentes en el juicio del gran trono blanco que tendrá lugar al final del reinado de los mil años de Cristo en la tierra.

La bestia y el falso profeta serán los primeros habitantes del infierno eterno.

Hoy, ¿quién cree en el infierno?

Si fuéramos a un programa de opinión en la televisión nacional y diéramos nuestros puntos de vista sobre la realidad del infierno, no llegaríamos a ser muy populares, ni nos creerían. El infierno no está "de moda" en nuestro tiempo. El historiador de la iglesia Martin Marty dijo: El infierno desapareció, y nadie lo notó".[2]

"Incluso los evangélicos de teología conservadora están perdiendo su gusto por el fuego y el azufre…", dice el sociólogo de la Universidad de Virginia James Hunter, autor de dos libros sobre evangelización contemporánea. "Muchos evangélicos encuentran difícil concebir que algunas personas, especialmente incrédulos buenos, vayan al infierno".[3]

Hemos oído decir que si el infierno ha desaparecido de la actual escena teológica, ¿podrá el cielo estar aún más lejos?

Dentro de ciertos círculos religiosos de teología liberal ya no hace parte de la conversación formal. "No existen tales cosas como el infierno o el cielo" observa el teólogo de la Iglesia de Cristo Unida, Max Stackhouse, profesor de la escuela de teología Andover-Newton. "La opinión prevaleciente es que cuando uno muere queda muerto, pero Dios sigue en control".[4]

Jesús tenía el corazón más compasivo que jamás haya latido en ser humano, y aún así habló sobre el infierno, advirtió sobre infierno y describió el infierno. Sin embargo, la mayoría de los

---

[2] Kenneth Woodward, «Heaven», *Newsweek*, 27 de marzo de 1989, 54.
[3 y 4] Ibid.

predicadores de hoy exalta las glorias del cielo, pero reprime los horrores de infierno.

Yo creo en la Biblia. Ella nos dice que el cielo y el infierno son reales. También nos dice que Jesús volverá otra vez. ¿Cómo debemos responder nosotros? Algunos se mantendrán sin modificar su pensamiento o acciones ante el conocimiento de este impresionante evento. Otros volverán a tener el fuego del primer amor en sus corazones.

¿Cuál es su respuesta?

Puesto que Cristo viene otra vez...

1. *Debemos abstenernos de juzgar a otros.* Cuando Cristo vuelva, "el Señor...aclarará también lo oculto de las tinieblas, y manifestará las intenciones de los corazones; y entonces cada uno recibirá su alabanza de Dios" (1 Corintios 4:5).

2. *Debemos celebrar la Cena del Señor.* "Así, pues, todas las veces que comiereis este pan, y bebiereis esta copa, la muerte del Señor anunciáis hasta que él venga" (1 Corintios 11:26).

3. *Debemos relacionarnos entre nosotros con amor.* "Y el Señor os haga crecer y abundar en amor unos para con otros y para con todos, como también lo hacemos nosotros para con vosotros, para que sean afirmados vuestros corazones, irreprensibles en santidad delante de Dios nuestro Padre, en la venida de nuestro Señor Jesucristo con todos sus santos" (1 Tesalonicenses 3:12, 13).

4. *Debemos consolar al afligido.* "Porque el Señor mismo con voz de mando, con voz de arcángel, y con trompeta de Dios, descenderá del cielo; y los muertos en Cristo resucitarán primero" (1 Tesalonicenses 4:16).

5. *Debemos comprometernos de nuevo al ministerio.* "Te encarezco delante de Dios y del Señor Jesucristo, que juzgará a

los vivos y a los muertos en su manifestación y en su reino, que prediques la palabra; que instes a tiempo y fuera de tiempo; redarguye, reprende, exhorta con toda paciencia y doctrina" (2 Timote 4.1, 2).

6. *No debemos descuidar la Iglesia.* "No dejando de congregarnos, como algunos tienen por costumbre, sino exhortándonos; y tanto más, cuanto veis que aquel día se acerca" (Hebreos 10:25).

7. *Debemos permanecer firmes.* "Tened también vosotros paciencia, y afirmad vuestros corazones; porque la venida del Señor se acerca" (Santiago 5:8)

8. *Debemos alcanzar para Jesucristo a los perdidos.* "A otros salvad, arrebatándolos del fuego" (Judas 23).

La profecía no es una simple inscripción puesta en una enciclopedia para satisfacer el interés intelectual. Apocalipsis no fue escrito para que se lo refunda en los recovecos de la curiosidad cristiana.

Creer en la profecía bíblica debe motivarnos a despoblar el infierno. Si la tarea parece muy agobiante, considere un pequeño paso: ore para que una persona escuche el evangelio antes de que sea demasiado tarde. Esta es una de las cosas que podemos hacer.

CAPÍTULO 18
LOS MIL AÑOS

La paz se puede encontrar en dos lugares: en el corazón de un hombre y en el diccionario. Si las calcomanías que abundan son indicadores del pensamiento actual, aquella que dice "PAZ AHORA", es un deseo que tendrá que posponerse durante unos años.

Desde tiempos inmemoriales el hombre ha buscado la paz. Se ha unido a movimientos de paz, ha hecho manifestaciones públicas por la paz, ha entregado premios de paz, y ha ido a la guerra por la paz. Cuando oigo decir que se ha arrestado a alguien por perturbar la paz, me pregunto: ¿Dónde la habrá encontrado?

Aunque los seres humanos la anhelan, oran por ella, luchan y mueren por ella, parece que esa época dorada nunca llegará. Algún día sin embargo, durante el reino milenial sobre la tierra, Cristo reinará y gobernará con sus seguidores en una tierra restaurada de las ruinas de la tribulación.

Gozo para el mundo

Mientras escribo esto, la navidad se aproxima. Los alegres villancicos hacen eco y suenan alegres en las iglesias de todo el mundo. Cuando Isaac Watts escribió "Al mundo Paz", hace más de 250 años, no pretendía que fuera una canción de Navidad, sino que anunciara la segunda venida de Cristo y su reino. ¿Recuerda algunas de las palabras? "¡Al mundo paz! Nació Jesús. Nació ya nuestro Rey... Ya es feliz el pecador... A las naciones mostrará su amor y su poder..." Esa es una canción para el milenio, uno de los temas teológicos más discutidos de la Biblia.

Puntos de vista sobre el milenio

¿Qué deberíamos creer sobre este período de mil años? ¿Habrá un tiempo real cuando los creyentes vivan en un reino terrenal gobernado por Jesús? Todo este tema ha sido polémico entre los cristianos, pero es un tema tan importante en la narrativa de Juan en Apocalipsis, que deberíamos saber dónde estamos parados.

Los *premilenialistas* opinan que Cristo volverá en persona a la tierra *antes* que comience el reino de mil años. Él establecerá su reino y su trono en la reconstruida ciudad de Jerusalén. Muchos pasajes del Antiguo Testamento se refieren a su reino en la tierra. Cuando oramos el Padrenuestro, decimos: "Venga tu reino, hágase tu voluntad en la tierra como en el cielo..." Pero su voluntad no puede hacerse en la tierra sino cuando sus enemigos hayan sido derrotados y Satanás haya sido encadenado.

Por siglos el reino dirigido desde el trono de David por el Mesías que ha de venir ha sido la permanente esperanza de los judíos. Los premilenialistas creen que Dios cumplirá las promesas que hizo a los descendientes de Abraham, Isaac y Jacob. Él garantizó que los judíos volverían a su tierra y permanecerían allí por la eternidad. Hay muchos judíos que no han creído en el camino de salvación de Dios, pero para el remanente de creyentes, Él ha hecho una promesa incondicional.

Los evangélicos y otros que siguen una teología fundamentalista toman la Biblia en serio y muchos asumen la posición de los premilenialistas. La creencia de que el mundo empeorará, en lugar de mejorar, es fundamental para este punto de vista. ¿Usted cree que el hombre será más moral y el estado de este mundo mejorará? Si es así, demuéstremelo por favor.

Hace años muchos creían en el punto de vista *postmilenial*. Los postmilenialistas opinan que el mundo seguirá mejorando a medida que los cristianos extiendan el evangelio, y que esta será la era del milenio.

Después de los mil años, Cristo llevará a los creyentes al cielo y condenará a los incrédulos. En los Estados Unidos de América esta posición fue popular durante el sigo XIX y principios del XX. Luego, junto con la Primera Guerra Mundial, la gran depresión, el surgimiento de Hitler, la Segunda Guerra Mundial, el poderío de la Unión Soviética y las crecientes guerras mundiales, se marchitó el optimismo de la teología liberal de que el hombre lograría la ilusoria utopía.

En la actualidad hay un resurgimiento de esta idea por parte de algunos creyentes que adoptan la teología del dominio. Uno de sus exponentes dice: "Estamos hablando sobre la transformación de este mundo. Solo cuando el mundo presente sea transformado por el evangelio de salvación y la obra transformadora del Espíritu Santo, operando mediante el pueblo redimido de Dios, finalmente el mundo será completamente liberado del pecado en el juicio final. Pero primero los reinos de este mundo deben convertirse firmemente en el reino de Cristo".[1]

El tercer punto de vista es el *amilenialista*, que no cree que habrá un reino de paz de mil años en la tierra, *ni antes, ni después* del retorno del Señor. Los que piensan de esta manera no creen en un cumplimiento literal de las profecías del Antiguo Testamento referentes a Israel. De hecho, según ellos, no habrá rapto, ni se debe tomar en serio la advertencia respecto a los días del fin de los tiempos.

Los amilenialistas creen que la Iglesia es el cumplimiento del reino y que Cristo reina por medio de los creyentes en paz y rectitud.

Me imagino que a estas alturas usted ya no duda que soy premilenialista. ¿Pero por qué es necesario un milenio? ¿Por qué no pasamos de aquí a la eternidad?

---

1 Gary North, Liberating Planet Erath (Ft. Worth, TX: Dominion Press, 1987), 8, 9.

¿Por qué necesitamos un milenio?

El milenio es necesario como recompensa para el pueblo de Dios. "El Señor vendrá con poder, y su brazo señoreará; he aquí que su recompensa viene con él, y su paga delante de su rostro" (Isaías 40:10).

¿De qué otra manera podemos responder a la oración de los discípulos: "venga tu reino" sin el establecimiento literal de ese reino?

El milenio es necesario para redimir la creación. Hemos escuchado de la terrible devastación de nuestro planeta. Ahora será hecho de nuevo y hermoso.

Otra razón para el milenio es hacer énfasis en la depravación del hombre. El pecado entrará a esta tierra ideal, lo cual probará que un mundo sin pecado no es el resultado de un ambiente perfecto. "Se puede sacar al hombre de los barrios bajos, pero no se pueden sacar los barrios bajos del hombre".

¿Le gustaría saber cómo será el milenio para el pueblo de Dios? Los profetas del Antiguo Testamento nos han dado descripciones de este reino que por siglos han sacudido a los creyentes destinados al cielo.

La vida en el milenio

Será pacífica. Este será el tiempo en el que la profecía de Miqueas en cuanto a cambiar las espadas en arados y las lanzas en hoces, se hará realidad. Las Naciones Unidas han extendido este refrán más allá de sus fronteras, pero esa promesa nunca se cumplirá sino cuando Cristo vuelva.

No habrá guerras. Los periódicos solo transmitirán buenas noticias. El miedo será cosa del pasado, mientras todos caminarán libremente por las calles.

Los animales serán tan mansos que no habrá zoológicos o

reservas para animales salvajes. Toda bestia salvaje será amable y dócil tanto con los humanos, como entre ellas.

"Y en aquel día, dice Jehová de los ejércitos, quitaré de la tierra los nombres de las imágenes, y nunca más serán recordados; y también haré cortar de la tierra a los profetas y al espíritu de inmundicia" (Zacarías 13:2).

No habrá más sectas falsas... ni herejías... ni vaticinios astrológicos. La pasión por conocer a Dios unirá a todo el mundo.

Será un tiempo de prosperidad. No habrá cuentas por pagar, inflación, impuestos o tarjetas de crédito sobregiradas. También será un tiempo de perpetua salud. No tendremos dolencias ni afecciones, ni necesitaremos médicos. Principalmente será un tiempo de gran gozo personal. Será como la mañana de navidad para un niño; como agua para una lengua reseca, música para un alma atribulada, calor en un día frío. ¡Solo maravillas y deleites!

Durante el reino de mil años los creyentes gobernarán con Cristo. Juan vio un grupo de individuos sentados en tronos, a quienes se les dio autoridad para juzgar. El apóstol Pablo les dijo a los corintios que los santos juzgarían el mundo e incluso a los ángeles (véase 1 Corintios 6:2, 3).

Juan también vio a todos los santos de la tribulación que no habían recibido la marca de la bestia, unirse con sus cuerpos y reinando con Cristo. Así que tanto los muertos en Cristo y los creyentes que fueron llevados en el rapto, como los creyentes de la tribulación, gobernarán durante ese tiempo. No se nos dice cómo gobernarán o sobre quién, pero quizás el Señor tiene planes para quienes reciban más coronas en el tribunal de Cristo.

Pienso que el rey David será el vicepresidente del Señor durante el reino (véase Jeremías 30:9; Ezequiel 34:23; Oseas 3:5). Es emocionante saber que él tendrá un lugar de preeminencia en el reino.

Satanás en los estertores de la muerte

Juan vio un ángel descender del cielo sosteniendo la llave del abismo. El ángel aprehendió a Satanás, lo ató y lo echó al abismo sin fondo donde será encerrado con llave por mil años y se le pondrá un sello para que no pueda practicar sus astutos engaños.

Por miles de años Satanás ha seducido a las naciones y la gente haciéndoles pensar que pueden construir un mundo de paz y amor sin Cristo. A veces ha engañado a la gente haciéndole creer que la educación o el dinero resolverán los problemas personales. Pero su trabajo sucio terminará por un tiempo. Al final de los mil años "debe ser desatado por un poco de tiempo" (Apocalipsis 20:3).

Durante el milenio los creyentes seguirán poblando la tierra. Sin embargo, su descendencia, a pesar de estar viviendo en un ambiente ideal con el Rey Jesús como amable y benévolo gobernante, podrán rebelarse contra Dios, y de hecho, algunos lo harán.

Cuando Satanás sea liberado por un tiempo, reunirá a algunos de sus antiguos secuaces, Gog y Magog, las naciones que aborrecieron a Israel, y de nuevo marchará contra Jerusalén. Esta batalla no durará mucho ya que del cielo descenderá fuego y los aniquilará. Entonces Satanás irá a su lugar final de tormento y será lanzado "en el lago de fuego y azufre, donde estaban la bestia y el falso profeta; y serán atormentados día y noche por los siglos de los siglos" (Apocalipsis 20:10).

Muchas veces nos preguntamos por qué Dios permite que ciertas cosas sucedan. ¿No es extraño que Dios le permita a Satanás, una vez encadenado y amordazado, volver a perturbar? Satanás aparentemente es liberado al final del milenio para demostrar que aún bajo las condiciones ideales del reino, el corazón humano no cambia. La Biblia tiene razón cuando describe el corazón como "perverso y engañoso más que todas las cosas". El hecho de que Satanás sea liberado al final de los mil años y que algunos aún lo sigan, demuestra lo depravado que puede ser el hombre.

Significado de la primera y segunda resurrección

Para entender la población del milenio, necesitamos examinar el significado de las resurrecciones.

Hace casi dos mil años Jesús resucitó. Desde entonces, siempre que un creyente muere su alma y su espíritu van inmediatamente al cielo a estar con Jesús. No representa mayor diferencia a dónde va su cuerpo, si es sepultado en un elaborado mausoleo, cremado, lanzado al mar, o si jamás se lo encuentra. En el rapto, cuando Jesús vuelva en las nubes por los suyos, el cuerpo del creyente se reunirá con su alma y su espíritu de una forma maravillosa, fuerte y libre de dolor.

Siete años después, al final de la tribulación, los santos que murieron como mártires en la tribulación, y los santos muertos en el Antiguo Testamento (véase a Daniel 12:21, Isaías 26:19) resucitarán. Esta es la primera resurrección. A veces se le llama "la resurrección a la vida". Cuando Jesús vuelva a poner sus pies en el Monte de los Olivos para reinar durante el milenio, ningún cuerpo de los creyentes desde el tiempo de Adán hasta ese tiempo quedará en su tumba.

La segunda resurrección que se menciona en Apocalipsis 20, no es una historia tan agradable: "Pero los otros muertos no volvieron a vivir hasta que se cumplieron mil años... Y vi a los muertos, grandes y pequeños, de pie ante Dios; y los libros fueron abiertos, y otro libro fue abierto, el cual es el libro de la vida; y fueron juzgados los muertos por las cosas que estaban escritas en los libros, según sus obras. Y el mar entregó los muertos que había en él; y la muerte y el Hades entregaron los muertos que había en ellos; y fueron juzgados cada uno según sus obras" (Apocalipsis 20:5, 12-13).

Esta resurrección tendrá lugar mil siete años después de la primera resurrección. Esto será cuando los muertos que no fueron salvos desde Adán hasta el fin del milenio se levantarán y sus almas atormentadas se unirán a sus cuerpos. El alma y los espíritus de los no creyentes habrán pasado un tiempo agónico hasta entonces, pero en este punto comparecerán ante el último Juez en el gran trono blanco.

El último juicio

En una ocasión me impusieron una multa de tránsito. El agente de policía dijo que yo estaba conduciendo en el carril indebido. En lugar de pagar la multa decidí ir a la corte, y exponer mis razones. Fue lo peor que pude haber hecho. Me presenté con mi ropa dominguera, y creo que llegué justo el día en que todos los borrachos estaban allí. Mi experiencia en la corte no fue la más agradable. Debí haber pagado la multa desde un principio, y me habría ahorrado muchos momentos desagradables.

El juicio del gran trono blanco no será como cualquier experiencia en una corte que alguien haya tenido alguna vez. Habrá un Juez, pero no habrá jurado; fiscal, pero no habrá defensor; habrá sentencia, pero ninguna apelación. Este será el juicio final del mundo.

Dios es paciente, pero en aquel tiempo no habrá más oportunidades para recibir la salvación.

Juan escribió: "Y vi un gran trono blanco y al que estaba sentado en él, de delante del cual huyeron la tierra y el cielo, y ningún lugar se encontró para ellos" (Apocalipsis 20:11).

Este juicio tendrá lugar en algún lugar entre el cielo y la tierra, y quién mejor calificado que el mismo Jesucristo para ejecutarlo. Él hizo todo lo que pudo para salvar a la humanidad. Sin embargo, siendo que los seres humanos lo rechazaron ahora deben ser juzgados.

Allí estarán de pie todos los muertos que no fueron salvados, grandes y pequeños, ya sea de las filas de la Iglesia o del mundo. Desde el más grande y famoso hasta el más pequeño y desconocido pasará ante ese imponente y majestuoso trono.

El propósito del juicio del gran trono blanco no es determinar si la persona es salva o no. Para ese momento todos los que hayan creído en Jesucristo ya habrán recibido la salvación. Este será un juicio de las malas obras de los no salvos. Al infierno no serán enviados los hombres por ser asesinos o mentirosos, sino por haber rechazado a Jesucristo como Salvador.

Juan nos dice que los hombres serán juzgados según el Libro de la Vida y el libro de las obras. A mi parecer en ese día decisivo se abrirán por lo menos cinco libros.

Primero, el *Libro de la Conciencia*. Sin duda alguna no faltará quién diga: "nunca supe de la ley de Dios o el camino de salvación... ¿cómo se me puede acusar de ser culpable?" El apóstol Pablo le escribió a la iglesia inicial: "mostrando la obra de la ley escrita en sus corazones, dando testimonio su conciencia, y acusándoles o defendiéndoles sus razonamientos" (Romanos 2:15).

En otras palabras, el hombre será condenado por violar su conciencia durante su vida en la tierra.

Segundo, el *Libro de las Palabras* que Jesús explicó: "Porque por tus palabras serás justificado, y por tus palabras serás condenado" (Mateo 12:37).

Esas palabras podrían ser: "No me interesan las cosas espirituales" o, "seguro, yo creo en Dios, pero todos tenemos nuestro propio dios al cual rendirle culto".

Tercero, el *Libro de las Palabras Secretas*. "En el día en que Dios juzgará por Jesucristo los secretos de los hombres" (Romanos 2:16).

El famoso evangelista D. L. Moody solía decir que si alguien llegara a inventar una cámara que pudiera fotografiar el corazón humano, se moriría de hambre, ya que la gente se negaría a exponer esa reveladora imagen.

Cuarto, está el *Libro de Palabras Públicas*. "...y entonces pagará a cada uno conforme a sus obras" (Mateo 16:27).

Es terrible pensar cuál será la sentencia para los infames.

Finalmente, el último es el *Libro de la Vida*. "El que no se halló inscrito en el libro de la vida fue lanzado al lago de fuego" (Apocalipsis 20:15).

Este libro contiene un asombroso registro con el nombre de cada persona que nació en el mundo. Si al momento de morir no ha recibido la provisión del sacrificio ofrecido por Dios para quitar su pecado, su nombre será borrado de las páginas.

La escena en el juicio del gran trono blanco será desgarradora. Conforme cada persona pase al frente, Dios abrirá los libros, señalando lo que se necesita para ser aceptado como hijo de Dios. Solo cuando abra el Libro de la Vida y empiece a buscar en ese inmenso listado el nombre de la persona, sus suaves manos pasarán las páginas, deseando encontrar el nombre del acusado. Pero no estará allí.

Con tristeza y gran repugnancia dirá, "apartados de mí, malditos, al fuego eterno preparado para el diablo y sus ángeles" (Mateo 25:41).

La persona temblando intentará defenderse con frenesí, pero el Señor moviendo lentamente su cabeza dirá las palabras más tristes que alguien podría oír en la vida: "nunca te conocí… nunca te conocí".

Los condenados morirán por segunda vez, y de esa muerte no habrá resurrección. La gente quedará confinada a la oscuridad de la eternidad, la oscura noche que nunca termina.

No disfruto escribir sobre esta escena. Aunque con frecuencia Jesucristo habló del infierno, hoy lo hemos hecho tan común, que no le tenemos miedo. Sin miedo, no hay compasión.

Recuerdo las palabras de un himno que solía cantarse en reuniones de evangelización cuando era joven. Mi papá era predicador, y todavía puedo sentir el frío que invadió mi cuerpo cuando escuché el mensaje del juicio del gran trono blanco. Yo no quería estar allí.

El himno dice así:

Soñé que el gran día juicio, llegó y sonó el clarín;

Soñé ver los pueblos reunidos, para oír de su suerte sin fin.

Del cielo bajó un gran ángel, y parado en tierra y mar,

Juró con su diestra alzada, que el tiempo ya no más será

Coro:

Con llanto y duelo entonces, los perdidos su cuenta darán;

Clamarán a las rocas "cubridnos", orarán, pero tarde será.

El rico llegó, mas su oro se fue, y se desvaneció. El grande también, mas la muerte le había quitado su honor;

Y el ángel abriendo los libros, no halló nada en su favor.

Vino el moralista al juicio, mas vana fue su pretensión;

También los que a Cristo mataron hicieron moral profesión.

Y el alma que daba la excusa, "hoy no, otro día mejor", Halló que por siglos eternos sufriría por su gran error.[2]

Gracias a Dios no es demasiado tarde para nosotros. Podemos llegar a ser ciudadanos de un nuevo cielo y una nueva tierra por toda la eternidad.

2.Himnos de Gloria, Cantos de Triunfo, ©1990 por Editorial Vida (Miami, Fl 33166), 215.

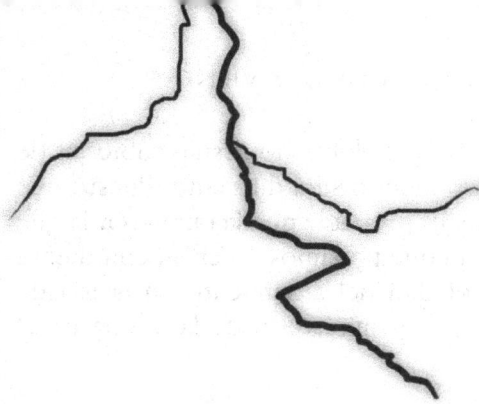

CAPÍTULO 19

EL PARAÍSO RECUPERADO

Hemos viajado con Juan en una máquina profética del tiempo, y al mirar atrás a la gente que hemos conocido y los lugares que hemos visto, podríamos titular nuestro viaje: Una Jornada Increíble.

Ahora hemos llegado al final de nuestra jornada y daremos un vistazo preliminar de la eternidad futura. Habrá un nuevo cielo y una nueva tierra. Aunque es difícil imaginar algo más maravilloso que el cielo que habitaremos a partir de nuestra muerte, el cielo eterno será aún más glorioso. La joya de coronación en el paraíso será la ciudad santa, la Nueva Jerusalén.

La entrada al nuevo cielo y a la nueva tierra

Después de haber visto tanta tragedia y tanto triunfo, para Juan debe haber sido abrumador ver terminar su visión con tan intenso colorido. Él escribió:

> "Vi un cielo nuevo y una tierra nueva; porque el primer cielo y la primera tierra pasaron, y el mar ya no existía más.... Y el que estaba sentado en el trono dijo: He aquí, yo hago nuevas todas las cosas. Y me dijo: Escribe; porque estas palabras son fieles y verdaderas" (Apocalipsis 21:1, 5)

Parece extraño que el nuevo cielo y la nueva tierra no tendrán mares. Ya que tres cuartas partes del globo, hoy están cubiertas de agua, definitivamente el nuevo mundo será diferente. Puesto que los océanos separan a la gente, es probable que la razón por la que no habrá masas de agua es para que podamos tener un continente unificado. Juan conoció la soledad del aislamiento en la isla de Patmos, separado de sus amigos y ministerio de la iglesia en el continente, por el Mar Egeo.

La nueva tierra será llena de rectitud (véase 2 Pedro 3:13). No habrá nada que dañe nuestra relación perfecta con Jesús y con los demás. Los pensamientos y hechos que dominan nuestra existencia en el planeta Tierra ya no existirán. No habrá celos, enojo, trampas, asesinatos, fornicación, suciedad, tugurios ni polución. Si pensamos que puede parecer aburrido, esperemos para descubrir lo que habrá allí.

¿Extrañaremos nuestra "vida pasada"? De ninguna manera. Al respecto el profeta Isaías escribió:

"Porque he aquí que yo crearé nuevos cielos y nueva tierra; y de lo primero no habrá memoria, ni más vendrá al pensamiento" (65:17).

No habrá muerte ni luto. El cielo del que se habla en las canciones de amor, o el que pintaron los artistas del Renacimiento, es simplemente un microcosmos de lo reales que serán las cosas. Estoy seguro que el Señor que creó esta hermosa tierra que poseemos hoy, tiene unas cuantas verdaderas sorpresas para nosotros.

¿Qué pasará con la antigua tierra y el antiguo cielo?

El apóstol nos da la siguiente descripción del fin del mundo presente:

"Pero el día del Señor vendrá como ladrón en la noche; en el cual los cielos pasarán con grande estruendo, y los elementos ardiendo serán deshechos, y la tierra y las obras que en ella hay serán quemadas... los cielos, encendiéndose, serán deshechos, y los elementos, siendo quemados, se fundirán!" (2 Pedro 3:10, 12).

Yo creo que las palabras de Pedro no denotan una aniquilación total de los antiguos cielos y tierra, que volverán a ser hechos.

Tanto en el Antiguo como en el Nuevo Testamentos, las palabras para "nuevo" significan frescura o renovación. Es como tomar un viejo edificio y remodelarlo. Un estudioso dijo lo siguiente:

"En la novedad del cielo y de la tierra seremos como somos ahora. Seremos las mismas personas con el mismo cuerpo y con la misma alma que tenemos ahora, pero hechos completamente nuevos... lo mismo sucederá respecto al nuevo cielo y la nueva tierra".[1]

Apocalipsis solo revela lo que debemos saber ahora. Hay algunos misterios que Dios dejará que descubramos cuando llegamos al paraíso, y esta debe ser la razón por la que tenemos tan pocas descripciones de nuestra morada eterna. De todas formas Él describió la nueva Jerusalén como el centro del nuevo universo y la capital en la que Jesús gobernará.

Tamaño de la nueva Jerusalén

El anhelo de una gloriosa ciudad futura de Dios puede remontarse hasta los patriarcas del Antiguo Testamento. Abraham "...esperaba la ciudad que tiene fundamentos, cuyo arquitecto y constructor es Dios" (Hebreos 11:10).

Pablo mencionó esta ciudad en su carta a los Gálatas con el nombre de "la Jerusalén de arriba" (véase Gálatas 4:26).

La "nueva Jerusalén" (Apocalipsis 21:2, 3:12) solo es uno de los muchos nombres que recibe esa futura ciudad de Dios. También es llamada La Ciudad Santa, la Jerusalén Celestial y Monte de Sion. Cualquiera que sea su nombre, será un lugar santo y hermoso, más perfecto que el Jardín del Edén.

---

[1] R. C. H. Lenski, *The Interpretation of St. John's Revelation* (Columbus, OH: Luther Book Concern, 1942), 614, 615.

Juan escribió: "El que hablaba conmigo tenía una caña de medir, de oro, para medir la ciudad, sus puertas y su muro. La ciudad se halla establecida en cuadro, y su longitud es igual a su anchura; y él midió la ciudad con la caña, doce mil estadios; la longitud, la altura y la anchura de ella son iguales" (Apocalipsis 21:15, 16).

No puedo comprender el tamaño de esta ciudad, pero recibo la Palabra de Dios por fe. Puesto que la Biblia es un libro sobrenatural, debemos esperar descubrir en ella verdades sobrenaturales. Todas las ciudades del mundo son simples aldeas comparados con la Nueva Jerusalén. Una persona calculó que la base total de la ciudad sería de 2'816.881,5 kilómetros cuadrados. (¡Sin contar su altura que sobrepasa la atmósfera llegando a las regiones del espacio!).

John Walvoord dijo: "Cualquiera que sea su forma, una ciudad de tales dimensiones sería apropiada para la morada de los salvos de todas las edades, incluyendo los niños que hayan muerto antes de alcanzar la edad de responsabilidad. Sin embargo, no es necesariamente verdad sostener que todos viviremos siempre dentro de sus muros por toda la eternidad. Esto implica que hay suficiente espacio para todos y que esa ciudad provee residencia para los santos de todos los tiempos".[2]

Descripción de la ciudad

¿Puede imaginarse una ciudad santa? Sería una comunidad donde nadie mentiría, no habría discusiones sobre negocios turbios, no se verían películas o imágenes sucias. La nueva Jerusalén será santa porque todos los que viviremos dentro de ella seremos santos. Cualquiera de las cosas desalentadoras o pensamientos oscuros que hoy entran en nuestra mente serán borrados.

Demos un paseo con Juan por una de las doce puertas por las que podemos entrar a la ciudad. Vemos un muro de jaspe que mide 76,2 metros, un cristal puro y sin mancha. Ninguna ciudad jamás ha tenido tan magnificas murallas. Quizá a la entrada veamos un registro de población con tantos ceros al final que no lo podremos

---

2 John Walvoord, *The Revelation of Jesus Christ*, 95.

comprender. Si nuestras mentes no pueden captar cuánto es un billón, mucho menos múltiples trillones.

Al pasar por una de las puertas de perla, nos sobrecoge un temor reverencial. Posiblemente el apóstol Pedro está parado ante la puerta, o quizás no. Sin embargo, contrario a todos los mitos respecto a las "puertas de perla", nadie va a cuestionar nuestra entrada.

A propósito, las puertas no solo tienen incrustaciones de perlas, sino que *son* de perla. Algunos estudiosos tambalean al pensar en una gema tan gigantesca, y dicen que la descripción es solo figurada. Sin embargo, ¿por qué dudarlo si la Biblia dice que son de perla sólida?

En cada puerta de la ciudad está escrito el nombre de una de las doce tribus de Israel. Las puertas son parte del muro que rodea la ciudad como una reluciente pulsera.

Los cimientos de los muros de la ciudad están "adornados con toda piedra preciosa" (Apocalipsis 21:19).

Contamos doce piedras preciosas, que varían de color y brillo, combinadas en un vívido despliegue sobre el cimiento de jaspe. Estas piedras se pueden clasificar en cuatro colores básicos que todo artista usa en su paleta de combinación. Esta vez es el Arquitecto Principal, que ha hecho los planos y seleccionado los más exquisitos colores. Imagínese doce de las más preciosas piedras que la joyería Tiffány pueda exhibir, puesta una sobre otra, combinadas en un despliegue resplandeciente de fuegos pirotécnicos. En los doce cimientos están inscritos los nombres de los doce apóstoles. Sin embargo, la belleza de la ciudad desde el exterior solo es una muestra de lo que hay dentro.

Al pasar por los cimientos y entrar en la ciudad, estamos muy agradecidos por el maravilloso plan que hizo posible que nosotros estuviéramos allí.

"...la ciudad era de oro puro, semejante al vidrio limpio...

la calle de la ciudad era de oro puro, transparente como vidrio" (Apocalipsis 21:18,21).

Si usted ha visto oro puro, sabe que no es transparente sino sólido. Pero el oro de cielo es increíble, ya que podremos ver a través de sus claras profundidades al caminar sobre él.

En la nueva Jerusalén no habrá ningún templo, puesto que no habrá necesidad. El mismo Señor será el templo.

Nos rodea una luz lo suficientemente fuerte como para que podamos ver el camino, pero no tan brillante como para dañar nuestra visión. No sabemos su procedencia, ya que no hay sol ni luna. Juan nos asegura que: "La ciudad no tiene necesidad de sol ni de luna que brillen en ella; porque la gloria de Dios la ilumina, y el Cordero es su lumbrera" (Apocalipsis 21:23).

Nuestro ángel guía tiene más para mostrar tanto a Juan como a nosotros. Vemos un río de vida que corre por el centro de la ciudad, y un inmenso árbol que se extiende a lo largo del río. Este imponente árbol está lleno de fruto y se nos dice que cada mes da una cosecha diferente. La última cosecha del mes será el mejor regalo.

Más de un creyente ha preguntado: "¿Comeremos en el cielo?" Suena como si el verdadero gozo en la eternidad consistiera en poder sentarnos a un banquete celestial.

Los ángeles a los que Abraham atendió, comieron. Después de que Jesús resucitó, comió. En la última cena el Señor Jesús dijo que no bebería del fruto de la vid hasta el día en que lo beberá de nuevo con nosotros en el reino de nuestro Padre (véase Mateo 26:29). Estaremos en el banquete de las bodas del Cordero. Y, desde luego, vamos a comer los doce diferentes tipos de fruto de los árboles del paraíso. Ciertamente comeremos en el cielo y no nos preocupará subir de peso.

Sin embargo, nada de lo que hemos visto será comparable con nuestro acercamiento al trono de Dios cuando veamos su rostro.

"Y me dijo: Estas palabras son fieles y verdaderas. Y el Señor, el Dios de los espíritus de los profetas, ha enviado su ángel, para mostrar a sus siervos las cosas que deben suceder pronto" (Apocalipsis 22:6).

Solo los ciudadanos cuyos nombres están escritos en el libro de la Vida del Cordero darán este paseo.

Lo que no habrá en el cielo

Jesús está preparando la nueva Jerusalén para nosotros. Estará "dispuesta como una esposa ataviada para su marido" (Apocalipsis 21:2). Nuestras mansiones están construidas, amobladas y esperando que las ocupemos. Ningún despilfarro de diez mil metros cuadrados en Beverly Hills puede compararse con lo que el Arquitecto Principal ha diseñado para su familia.

El paraíso no tendrá algunos elementos, porque Dios deliberadamente ha omitido ciertos aspectos conocidos de nuestra vida terrenal.

Primero, no habrá templos o santuarios. Esto significa que yo me quedaré sin trabajo, lo que no me preocupa en lo absoluto. ¿Por qué habría necesidad de templos, si la razón de nuestra adoración estará entre nosotros?

No veremos el sol, pero no habrá días nublados. La luz de Jesucristo estará entre nosotros para siempre jamás.

En nuestra morada eterna no habrá tristeza, no habrá más lágrimas. "Enjugará Dios toda lágrima de los ojos de ellos" (Apocalipsis 21:4). Para nosotros es confuso la manera como vemos la eternidad ahora. ¿Por qué habrá lágrimas en los ojos de algunos? Quizás porque al comparecer ante el tribunal de Cristo recordaremos las oportunidades que perdimos de hablarle a alguien de Él. Quizás verteremos lágrimas por la agonía de los perdidos durante la tribulación. Sin importar la razón, en la nueva Jerusalén nunca más experimentaremos el dolor.

Nunca se nos separará de nuestros seres queridos. No habrá

dolorosas despedidas, sino solo una prolongada historia de amor. Cero discusiones, nada de sentimientos heridos, ningún ego herido.

Los médicos y los dentistas tampoco tendrán trabajo, ya que no habrá enfermedad ni dolor. Los que estuvieron confinados a sillas de ruedas podrán correr; los ciegos verán la incorruptible belleza; los sordos oirán los coros celestiales; los mutilados estarán completos.

Todos nos conoceremos porque tendremos cuerpos glorificados como Jesús. Él estará por toda la eternidad con nosotros y lo conoceremos y lo veremos. Sabemos que esto es verdad porque Él nos lo ha dicho: "Y oí una gran voz del cielo que decía: He aquí el tabernáculo de Dios con los hombres, y él morará con ellos; y ellos serán su pueblo, y Dios mismo estará con ellos como su Dios" (Apocalipsis 21:3).

Hoy muchos claman: "Oh Dios, ¿dónde estás?" Pero en ese día lo sabrán.

¿Qué haremos en el cielo?

En el cielo cantaremos. Si usted no entona las canciones en la tierra, en el cielo tendrá una voz angelical. Dios nos dará instrumentos perfectos para tocar y acompañar los coros de miles, o quizá de millones. No podemos comprender lo gloriosa que será esa música.

Nosotros serviremos a Dios en el cielo. Funcionaremos en todo sentido como siervos de Dios. Muchas de las cosas que nos hubiera gustado hacer en la tierra, pero que no las hicimos por falta de tiempo o de talento, cuando seamos ciudadanos del cielo eterno cumpliremos todos nuestros deseos. Serviremos de acuerdo a nuestros gustos y habilidades. Haremos tareas sin cansancio, con alegría. Mucha gente detesta lo que está haciendo en la tierra. No le gusta su trabajo, sus jefes, los sitios de trabajo. Pero nuestro servicio en el cielo será todo lo contrario. Gozaremos cada minuto de la eternidad.

Gozaremos de tiempos infinitos de compañerismo con otros. Imagínese un tiempo en el que podamos conocer a los grandes personajes de generaciones pasadas. Pasaremos tiempo de calidad con gente que nunca pudimos conocer en la tierra. No habrá brechas generacionales. Yo quiero conocer a Juan, a Pablo y a Pedro. ¡Qué maravilloso será hablar con Daniel, David y José! En la eternidad cada persona será importante.

A medida que envejecemos, y muchos de nuestros seres queridos van al cielo, anhelamos el momento en que los volveremos a ver. ¡Qué maravilloso será hablar con los padres, hijos, parientes y amigos que hemos perdido durante el tiempo de nuestra vida terrenal! Si ha muerto algún ser querido suyo, cada día que usted viva acortará más el tiempo para volverlo a ver. Los años de soledad vividos sin las personas que amamos se borrarán. Amaremos y seremos amados por siempre.

Hablaremos con Jesús, no como lo hacemos hoy en nuestras oraciones y tiempos de quietud, sino cara a cara, haciendo preguntas y recibiendo respuestas. ¿Podemos imaginarnos haciéndole todas las preguntas de las que hemos querido recibir respuesta en la tierra?

Hábleme del cielo... más tarde

A lo mejor queramos ir al cielo algún día, pero quizá pensemos: *que sea cuando esté viejo y haya hecho todo lo que quiero hacer en la tierra.*

Puedo entender esos pensamientos. Cuando mi esposa, Donna, y yo estábamos comprometidos, hubo una conferencia en la universidad donde estudiábamos, y el predicador habló sobre la segunda venida de Cristo y el cielo. Eso fue en primavera y nosotros planeábamos casarnos en junio. Cuando llevé a Donna a su casa esa noche, ella me dijo: "David, espero que no pienses que soy poco espiritual; yo realmente quiero que el Señor venga, pero no antes del 29 de junio".

Muchos nos sentimos como Donna. *¡Ven, Señor, pero no ahora!* Pero a medida que avanzamos por la vida, nos hacemos más realistas sobre el futuro. Si logramos que el cielo se arraigue en nuestras mentes, lo más importante que podemos hacer es llevar con nosotros a tantas personas como podamos.

Oí la historia de una madre que hace unos años estaba muriendo en una de las ciudades de la costa oriental de Estados Unidos. Tenía varios hijos, y sabía que la carga de criar a su familia sería muy difícil para su esposo.

Antes de morir, le llevaron uno por uno a sus hijos, para que se despidiera. Desde el mayor hasta el menor, entraron en el cuarto y la besaron mientras ella los bendecía y les decía cuánto los amaba. Finalmente pusieron en sus brazos al bebé. Cuando lo apretó contra su corazón, la enfermera supuso que lo iba a tener así hasta morir, así que lo tomó con suavidad de los brazos de la madre. Las últimas palabras que le susurró a su esposo fueron: —Querido, por favor trae a nuestros hijos a casa contigo cuando vengas.

Eso lo resume todo. Padres, maestros, creyentes en Jesucristo, desde el primer día en que pueden recordar, hábleles de Jesús a sus hijos, y de cómo pueden ir a Él.

Somos responsables de llevar a casa a nuestros hijos cuando vayamos a vivir para siempre en el paraíso.

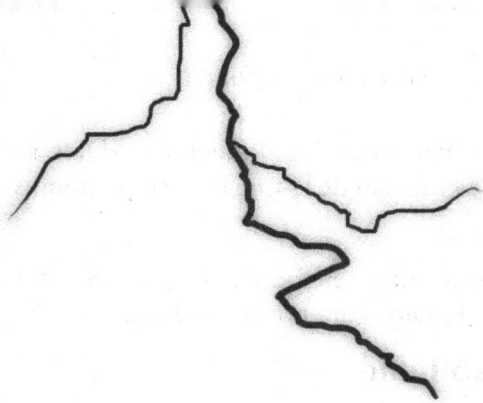

CAPÍTULO 20

LA HORA ESTÁ CERCA

Ya Juan ha visto todo, y ha anotado las últimas escenas del nuevo cielo y la nueva tierra, y ahora escribe el epílogo del libro de Apocalipsis. De nuevo nos recuerda que Dios termina lo que empieza. No hay ningún cabo suelto en su plan para el universo.

En el prólogo se nos dijo que la profecía proviene de Dios: "La revelación de Jesucristo, que Dios le dio..." (1:1). También sabemos que Él envió a un ángel a entregar este mensaje a Juan, que fue el medio humano para estos asombrosos mensajes. Cuando leemos y escuchamos esta profecía, se nos promete una bendición. También se nos dice abiertamente que "la hora está cerca".

Al leer el epílogo en Apocalipsis 22 vemos que se repiten las mismas promesas (véase 22:6, 7, 8).

Dios no cambia de opinión a medio camino o a lo largo de un libro, como lo hacen algunos novelistas, ni decide terminar su historia con un signo de interrogación. Él termina lo que empieza.

¿Pero qué debemos hacer con lo que hemos aprendido? Algunas personas se sumergen tanto en la profecía que toman cada acontecimiento diario o titular y lo relacionan con una profecía específica. La palabra profética es la que determina los eventos del mundo, no los eventos. Sin embargo, hoy veo que muchos eventos están sucediendo tan rápidamente que las profecías de Dios se están desarrollando con más velocidad de lo que incluso pensamos podría pasar hace un año.

Este no es el tiempo para andar en busca de profecías sin entender cuál es la voluntad de Dios para nosotros ahora.

Nuestra responsabilidad

"Estas palabras son fieles y verdaderas" (Apocalipsis 22:6).

Nuestra responsabilidad es ser obedientes a la verdad. Ningún libro de la Biblia ha sido más atacado que Apocalipsis, que al igual que Daniel, Isaías y otros profetas, se ignoran o ridiculizan. Dios dice que no nos dejemos engañar con eso, y añade que no omitamos nada. Él advierte: "...todo aquel que oye las palabras de la profecía de este libro: Si alguno añadiere a estas cosas, Dios traerá sobre él las plagas que están escritas en este libro. Y si alguno quitare de las palabras del libro de esta profecía, Dios quitará su parte del libro de la vida, y de la santa ciudad" (22:18).

Yo creo que esto se aplica a los que no se molestan por enseñar el libro de Apocalipsis. Un ministro me dijo: "yo quiero enseñar lo que es pertinente a la vida cotidiana, y sencillamente no veo ninguna pertinencia en Apocalipsis".

Cada libro de la Biblia es relevante. "Toda palabra de Dios es limpia... No añadas a sus palabras, para que no te reprenda, y seas hallado mentiroso" (Proverbios 30:5, 6).

Todo predicador de teología liberal debe leer esas palabras. Dios tiene algunas cosas fuertes para decirles a los que agregan a la Biblia lo que no está allí, o quitan lo que *está*.

Cuesta un poco creer lo que la Biblia dice, sobre todo cuando se empieza a hablar sobre las profecías de los eventos por venir. Puede que nos traten como si tuviéramos una plaga, pero vale la pena pagar el precio.

Necesitamos caminar sumisamente hasta que Jesús vuelva,

obedeciéndole a Él y a la verdad que nos ha dado. Su última voluntad y testamento nos urgen a leerlo, seguirlo, creerlo y estudiarlo.

Yo quiero adorarlo hasta que venga. Eso fue lo que hizo Juan. Él era una persona emocional, quizás hasta sentimental. Recuerde que se le llamó "el discípulo amado". Varias veces en Apocalipsis quedó atónito o simplemente se desmayó al ver algo demasiado maravilloso para él. Juan tenía la costumbre de confundir al mensajero con el que enviaba el mensaje. Fue entonces cuando le fue dicho: "¡Adora a Dios!" (22:9).

¿Qué decimos cuando adoramos a Dios? En muchas partes de Apocalipsis hay pautas para la adoración.

"Santo, santo, santo es el Señor Dios Todopoderoso, el que era, el que es, y el que ha de venir" (4:8).

"Señor, digno eres de recibir la gloria y la honra y el poder; porque tú creaste todas las cosas, y por tu voluntad existen y fueron creadas" (4:11).

"La salvación pertenece a nuestro Dios que está sentado en el trono, y al Cordero... Amén. La bendición y la gloria y la sabiduría y la acción de gracias y la honra y el poder y la fortaleza, sean a nuestro Dios por los siglos de los siglos. Amén" (7:10, 12).

No creo que la iglesia evangélica como un todo se acerque en lo más mínimo a adorar a Dios. Puesto que eso será lo que haremos por toda la eternidad, es mejor que comencemos a practicarlo.

La profecía es la fuerza que va detrás del testimonio. Si podemos estudiar Apocalipsis y entender la tribulación, y con todo permanecer indiferentes, entonces no hemos entendido de lo que trata todo esto.

La profecía no se nos da para que la entendamos y luego nos marginemos, creyendo que como Jesús vuelve pronto las metas no son importantes. Eso es mentira. Se nos dice que si creemos que Él viene pronto trabajemos aun con más fervor. "He aquí yo vengo pronto, y mi galardón conmigo, para recompensar a cada uno según sea su obra" (22:12).

Recuerde que ante el tribunal de Cristo vamos a rendir cuentas de lo que hicimos para el Señor mientras estábamos en la tierra.

Algunos buenos creyentes dicen que no debemos trabajar por los galardones, pero yo creo que nuestro trabajo debe ser una labor de amor para Él, y como tal, cosecharemos galardones.

Robert Murray McCheyne, fue un gran hombre de Dios, y solo vivió treinta años. Sin embargo, logró más para el Señor en su corta vida, que lo que la mayoría de nosotros hace. Él tenía un reloj con esta inscripción: "La noche viene". Jesús dijo: "La noche viene, cuando nadie puede trabajar" (Juan 9:4).

Los días, las semanas, los años pasan rápidamente. Este es el tiempo para trabajar, porque llegará el día cuando será demasiado tarde.

Se nos dice que esperemos con expectativa su retorno. Él ha dicho: "¡He aquí vengo pronto!" (22:7). En Apocalipsis Jesús nos dice lo mismo cuatro veces. Él quiere estar seguro de que recordamos el mensaje que nos ha dado.

Se cuenta la historia de una joven cuyo novio navegó hacia Tierra Santa. Como él le dijo que volvería para tomarla como esposa, todas las noches ella bajaba a la orilla y encendía una fogata como señal nocturna para el barco porque lo estaba esperando.

Así deberíamos estar, esperando en la orilla el regreso de nuestro Señor amante.

Vengo pronto

En este último testamento se dan dos instrucciones. "Y el Espíritu y la Esposa dicen: Ven. Y el que oye, diga: Ven. Y el que tiene sed, venga; y el que quiera, tome del agua de la vida gratuitamente" (22:17).

Una invitación es que Cristo vuelva al mundo. La otra es que el mundo vuelva a Cristo.

¿Por qué la gente viene a Cristo? Porque está sedienta. Algo hace falta en sus vidas. Están resecos porque todo lo demás es demasiado seco y vacío. No es coincidencia que la Biblia llame a los creyentes la sal de la tierra.

Mi tío tenía una granja, y recuerdo que una vez le pregunté por qué tenía grandes trozos de sal donde el ganado podía lamerlos. Él dijo que lo hacía para que tuvieran bastante sed y hambre, y así se comieran la comida nutritiva.

Una persona no viene a Cristo solo por su intelecto, o solo con su corazón, sino porque decide hacerlo. Es cuestión de voluntad. Quienquiera que sea *permítanle* venir.

¿Cuál es el requisito para la salvación? Es realmente sencillo. Solo se necesita recibir la dádiva que se nos ofrece. No tenemos que trabajar para obtenerla o dejar algo, solo necesitamos decidir tomarla.

El deseo de Dios es que recibamos la dádiva de Jesucristo, que murió en la cruz para que pudiéramos ser salvados y tener vida eterna en el nuevo cielo y la nueva tierra.

La última firma que estampó en su testamento que acabamos de abrir y leer, dice:

SÍ, VENGO PRONTO.

La hora del retorno de Cristo está cerca. Ciertamente la noche ya viene. ¿Sabe usted dónde estará cuando este gran drama se desarrolle? Aquí puede saber cómo conocer a Jesús como su Señor y Salvador.

- *Debido a su pecado, usted está separado de Dios.*

    "por cuanto todos pecaron, y están destituidos de la gloria de Dios" (Romanos 3:23).

- *La paga de su pecado es muerte.*

    "Porque la paga del pecado es muerte, mas la dádiva de Dios es vida eterna en Cristo Jesús Señor nuestro" (Romanos 6:23).

- *Jesucristo canceló la deuda de sus pecados.*

    "Mas Dios muestra su amor para con nosotros, en que siendo aún pecadores, Cristo murió por nosotros" (Romanos 5:8).

- *Si se arrepiente de sus pecados, confiesa a Jesucristo y confía en Él como su Señor y Salvador, será salvo.*

    "Todo aquel que invocare el nombre del Señor, será salvo" (Romanos 10:13).

    "...si confesares con tu boca que Jesús es el Señor, y creyeres en tu corazón que Dios le levantó de los muertos, serás salvo" (Romanos 10:9).

- *¿Puede estar seguro de que si le pide a Cristo que lo salve, Él lo hará?*

    "Todo aquel que cree que Jesús es el Cristo, es nacido de Dios... Estas cosas os he escrito a vosotros que creéis en el nombre del Hijo de Dios, para que sepáis que tenéis vida eterna" (1ª Juan 5:1ª, 13).

Si usted tomó la decisión de recibir a Jesucristo como su Salvador, llame gratuitamente dentro de los Estados Unidos a Momento Decisivo 1-800-880-8296 o fuera de los Estados

Unidos al (619) 596-3414 y solicite un ejemplar gratuito de *Su Momento Decisivo más importante*. O si solo quisiera hacer contacto con el Dr. Jeremiah, puede escribirle a Momento Decisivo, P.O. Box 3804, San Diego, California 92163. También puede visitar en la internet la página de Momento Decisivo en www.momentodecisivo.org

ACERCA DEL AUTOR

David Jeremiah es el pastor principal de la iglesia Shadow Mountain Community Church en El Cajón, California, y también es el superintendente en la universidad Christian Heritage. Él y su esposa Donna tienen cuatro hijos y seis nietos.

El Dr. Jeremiah es el fundador de Turning Point Ministries, ministerio dedicado a proveer enseñanzas bíblicas en audio por radio y televisión. Su enseñanza bíblica práctica trata de temas como la familia, el estrés, la profecía bíblica, y cómo enfrentar adversidades. Se puede escuchar el programa en inglés en más de 1100 estaciones de radio y televisión en los Estados Unidos y el extranjero.

El ministerio del Dr. Jeremiah se puede escuchar a diario en *Turning Point Radio. Momento Decisivo es* la versión en español. Las transmisiones diarias se pueden escuchar por todo el mundo en www.momentodecisivo.org

El Dr. Jeremiah también ha escrito numerosos libros incluyendo *Un Giro Hacia la Integridad, Regalos de Dios, La Matriz de la Oración, El Anhelo de mi Corazón, Invasión de Otros Dioses, Un Giro al Gozo, y Aplastando los Gigantes que Hay en su Vida.*